이 정도 개념은 알아야
사회를 논하지!

# 이 정도 개념은
# 알아야

Great!

# 사회를
# 논하지!

박민영 지음

북트리거

# 나의 세 가지 집필 원칙

장면 1. 대학에 다니는 한 독자가 있었다. 그는 책 앞날개에 실려 있는 저자 소개를 읽으면서 한 가지 중요한 사실을 알아냈다. 저자들이 나온 대학은 다양한데, 이상하게도 대학원은 하나로 귀결되는 경우가 많았다. 그 대학원은 바로 '동대학원'이었다. 작가가 되고 싶은 마음이 있었던 그는 '이렇게 좋은 작가들을 많이 배출한 대학원이 있다니, 나도 나중에 꼭 동대학원을 가야겠다'고 마음먹었다. '그런데 동대학원이 어디 있지? 동베를린 이런 데 있나?' 그는 고개를 갸우뚱했다.

장면 2. 전국의 대학교 문학 동아리 회원들이 모여 큰 행사를 할 때였다. 문학 동아리 출신으로 이미 등단한 선배 소설가 K를 초청해 강의를 듣는 프로그램이 있었는데, K는 그 자리에서 도스토옙스키의 『죄와 벌』을 언급했다. 그러다 "그런데 의장은 『죄와 벌』을 읽어 봤나?" 하더니, "어이, 의장! 그 주인공 이름 기억나?" 하고 돌발 질문을 던졌다. 수백 명의 시선이 모두 의장에게 쏠린 상황. '당연히 의장님은 알겠지?' 하는 눈빛들이었다. 그러나 전국적인 대학생 문학 조직의 수장이자, 이 행사의 주최자이기도 한 그는 질문에 제대로 답하지 못한 채, 얼굴만 벌게졌다. 실은 『죄와 벌』을 읽지 않았던 것이다. 그러니 주인공 이름도 알지 못했다.

두 이야기는 모두 내 이야기다. 내가 대학 다닐 때만 해도, 저자 소개는 간단하게 실려 있는 경우가 많았다. 몇 년도에 무슨 대학 무슨 과 졸, 대학원은 어디 졸, 연구 논문과 저서는 뭐뭐 하는 식으로 말이다. 그런데 저자들 중 유독 동대학원 출신들이 많았다. 물론 여기서 말하는 '동대학원 졸'은 자신이 졸업한 대학에서 대학원까지 졸업했음을 의미한다. 당시는 동독과 서독으로 분리되어 있던 독일이 통일되기 전이었는데, 나는 엉뚱하게도 동대학원을 동독에 있는 유명한 대학원이라고 생각했던 것이다. 두 번째 장면은 내 생애 가장 창피한 순간 중 하나였다. 나중에 알게 된 『죄와 벌』의 주인공 이름 '라스콜니코프'는 지금도 안 잊힌다.

지금이야 글 쓰고, 강의하고, 책 읽고 하는 생활을 반복하다 보니 자연스럽게 아는 것이 많아졌지만, 대학 다닐 때만 해도 모르는 게 많았다. 벼락치기로 책 몇 권 읽고 어쭙잖게 아는 척하며 돌아다녔는데, 그러다 이처럼 펑크 난 지식들이 종종 수면 위로 드러나곤 했다. 나는 지금도 교양서를 쓸 때면, 내가 무지했던 때를 떠올린다. 이제 막 지적 세계에 발을 들인 사람들에게는 어두운 밤, 길 모르는 숲속에서 손으로 더듬어 가며 조금씩 앞으로 나아갈 때의 암담함이 있다. 그래서 나는 '어떻게 하면 독자가 쉽게 이해하게 할 수 있을까?'에 집중한다. 이게 나의 첫 번째 집필 원칙이다.

두 번째 원칙은 나의 문제의식과 입장을 가감 없이 드러내는 것이다. 일반적으로 교양서 저자들은 객관적인 지식과 정보를 제공한다는 미명하에 자신의 입장을 잘 드러내지 않는다. 많은 독자들이 '이 정도는 알아야 어디 가서 무시당하지 않는다'는 마음으로 교양서를 읽기는 하지만, 실제로는 교양서에서 별 재미를 느끼지 못하는 가장 큰 이유가 여기에 있다. 저자는 공평무사한 마음으로 세계를 바라보는 신 같은 존재가 아니다. 저자도 계급이 있고, 출신 성분이 있으며, 일정한 정치적 당파성도 가지고 있다.

나는 저자들이 자신의 위치를 드러내야 한다고 본다. '나는 이런 자리에 서서 이렇게 세상을 바라본다'고 써야 한다. 그것이 오히려 글쟁이의 직분에 충실한 행동이라고 생각한다. 누군가 '그렇게 쓰면 아직 잘 모르는 독자들이 그런 주장에 휘둘리지 않겠느냐?'고 묻는다면, 나는 그것이야말로 오만한 태도라고 생각한다. 독자의 판단 능력을 무시하는 태도이기 때문이다. 독자들은 저자의 주장을 무비판적으로 받아들이지 않는다. 사람은 누구나 비교·분석·종합·추론해서 사안에 대해 판단할 수 있는 능력이 있다.

게다가 이는 독자의 지적 열정을 불러일으키는 것과도 관련이 있다. 저자가 자신의 위치와 세계관을 있는 그대로 드러낼 때, 독자는 호불호의 감정, 시비의 판단을 갖게 된다. 이러한 감정과 판단은 또 다른 지적 탐구의 자양분이 된다. 그러므로 '잘 모르는 독자들이 얼토당토않은 저자의 주장에 속으면 어떡하느냐'고 지레 걱정할 필요는 없다. 이런 현상이 잠시 발생할 수는 있다. 그러나 저자가 자신의 위치와 세계관을 드러냄으로써 독자의 지적 열정을 자극한다면, 독자는 또 다른 책을 찾아 읽음으로써 자신의 판단을 조정해 나갈 것이다.

세 번째 원칙은 키워드와 현실과의 맥락을 밝혀 주는 것이다. 키워드의 사전적 의미 못지않게 중요한 것은 그 키워드가 갖고 있는 현실적 맥락이다. 어떤 이유로 특정 키워드가 사회에 부상하는지, 어떤 이유로 그렇게 오랫동안 사회에서 회자되고 있는지, 중요한 그 키워드가 우리에게 어떤 인식 틀을 제공하는지, 그 키워드가 지닌 개념과 실재는 어떤 차이가 있는지, 그 키워드에 대중을 기만하는 요소는 없는지 등을 점검하는 것이 필요하다. 그래야 키워드가 '상식적으로 알아야 할 것', '교양으로 알아야 할 것'을 뛰어넘어 '생기 있는 지식', '실감나는 지식'으로 다가오게 된다.

주지하다시피, 키워드를 아는 것은 모든 논의의 기초다. 키워드를 알아야 이런저런 논의를 이해할 수도, 거기에 참여할 수도 있다. 한편 키워드는 '권력'을 가진 언어이기도 하다. 단어들 중에서도 핵심적 지위를 갖는다. 그래서 키워드에 대해 논하는 것은 그와 관련된 문제의 핵심을 파고들어가는 일이기도 하다. 정리하면, 키워드는 모든 논의의 기초이자, 핵심이다. 그런 이중적 지위를 갖는다.

좀 더 깊게 파고들면, 키워드들 사이에도 지위 격차가 난다. 나는 그 격차에 따라 '중심 키워드' 한 개와 '하위 키워드' 세 개로 나누어 서술했다. 이런 방식은 키워드들의 관계를 알아볼 수 있다는 장점이 있다. 키워드들은 독자적으로 존재하는 것이 아니라 다른 키워드들과 관계를 맺으면서 의미망을 형성한다. 이러한 책의 구성 덕에 독자들은 읽고 나면 해당 주제에 대해 단편적인 지식을 넘어서 폭넓은 사상과 감정을 얻을 수 있으리라 생각한다.

이 원고는 본래 청소년을 대상으로 쓴 것이었다. 월간《고교독서평설》에 연재되었던 내용을 일반 독자들도 볼 수 있도록 개고했다. 북트리거 출판사는 나의 듬직한 파트너다. 윤소현 편집장님과 편집부 여러분께 진심으로 감사의 말을 전한다.

2018년 4월

박민영

# 문 화

# 경 제

# 정치

# 사회

# 피로사회

_ 사는 게 피곤한 이유

**중심 키워드**

피로사회

**하위 키워드**

맥도날드제이션, 24시간 사회, 감정노동

오늘날 현대인은 세탁기,청소기, 스마트폰, 컴퓨터 등 시간과 노력을 단축시켜 주는 기기들로 무장하고 있다. '주 5일 근무제(주 40시간 근무제)'도 자리를 잡았다. 이런 점들을 생각하면 일상생활에서의 피곤함은 줄어들어야 마땅할 것 같다. 그러나 현실은 그렇지 않다. 2012년 한병철의 『피로사회』라는 책이 베스트셀러가 된 것에서 보듯, 사람들은 여전히 일상생활에서 피곤함을 느끼고 있다. 이제 피곤함은 개인적인 문제가 아니라 사회적인 문제다. 사회의 어떤 요소들이 피곤함을 유발시키는 것일까? '맥도날디제이션', '24시간 사회', '감정노동'은 이에 대한 중요한 단서를 제공해 준다.

# 피로사회

'피로사회'는 재독 철학자 한병철이 동명의 저서를 통해 알린 개념이다. 피로사회란 자신이 자신을 착취함으로써 피로가 누적된 사회를 말한다. 그의 주장은 이렇다. 기존의 '규율 사회'에서는 지배자가 "너 이거 해!"라고 명령하면서 타인을 착취했다. 그러나 지금의 피로사회에서는 "너는 할 수 있다"는 정언이 지배한다. 예전 나이키(NIKE)의 광고 문구 가운데 "I can do it(나는 할 수 있다)"이 있었다. 피로사회는 이처럼 사람들에게 끊임없이 '너는 할 수 있다'고, 더욱 높은 성과를 올릴 수 있다고 속삭임으로써 '자신이 자신을 착취'하게 만든다.

사람들이 이렇게 스스로를 착취하게 된 이유는 무엇일까? 지금은 착취 시스템이 극단적으로 발달한 신자유주의 사회이기 때문이다. 생산성 면에서, 자기 착취는 타자에 의한 착취보다 훨씬 더 효과적이고 능률적이다. 피지배자들이 스스로를 채찍질하고 착취해 그 열매를 갖다 바치는 것만큼 지배자들에게 편리하고 좋은 일은 있을 수 없다. 착취의 종착역은 남이 하라는 대로 해서 착취당하는 사회가 아니라 자신이 알아서 스스로를 착취하는 사회다. 피로사회는 우리가 그 종착역에 도달했음을 보여 준다.

자신이 자신을 착취하는 시스템 속에서 사람들은 자신을 감시하게 된다. 내가 스스로의 역량을 충분히 계발하고 있는지, 성과를 높이기 위해 자신의 몸과 마음, 의식을 잘 통제하고 있는지, 최선의 노력을 하고 있는지 스스로 감시하는 것이다. 이는 자신을 대상화하고 수단화한다는 점에서 자기소외이자 자아분열의 양태를 띤다. 사람들은 '자신의 적은 나 자신'이라 여기고, 스스로를 이기기 위해 늘 노력한다. 그 노력에는 '이 정도면 충분하다'는 한계와 기준이 없다. 그 결과 많은 사람들이 '소진(burnout)'되고, 우울증, 주의력결핍 과다행동장애, 경계선 성격장애 같은 심리 장애를 앓게 된다.

"너는 할 수 있다"는 말은 주체의 가능성을 인정하고 이를 격려하는 말처럼 들린다. 그러나 거기에는 '내가 왜 이것을 해야 하는지'에 대한 질문이 빠져 있다. "너는 할 수 있다"는 말에는 당연히 '너는 이것을 해야 한다'는 전제가 깔려 있다.

사람들 대부분은 성과를 올리기에 급급해 '내가 왜 이것을 해야 하는가'를 자문하고 고민할 정신적·시간적 여유를 갖지 못한다. '내가 왜 이것을 해야 하는가'를 묻지 않고 아무 생각 없이 무언가를 늘 열심히 하는 삶, 이는 실존적 측면에서 볼 때 성실한 삶이 아니라 불성실한 삶이다. 항상 바쁘게 살면서도 공허감에 시달리는 사람들이 많은 이유도 그 때문이다.

"너는 할 수 있다"는 말은 '어차피 해야 할 거, 네가 스스로 알아서 열심히 하라'는 말에 다름 아니다. 이 말에서 우리가 읽어야 하는 속뜻은 '자율성을 가장한 타율성'이다. 한병철은 피지배자는 물론 지배자들도 자신을 소진하는 병에 걸린다면서, 피로사회는 '자기를 착취하는 사회'이기 때문에 '착취하는 타인'이 존재하지 않는다고 말한다.

그가 오늘날의 사회를 '자기를 착취하는 시대'로 규정한 것은 일리가 있다. 그러나 '착취하는 타인'이 없다고 한 데에는 어폐가 존재한다. 지배자들이 자신을 소진시킬 정도로 스스로를 착취한다는 점에도 동의하기 힘들지만, 설사 그렇다 해도 그것과 '착취하는 타인이 없다'는 점은 별개의 문제다. 아래로부터 착취된 부가 최상층에 집중적으로 쌓이고 있다는 것은 우리 모두가 주지하고 있는 사실이다.

하위 키워드 ① 맥도날디제이션

옛날 가게에는 인간적인 정이 있었다. 찻집을 예로 들어 보자. 옛날 찻집에서는 손님이 들어와 앉으면 먼저 냉수를 갖다주었다. 손님이 천천히 메뉴를 고르면, 적당한 시점을 살펴 종업원이 주문을 받으러 왔다. 손님은 "오늘도 덥군요. 목이 마른데 추천할 만한 음료가 있을까요?"라고 일상적인 대화를 건네거나, "친구가 이 찻집의 커피가 맛있다고 해서 왔는데, 여기서 오래 일하셨습니까?" 하고 개인적인 질문을 던지기도 했다. 그러나 지금은 이런 인간적인 관계가 전혀 형성되지 않는다. 지금의 일반적인 카페 풍경은 이렇다.

　사람들은 카페에 가면 우선 계산대 앞에 줄을 선다. 메뉴를 고르면서 컨베이어 벨트 위에 놓인 물건처럼 계산대 앞으로 조금씩 이동한다. 자기 차례가 되면 주문을 해야 한다. 이때 핵심은 '신속, 정확'이다. 주문할 음료가 무엇인지, 차가운 것인지 뜨거운 것인지, 음료사이즈는 무엇인지, 종이컵으로 받을 것인지 머그잔으로 받을 것인지, 할인 카드나 쿠폰이 있는지 없는지, 현금 영수증은 할 것인지 말것인지 등을 직원의 물음에 우물쭈물하지 않고 빠른 속도로 정확하게 답해야 한다. 돈이나 신용카드는 미리 손에 들고 있다가 질의응답이 끝남과 동시에 내밀어야 한다. 이 과정에서 멈칫하거나 망설이는 행동은 '스피디한 주문 시스템'과 그 흐름을 방해하는 것, 나아가뒤에 기다리는 다른 손님들에게 폐를 끼치는 것으로 간주된다.

　계산을 마치면, 점원이 진동 벨을 준다. 진동 벨을 받아 들고 테이블에 앉아 기다리다가, 진동 벨이 울리면 음료를 가져와야 한다. 의자에는 오랫동안 앉아 있기 어렵다. 30분 이상 앉아 있으면 불편하도록 의자를 인체 공학적으로 설계해 놓았기 때문이다. 음료를 다먹으면 쓰레기를 모아 휴지통에 버리고, 쟁반은 제자리에 쌓아 놓아야 한다. 이것이 오늘날 식당이나 카페 등을 이용하는 데 요구되는암묵적 규범이다. 이러한 일들은 사소해 보일 수 있다. 그러나 이를모두 합쳐 보면, '무보수 소비자 부려 먹기'로 인해 강탈되는 우리의시간과 노력이 적지 않음을 깨닫게 된다.

　셀프서비스가 처음 도입될 때에는 절약되는 인건비만큼 가격을 낮춘다는 명분을 내세웠다. 그러나 지금은 셀프서비스가 보편화되어 있다. 그런 만큼 가격 절감 요인이 되지 않는다. 그렇다고 셀프서비스로 인해 절약된 인건비가 직원들의 임금을 올려 주는 데 쓰이는 것도 아니다. (주지하다시피, 맥도날드를 비롯한 프랜차이즈에서 일하는 직원들 대부분은 최저임금을 받고 일하는 시간제 알바다.) 절약된 인건비는 고스란히 기업의 이익으로 축적될 따름이다. 지금의 기업들은 이처럼 손님에게 물건을 팔아서 이득을 남길 뿐 아니라, 손님들을 부려 먹으면서 또한 이득을 남긴다.

　이러한 시스템이 보편적인 문화로 정착하는 데 선도적인 역할을 한 기업은 '맥도날드(McDonald's)'다. 맥도날드 문화에서는 손님만 피곤한 것이 아니다. 직원들은 더 피곤하다. 주문이 들어오면 직원들은 기계가 되어서 누군가는 햄버거 빵만 굽고, 누군가는 그 안에 채소만 올리며, 누군가는 소스만 뿌리고, 누군가는 패티(patty)만 넣는데, 이 모든 과정을 45초라는 정해진 '서비스 타임' 안에 끝내야 한다. 맥도날드의 규칙은 사람과 사람의 관계를 차단할 뿐 아니라, 직원과 손님 모두를 조립 라인의 일부가 되게 한다. 맥도날드는 효율성, 계산 가능성, 예측 가능성을 명분으로 인간의 의식과 언행을 통제한다. 미국의 사회학자 조지 리처George Ritzer는 이러한 맥도날드의 규범과 문화가 세계로 퍼져 나가는 것을 '맥도날디제이션(McDonaldization, 맥도날드화)'이라고 불렀다.

## 하위 키워드 ② 24시간 사회

'잠들지 않는 도시'라는 말이 있다. 본래는 미국 뉴욕(New York)을 지칭하는 말이었지만, 지금은 우리나라 도시들을 지칭하는 말로도 손색이 없다. 술집이나 나이트클럽 같은 유흥업소는 물론이고, 카페, 노래방, 편의점, 식당, 야시장, 숙박 시설, 패스트푸드점, 빨래방, 배달 음식 업체, 찜질방, 헬스장, PC방, 당구장, 영화관 등이 불야성을 이룬다. 지하철은 새벽 1시까지, 버스는 새벽 2시가 넘은 시간에도 운행한다. 학생들을 가르치는 입시 학원도 새벽까지 불을 밝힌다. 불을 밝히는 것은 길거리만이 아니다. 집에서도 사람들은 한밤중에 인터넷 쇼핑몰에서 쇼핑을 하고, 회사에서 못다 한 일을 스마트폰이나 노트북을 통해 처리하느라 바쁘다.

이처럼 24시간 쉼 없이 돌아가는 사회를 '24시간 사회'라 한다. 24시간 사회라는 말은 언뜻 들으면 '시간의 제약을 넘어서는 자유를 보장해 주는 사회'로 생각된다. 물론 어느 날 친구들과 오랜만에 만나 밤새 노는 일은 즐거울 수 있다. 혹은 비교적 시간 운용이 자유로운 예술가들은 아무도 자신을 방해하지 않는 한밤중에 작업하는 것이 좋을 수도 있다. 그러나 한밤중에 일상적으로 깨어 있으면서 일을 하는 사람들 대부분은 자의에 의해서라기보다 생계 때문에 그러는 경우가 많다. 보통 사람들에게 한밤중의 휘황찬란한 빛과 소음은 그 자체로 스트레스와 피로감을 불러일으킨다.

심야 노동은 건강에도 안 좋다. 인간의 거의 모든 호르몬은 24시간 리듬에 따라 분비되고, 호르몬 작용을 통해 체온, 혈압, 소변, 소화를 조절한다. 심야 노동은 신체 리듬의 변화를 가져오는데, 이는 만성적인 수면 장애, 식욕부진, 소화불량, 우울증, 뇌혈관계 질환 등을 불러일으킬 수 있다. 24시간 문을 여는 곳 중에는 연속 2교대제를 실시하는 곳도 있는데, 야간 교대 노동은 세계보건기구(WHO) 산하 국제암연구소(IARC)가 지정한 그룹 2A 발암물질(인체 발암 추정 물질)에 해당한다. 피로에 시달리는 심야 노동자들은 언제라도 질병이나 건강 문제로 인해 나락으로 떨어질 가능성을 안고 있다.

24시간 사회는 시장 확대의 산물이다. 신자유주의는 시장의 무한 확대를 추구하는데, 그 확대는 공간적으로만이 아니라 시간적으로도 이루어진다. 이 가운데 '시간적 시장 확대'의 모습을 보여 주는 것이 바로 '24시간 사회'다. 말하자면 밤은 서부 개척 시대의 변경(邊境)과 같다. 19세기 후반 백인들이 서부로 지배 영역을 넓혀 간 것처럼, 시장은 밤을 식민화해 새로운 자원과 이윤 창출의 공급처로 삼는다. 24시간 사회의 본질은 밤낮을 가리지 않는 소비다. 이런 소비를 가능하게 하기 위해서는 심야에 일하는 사람들이 많아야 한다. 심야 노동자들이 많을수록 야간 시장은 독자적으로 발달한다. 일하는 사람도 먹어야 하고, 어디론가 이동해야 하고, 일에 필요한 물건들을 사야 하기 때문이다.

'공간적 시장 확대'는 '세계화'로 나타난다. 지금은 세계 단일 시장이다. 이것도 24시간 사회를 촉진한다. 온갖 물자가 국경 없이 실시간으로 교환되므로, 필요한 경우 언제라도 일을 처리할 수 있어야 하기 때문이다. (지구 반대편에 거래처가 있다면, 거기가 낮일 때 여기는 밤이다.) 24시간 노동을 가능하게 하는 것이 스마트폰이나 노트북 같은 IT 기기들이다. 이런 기기들은 '언제 어디서나' 일할 수 있게 해 준다. 이 때문에 직장인들은 퇴근을 해도 퇴근한 것이 아니다. 긴급한 일이 있으면 자다가도 일어나서 스마트폰이나 노트북으로 일처리를 해야 한다. 이에 대해 회사가 야간 수당을 주는 것도 아니다. IT 기기들은 퇴근 후의 노동 착취를 가능하게 한다. 24시간 사회의 등장으로 이득을 보는 것은 결국 '기업'이다.

### 하위 키워드 ③ 감정노동

우리는 카페에서 흔히 이런 말을 듣는다. "주문하신 커피 나오셨습니다." 어법에도 맞지 않는 사물 존대어다. "계산 도와드리겠습니다."라는 말도 많이 듣는다. 계산하지 않고 물건을 갖고 나가면 절도가 되므로 '도와드리겠다'는 것은 말이 안 된다. 그뿐인가. 콜 센터에 전화하면 상담원이 "사랑합니다, 고객님"이라고 말하며 응대한다. 대형 의류 매장에서는 직원들이 손님과 마주칠 때마다 "안녕하십니까? ○○○입니다. 필요하신 것 있으시면 불러 주십시오."라고 반복해서 외쳐 댄다. 대형 마트에 가면 직원이 입구에 서서 "즐거운 쇼핑 되십시오."라고 말하며 90도 배꼽인사를 하고, 패밀리 레스토랑에서는 종업원이 고객 앞에 무릎을 꿇고 주문을 받는다. 이른바 '퍼피 도그 서비스(Puppy Dog Service)'다.

직원들이 이렇게 하는 것은 모두 회사가 강요하는 매뉴얼 때문이다. 회사들 중에서는 '고객 감동'을 넘어 '고객 졸도'를 외치는 곳도 있다. 고객이 친절에 놀라 넘어질 정도로 서비스를 해야 한다는 것이다. 회사는 직원의 말투는 물론 시선 위치, 표정 처리까지 철저히 훈련시킨다. 서비스업종의 노동자가 손님에게 친절한 것은 어쩌면 당연한 일이다. 하지만 오늘날 노동자들에게 요구되는 상냥함과 친절함은 도가 지나치다. 이 역시 1980년대 이후 신자유주의 시대가 열리면서 생겨난 현상이다. 자본주의는 인간의 감정까지도 상품화하고 있으며, 그 결과 접객 노동자들의 극존대가 사회에 보편화되고 있다.

'감정노동(emotional labor)'은 미국의 사회학자 앨리 러셀 혹실드 Arlie Russell Hochschild가 1983년 처음 언급한 개념으로, 일터에서 자신의 감정 상태까지 조정해 서비스의 한 부분으로 제공해야 하는 노동을 뜻한다. 한 항공사는 '언제나 웃어야 한다'는 주문에 반발하는 승무원들을 이렇게 교육한다. "여러분은 자신이 어떻게 느끼는지에 초점을 맞추기 때문에 화가 나는 겁니다. 자신에 관한 생각을 버리세요!" 감정노동의 어려움을 잘 보여 주는 에피소드가 있다. 비행기를 탄 젊은 사업가가 여성 승무원에게 왜 미소를 짓지 않느냐고 물었다. 그 승무원이 '그쪽이 먼저 미소를 지으면 저도 웃겠다'고 하자 사업가는 웃어 보였다. 미소를 띤 승무원의 말. "좋아요. 이제 그 상태로 열다섯 시간을 계세요."

사람이 감정을 갖는 것은 자연스러운 일이다. 그런데 감정노동자들은 이처럼 자신의 감정을 숨기고 늘 밝은 모습만 보이기를 강요받는다. 심지어는 고객이 모욕적인 말을 하거나 협박을 해도 웃어야 한다. 이렇게 내면적 감정(felt emotions)과 외면적 감정(displayed emotions)의 반복된 충돌과 감정적 부조화는 스트레스, 자존감 훼손, 자기 비하, 열등감, 우울증, 무기력, 의욕 저하를 불러일으키고, 이는 정서적 소모와 심리적 탈진으로 이어지기도 한다. 심하게는 자기방어를 위한 감정 마비 상태에 이르거나, 신체 기능 저하, 폭식·흡연·폭음으로 몸이 무너지는 경우도 있다.

감정노동의 해결책으로는 흔히 기업이 자체적으로 심리 치료사를 배치해 상담 프로그램을 운용한다든지, 손님이 감정노동자들에게 친절과 미소로 화답하는 것이 거론된다. 그러나 이러한 방법은 임시방편이다. 혹심한 감정노동의 조건을 만드는 것은 다름 아닌 기업이기 때문이다. 기업은 '손님이 왕'이기 때문에 감정노동이 필요하다고 말하지만, 그 역시 명분일 뿐인지도 모른다. 미국의 문화비평가 바버라 에런라이크Barbara Ehrenreich는 『빈곤의 경제』에서 이렇게 썼다. "나는 수많은 저임금 노동자들에게 강요하는 모욕적인 행위들(끊임없는 감시, 관리자의 엄한 질책)이 저임금을 유지하는 요인이라고 생각한다. 만약 자신이 별로 쓸모없는 사람이라고 믿게 하면 자기가 받고 있는 임금이 실제로 자신의 가치라고 생각하게 될 수 있다." 이 말의 의미를 깊이 생각해 보았으면 한다.

# 일인가구

_ 혼자 사는 이들은 정말 행복할까?

'혼자 사는 것'이 특별하지 않은 시대다. '일인가구'는 이미 세대 구성에서 가장 큰 비중을 차지하고 있다. 일인가구는 신자유주의의 산물이고, 신자유주의의 가장 큰 피해자다. 그럼에도 정부는 일인가구를 지원하지는 못할망정 오히려 괴롭히고 있다. 저출산의 주된 주범으로 지목해 결혼해서 애를 낳으라고 종용하고, 소득 대비 가장 많은 세금을 거둬 간다. 각종 복지 혜택에서 불이익을 주는 경우도 많다. '일코노미', '욜로', '졸혼'은 모두 일인가구의 증가와 관련 있는 용어들로, 현 세태를 잘 반영하고 있다.

# 일인가구

'일인가구'란 말 그대로 혼자서 먹고, 자고, 생활하는 가구를 말한다. 1970년대까지만 하더라도 우리나라는 대가족이 많았다. 그러다 1980년대부터 핵가족으로 변하더니, 1997년 외환 위기 이후부터 일인가구가 늘기 시작했다. 가구를 구성하는 단위가 점점 작아져 왔음을 알 수 있다. 지금은 3가구 중 1가구가 일인가구인데(행정안전부의 통계에 따르면 2016년 9월 말 기준, 일인가구는 전체의 34.8%다.), 이 비중은 앞으로 더 늘어날 전망이다. 이런 상황을 보면, 사회의 파편화는 이제 올데까지 온 것 아닌가 하는 생각도 든다. 일인가구 이상의 파편화는 더 이상 있을 수 없기 때문이다.

대체 왜 이렇게 일인가구가 많아지는 것일까? 그 답으로는 여러 가지가 제시되고 있다. 여성의 경제활동 증가, 가족 가치의 약화, 개인주의 심화, 기러기 가족의 증가, 결혼관의 변화, 경제적 빈곤, 고령화 등이 그것이다. 하지만 이 가운데 핵심적인 원인을 하나만 꼽으라고 하면, 무엇보다 '경제적 빈곤'이다. 외환 위기 이후 일인가구가 대폭 늘기 시작했다는 점, 일인가구의 빈곤율이 50%에 달한다는 점, 빈곤율이 특히 높은 20~30대 청년층과 노년층에서 일인가구의 비중 역시 높다는 점이 이를 잘 보여 준다. 화려한 싱글 생활을 즐기는 '골드족'도 있긴 하지만, 그 수는 매우 적다. 일인가구의 대부분은 빈곤에 시달리고 있으며, 빈곤에 시달리기 때문에 일인가구가 되었다.

　다인가구를 구성하려고 하면 소득이 있어야 하고, 여럿이 살 만한 집을 구할 능력이 있어야 한다. 그런데 지금은 취업난과 실업률이 심각한 시대다. 게다가 집값은 비싸다. 그래서 결혼을 하기가 쉽지 않고, 결혼을 해도 아이를 낳기가 쉽지 않다. 아이가 없는 상태에서 경제적인 이유로 서로 떨어져 살며 맞벌이를 하면, 결혼을 했어도 일인가구가 된다. 요즘은 비정규직 확산과 자유로운 정리 해고, 장기 불황으로 인한 사업 실패 때문에 이혼하거나 별거하는 가구들도 많다. 이 역시 일인가구가 늘어나는 이유다.

　언론은 일인가구를 새로운 라이프 스타일이자, 트렌드인 것처럼 소개한다. 그러나 일인가구를 자발적으로 선택한 사람들은 많지 않다. 대부분은 어쩔 수 없어서 그렇게 살게 된 것일 뿐이다. 인간은 사회적 동물이다. 사회 속에서 소속감을 갖고, 사랑하는 사람과 더불어 살아갈 때 행복함을 느낀다. 언론에서는 일인가구의 가장 큰 장점으로 '자유로운 삶'을 들곤 한다. 물론 개인의 독립적이고 자율적인 삶은 중요하다. 그러나 일인가구는 '독립'이 아니라 '고립'이 될 가능성도 높다. 독립도 사회 속에서 이루어지는 것이다. 사회에서 배제된 일인가구는 주변의 작은 도움조차 받기 힘든 외톨이로 고립되기 쉽다.

이를 증명하듯, 각종 조사에서도 일인가구의 사회적 관계는 빈약한 것으로 나타나고 있다. 혼자서 생계 문제를 해결하려면 더 많이 일해야 하기 때문에 사람들을 만날 시간이 없거나, 심지어 돈이 없어서 사람들과의 만남을 회피하는 경우도 많다. (사교에도 돈이 든다.) 또한 혼자 있는 것이 만성화되면 우울증이나 대인 기피증이 생기기도 한다. 혼자 산다는 것이 문제가 되는 이유는 단지 외로움 때문만은 아니다. 사회적, 심리적, 재정적, 건강상의 위험에 쉽게 노출된다는 데에 더 큰 문제가 있다. 더욱 심각한 것은 이런 위험이 발생했을 때 마땅히 도움을 청할 곳이 없는 경우가 많다는 점이다.

혼자 사는 사람은 밥을 혼자 먹는 경우도 많다. 혼자 먹으면 밥을 빨리 먹는다. 또한 대개는 인스턴트식품이나 간편 가정식, 배달 음식으로 끼니를 '때우게' 된다. 그러면 영양 상태가 부실해지고, 위염, 고혈압, 당뇨병 등 각종 질병에 시달릴 위험도 높아진다. 사람이 밥을 먹는다는 것은 배고픔을 없애는 것 이상의 의미가 있다. 사람은 누군가와 함께 밥을 먹으며 친교를 쌓고, 지식과 정보를 교환하고, 정서적 공감대를 형성하며, 서로의 애정을 확인한다. 누군가를 초대해 함께 식사한다는 것은 일정한 격식을 차린 문화적 행위이기도 하다. 혼자 밥을 먹는 행위는 이 모든 사회 문화적 의미를 제거하고, 식사를 단지 생존 투쟁의 일환으로 격하시킨다.

　'일코노미'란 '1인'과 경제를 의미하는 '이코노미(economy)'를 합친 신조어로, 일인가구가 만드는 경제적 파급효과를 뜻한다. 크게 늘어나는 일인가구는 시장의 판도에도 많은 영향을 준다. 일인가구가 많아질수록 먹거리, 가전, 가구, 주택 시장 등에서 소규모·소용량 제품들이 늘어난다. 편의점에서 혼자 대충 끼니를 때우는 사람들이 많아지면 편의점 매출이 늘고, 외로움을 달래기 위한 반려동물 시장도 커진다. 혼자 살면 술도 혼자 먹고, 영화도 혼자 보며, 여행도 혼자 가는 일이 많아진다. 그리고 전자 매체를 접하는 시간도 늘어난다. 집에서 혼자 TV를 보고, 컴퓨터나 스마트폰으로 쇼핑과 게임 등을 즐기며 시간을 보내는 것이다. 이 모든 일인가구의 생활 방식이 시장에 영향을 미친다.

　일인가구는 소비할 때 가성비, 즉 가격 대비 효능을 중시한다. 일인가구가 가성비를 중시할 수밖에 없는 가장 큰 이유는 높은 주거비 때문이다. 일인가구의 압도적 다수는 월세에 산다. 일인가구는 월세의 주된 수요자다. 1인당 주거비를 따지면 일인가구만큼 높은 비용을 지불하는 경우는 없다. 혼자 살더라도 냉장고, 세탁기, TV, 옷장 등 살림살이도 있을 건 다 있어야 한다. 이런 비용들을 제하고 생활비를 써야 하니, 늘 가성비를 따질 수밖에 없다.

　일인가구의 가장 큰 문제는 '생활의 결핍'이다. 다인가구의 경우에는 가족들이 주말에 함께 자동차를 세차하기도 하고, 마트에 장을 보러 가기도 하며, 가족 중 누가 아프면 함께 병원에 다녀오기도 한다. 이러한 일들은 지극히 평범한 일상이지만, 함께하는 까닭에 심심하지도 않고, 즐거움이 되기도 하며, 무엇보다 사회적으로도 의미 있는 일이 된다. (가족도 엄연한 '사회'다.) 그러나 혼자 살면 이 모든 일이 귀찮아진다. 혼자 생계를 꾸리기 위한 돈을 버느라 시간이 없기도 하지만, 시간이 생겨도 하고 싶은 마음이 생기지 않는다.

하다못해 음식을 만들고, 설거지를 하는 일도 귀찮아진다. 그래서 인스턴트식품, 배달 음식을 자주 사 먹게 된다. 함께 먹을 사람도 없는데, 정성스럽게 음식을 만들고, 밥상을 차리는 사람은 거의 없다. 혼자 살면 일상적인 살림살이가 짐처럼 느껴지게 마련이다. 그러면 자연스레 술, 담배, 커피의 소비가 늘게 된다. 혼자 있는 것 자체가 스트레스가 되는 경우가 많고, 다른 데서 받은 스트레스를 가족 간의 대화를 통해 해소할 수 없기에, 술, 담배, 커피 같은 중독성 물질을 많이 찾게 된다. 이를 소비하는 동안에는 잠시나마 기분이 풀리는 느낌이 들기 때문이다.

혼자 살면 일상생활은 부실해진다. 살아 나가는 데 필요한 일들, 그러나 혼자 해야 하기에 재미가 없는 일들은 컴퓨터나 스마트폰을 이용해 속전속결로 처리한다. 그러고도 남는 시간은 외로움을 달래기 위한 각종 이벤트로 채운다. 외로운 나를 위해 이 정도는 괜찮다며 필요하지도 않은 물건을 충동적으로 구매하거나, 친구들을 불러내 자주 술자리를 가지고, 각종 동호회에 가입하기 위해 값비싼 카메라와 고급 자전거, 산악 장비 등을 계속해서 사게 된다. 혼자 살지 않았으면 안 했을지도 모를 소비를 자꾸 하게 되는 것이다.

학술 잡지인 《소비자 조사 저널(Journal of Consumer Research)》의 연구에 따르면, 혼자 사는 이들은 새로운 상품 소비에 집착하는 행태를 보인다고 한다. 2015년 기준, 일인가구의 소득 대비 소비 비율은 80.3%로 여타 다인가구들보다 훨씬 높다. 가성비를 늘 따지면서도 한편으로는 돈을 버는 대로 다 써 버린다는 뜻이다. 이유가 무엇일까? 이 역시 외로움, 고립감과 관련이 있다. 새로운 물건을 사면 혼자 생활하는 데서 오는 스트레스도 사라지는 것 같고, 쇼핑 과정에서 사회적 존재로서의 자신을 재확인하면서 외로움과 고립감이 줄어드는 느낌을 받기 때문이다.

**하위 키워드 ②** 욜로

'욜로(YOLO)'는 '한 번 사는 인생'이라는 뜻으로, 'You Only Live Once'의 앞 글자를 따서 만든 말이다. '욜로'의 용도는 다양하다. 여행하다 만난 청년에게 '인생은 한 번뿐이니, 후회 없이 인생을 즐겨라'라는 뜻으로 "욜로!" 하고 인사할 수도 있고, 카지노 도박판에서 '까짓 거, 한 번뿐인 인생, 한번 도전해 보자' 하는 마음으로 전 재산을 걸고 "욜로!"를 외칠 수도 있다. 욜로는 '한 번뿐인 인생, 소중히 여기고 하루하루 충실하게 살자'는 의미로 쓰일 수도 있지만, 한편으로는 '인생 한 번 살지, 두 번 사냐? 나는 내가 하고 싶은 대로 하고 산다'면서 자신의 방탕한 삶을 합리화시키는 데 쓰일 수도 있다.

최근 미디어를 통해 부각되는 욜로는 단연 '소비'와 관련이 있다. 예를 들어 전세·월세 보증금을 빼서 세계 여행을 떠난다거나, 점심은 김밥으로 때우면서도 커피는 원두로 내려 마시는 게 진짜라며 값비싼 커피 머신을 산다거나, 갑자기 몸매 관리를 해야겠다며 헬스클럽에서 고가의 퍼스널 트레이닝(P.T.) 이용권을 끊는 것 등이 욜로의 전형적인 행태다. 새롭고 세련된 라이프 스타일로서 욜로를 이미지화해 소비를 부추기는 광고도 많다. '미래 때문에 현재를 소모하는 대신 지금 이 순간에 충실하자'는 욜로의 논리는 광고에 의해 '미래보다는 당장의 소비로 자신을 만족시키자'는 메시지로 변질된다.

욜로 마케팅은 주로 젊은 세대를 겨냥하고 있으며, 많은 청년들이 이에 호응하고 있는 것이 사실이다. 지금의 청년 세대는 실업, 저소득, 고용 불안에 시달리고 있다. 당연히 미래와 노후에 대한 걱정과 불안감도 크다. 이런 세대가 욜로 마케팅에 호응해 가진 돈을 거의 다 써 버리다니, 선뜻 이해가 안 될 수 있다. 청년 세대들은 왜 그러는 것일까? 우선 혼자 사는 청년들이 많다는 점이 하나의 이유다. 일인가구는 '한 방에 (큰 돈을) 지르는 것'을 결행하기 쉽다. 부양할 가족도 없고, 이를 간섭할 사람도 없기 때문이다.

그러나 이보다 더 큰 이유는 미래에 대한 희망을 갖기 힘들다는 데에 있다. 지금은 실업자와 비정규직, 대량 해고가 만연한 신자유주의 시대다. 게다가 장기 저성장 시대다. 소득은 적고 집값은 천정부지로 치솟는 상황에서는 아무리 노력해도 제대로 된 직장을 가질 수도, 결혼을 할 수도, 집을 사기도 힘들다. 이런 상황에서 청년들은

'아등바등 살아 봤자, 다 거기서 거기'라는 생각을 갖기 쉽다. 미래에 대해 자포자기하는 심정이 되는 것이다.

욜로가 청년 세대에게 어필할 수 있는 지점이 바로 여기에 있다. "열심히 '노오력'하고 살아 봤자, 다 거기서 거기"라면, 오히려 "불확실한 미래에 투자하기보다는 현재를 즐겨라", "돈을 갖고 있기보다는, 그 돈으로 현재의 삶을 윤택하게 하는 것이 행복해지는 길"이라고 속삭이는 욜로가 매력적으로 다가오게 된다. 답도 안 나오는 미래에 대해 머리를 싸매고 고민하기보다는 얼마 안 되는 재산이나마 탈탈 털어서 해외여행을 가는 것이 오히려 합리적으로 여겨질 수 있는 것이다. '또 알아? 그러한 체험이 인생의 터닝 포인트가 될지?' 이러한 막연한 기대 속에서 일단 지르고 본다.

욜로 열풍의 이면에는 이러한 이벤트성 소비라도 없으면 살아갈 동력과 전망을 발견하기 힘든 비참한 삶의 현실이 도사리고 있다. '내일이 없는 자에게 허락된 것은 오늘의 즐거움뿐'이라는 사실, 이것이 욜로의 논리다. 욜로에는 일정한 정치적 기능도 있다. 실업자, 저소득자가 많으면, 그 사회는 동서고금을 막론하고 정치체제가 위태로워진다. 그러나 사람들이 욜로와 같은 소비의 일시적 즐거움에 빠져 있는 한, 체제는 안전하다. 소비는 개인적이다. 소비가 삶의 동력으로 받아들여지는 상황에서, 이러한 개인화 경향은 사회적 의견 수렴이나 연대를 더욱 어렵게 한다. 이는 권력의 일방적 지배에 이롭다.

'졸혼(卒婚)'은 '결혼을 졸업한다'는 뜻이다. 졸혼이라는 단어는 2004년 일본 작가 스기야마 유미코杉山由美子의 『졸혼을 권함』이라는 책이 출간되고, 그 내용이 사회적 반향을 일으키면서 알려지기 시작했다. 이 책은 2017년에 '졸혼 시대'라는 제목으로 우리나라에서도 번역·출간되었다. 그 후 졸혼은 각종 미디어를 통해 그 개념이 널리 알려지며 우리 사회에서 크게 이슈가 되었다.

졸혼은 혼인 관계는 유지하지만 서로 독립적인 생활을 영유하는 것을 말한다. 주로 자식들이 장성해서 분가한 후에 많이 이루어진다. 졸혼은 서로 떨어져 산다는 점에서는 이혼, 별거와 다를 바 없다. 그러나 법적 혼인 관계를 유지한다는 점에서 이혼과 다르고, 배제와 갈등 관계가 아니라 인정과 협력 관계를 유지한다는 점에서 별거와 다르다. 한마디로 장년층 이상의 부부가 서로 떨어져 살면서, 서로의 생활에 간섭하지 않고 각자의 사생활과 취미를 즐기며 사는 것이 졸혼이다.

졸혼에 적극 호응하는 이들은 단연 여성이다. 그 이유는 결혼 제도가 '가부장적'이기 때문이다. 가부장적 결혼 생활에서 육아와 살림은 전적으로 여성의 몫으로 귀결된다. 이에 여성들은 자녀를 키울 때는 이러한 욕망을 억누르고 살지만, 자녀가 장성해 독립하게 되면 '그동안 아내 노릇, 엄마 노릇을 할 만큼 했으니, 나도 이제 나 자신의 삶을 살고 싶다'는 욕망이 생긴다. 여성들의 성 평등 의식이나 사회 진출은 날로 진화하고 있다. 그러나 결혼 제도는 여전히 낡은 가부장제에 묶여 있다. 이 괴리가 여성들로 하여금 졸혼에 호응하게 만든다.

황혼 이혼이 많아진 주된 이유 중 하나도 이 괴리 때문이다. 우리나라에서 황혼 이혼이라는 말이 본격적으로 대두된 시기는 2000년대 초반부터다. 20년 이상 산 부부를 기준으로 한 황혼 이혼은 2003년 17.8%에서, 2014년 28.7%, 2016년 30.4%로 꾸준히 늘어 왔다. 그런데 이혼은 여러 가지 측면에서 부담스럽다. 우선 이혼하면서 재산을 나눠 가지면, 노년을 빈곤하게 보내야 한다. 또한 이혼을 바라보는 주변의 부정적 시선도 부담이다. 자녀들에 대한 미안함도 남는다. 그런데 졸혼을 하면 이 부담을 모두 피하면서도 자신이 원하는 삶을 살 수 있다.

남편의 입장에서도 이혼보다는 졸혼이 나은 선택일 수 있다. 아내와 이혼한 남성은 자녀들과의 관계도 소원해지는 사례가 상당히 많다. 가부장적 제도 속에서 자녀들은 아버지보다는 어머니와 친밀한 관계를 맺으며 성장하는 경우가 많고, 자녀와 아버지의 연결고리 역시 어머니인 경우가 대부분이다. 그래서 이혼은 자녀와도 멀어지게 될 위험을 내포한다. 남자의 평균수명은 여자보다 짧다. 이혼을 하면 나중에 건강이 악화됐을 때 돌봐 줄 사람이 없다거나, 무연고자가 되어 임종 시에 곁을 지킬 사람이 없을 위험이 있다. 실제로 고독사의 대부분은 남자 노인이다. 이처럼 남자는 고독사를, 여자는 빈곤을 피하려는 욕망에서 졸혼을 긍정적으로 바라보는 측면도 무시할 수 없다.

졸혼도 아무나 할 수 있는 것은 아니다. 어느 정도 경제적 수준이 되어야 한다. 두 집 살림을 해야 하므로 주거비, 생활비가 이중으로 발생하기 때문이다. 또한 자신만의 사생활이나 취미 생활을 즐기는 데도 돈이 필요하다. 이를테면 아내는 도시에 살면서 교회 집사로서 바쁜 일정을 보내고, 남편은 시골에 따로 집을 얻어 농사를 지으며 살기를 원하면, 이를 감당할 경제력이 있어야 한다. 경제력이 없는 가난한 노부부의 졸혼은 그냥 외롭고 쓸쓸한 독거노인이 되는 지름길일 뿐이다.

사람들이 졸혼을 하려는 이유는 결국 삶의 독립성과 자율성에 대한 갈망 때문이다. 결혼한 부부는 흔히 애정공동체, 경제공동체, 육아공동체, 생활공동체라고 말한다. 그러나 우리나라의 결혼 제도와 문화는 공동체라는 이름으로 여성에게 일방적인 희생을 강요해 왔던 것이 사실이다. 결혼한 사람에게도 어느 정도 삶의 독립성과 자율성은 필요하다. 우리의 결혼 제도와 문화에 어떤 결함들이 있는지 살펴보고, 이를 고쳐 나가지 않으면 안 된다.

# 자기 계발

_ 사장의 마인드로 자신을 채찍질하기

**중심 키워드**

자기 계발

**하위 키워드**

스펙, 멘토, 힐링

현대인에게 '자기 계발'은 일종의 의무 같은 것이 되어 버렸다. 시중에서는 자기 계발서들이 불티나게 팔려 나간다. 자기 계발서는 '노예가, 더 성실한 노예가 되기 위해 보는 책'일까? 그런 것 같기도 하다. 자기 계발서는 도착해야 할 목적지(부의 획득과 사회적 성공)를 이미 결정해 놓고, '어떻게 하면 그 목적지에 도착할 수 있는가'에 대해서만 다루기 때문이다. 내가 어떤 길을 가야 할지 선택할 자유가 없다면, 누군가 정해 놓은 길만 가야 한다면, 그것은 노예나 다름없다. '스펙', '멘토', '힐링'은 현대인에게 자기 계발의 논리를 되돌아보고, 경계해야 할 것은 무엇인지 깨달음을 준다.

# 자기 계발

'자기 계발'은 본래 자기 내부에 잠재되어 있는 능력을 발굴하고 발전시킨다는 의미를 갖고 있다. 그러나 오늘날 우리가 흔히 말하는 '자기 계발'의 의미는 이와 조금 다르다. 요즘 자기 계발은 자기 '내부에' 잠재된 능력보다는 사회적 성공과 생존을 위해 '외부로부터' 요구되는 능력을 갖추려 노력하는 것을 뜻한다. 자기 내부에 잠재되어 있는 능력을 발굴하고 발전시키는 작업은 주체적이다. 자기 내부에 어떤 능력이 잠재되어 있는지를 알기 위해서는 자신에 대한 관심과 성찰이 필요하기 때문이다. 그러나 '외부로부터' 요구되는 능력을 갖추는 작업은 반대다. 오히려 자신이 갖고 있는 진정한 관심과 욕구를 소외시키거나 통제해야 한다.

자기 계발에서 중시되는 것은 능률성이다. 자기 계발은 경제적 생존과 성공을 위해 돈과 경력, 라이프 스타일과 몸, 마음과 인간관계 등을 능률적으로 관리하는 일이다. 그런데 능률성만 따지면, 자신이 어떻게 생각하고 느끼는지는 중요하지 않다. 심지어 그것을 무시할수록 일처리가 능률적으로 이루어지는 경우도 많다. 자기 계발은 자기소외를 통한 자기 훈육이다. 진정으로 자신이 되는 것이 아니라 외적인 목표에 자신을 꿰어 맞춘다.

자기 계발 열풍을 비판한 이원석의 『거대한 사기극』에는 이런 구절이 나온다. "마음만은 CEO(최고 경영자)인 훌륭한 노예." 이 말은 자기 계발에 몰두하는 사람들의 태도와 처지를 단적으로 드러낸다. 자기 계발은 각 노동자(자아)가 CEO(초자아)의 시선으로 자신을 엄격하게 감시하고 평가하고 관리할 것을 요구한다. 일종의 자아분열을 요구하는 셈이다. 자기 계발은 언뜻 보면 개인들이 자발적으로 하는 것처럼 보인다. 그러나 자세히 보면, '하지 않으면 안 될 것 같은' 거대한 사회적 압력 속에서 자기 계발이 이루어진다는 사실을 알 수 있다.

자기 계발의 심리적 동인은 두 가지다. '나도 성공하고 싶다'는 욕망과 '남에게 뒤처질지도 모른다'는 불안이다. 자기 계발 시장은 이 두 가지를 자극함으로써 대중을 끌어들인다. 자기 계발은 '생각이 문제다. 생각만 바꾸면 모든 문제가 해결된다. 그리고 생각은 교정될 수 있다'고 주장한다. 자기 계발의 논리에 따르면, 개인은 일상과 감정, 인생의 항로까지도 정교한 수준에서 자유롭게 선택할 수 있다. 개인의 능력도 무한하다. 그러나 현실은 다르다. 사람들의 선택권은 자신이 처한 사회적 위치에 따라 심각하게 제한되어 있다.

자기 계발 문화의 가장 큰 문제점은 사회적 불평등이나 빈부 격차, 높은 실업률 같은 사회구조적인 문제를 개인 탓으로 돌린다는 데에 있다. 앞서 말했듯이 현실적으로 선택지는 많지 않다. 그런데도 자기 계발 문화는 자유로운 선택이 얼마든지 가능함을 전제로 두고, 노동시장이나 사회 활동에서의 실패와 좌절을 개인의 잘못으로 돌린다. 자기 계발 문화는 한마디로 몰정치적이다. (엄밀하게 말하면 몰정치적인 것도 정치적이다.) 사회구조적인 문제들을 해결하기 위해서는 정치적 담론이나 논의가 있어야 한다. 그러나 개인의 태도와 노력 부족만을 문제 삼는 자기 계발 문화는 정치적 전망이나 변화에 대한 모색을 불가능하게 한다.

**하위 키워드 ①  스펙**

'스펙(spec)'은 '스페시피케이션(specification)'의 약자다. 스페시피케이션은 우리말로 '사양(仕樣)'이라는 뜻이다. 우리가 흔히 '컴퓨터 사양이 좋네, 안 좋네' 할 때의 그 사양이다. 스펙이라는 말은 원래 군사 업무에서 많이 사용되었다. 무기류를 구매할 때 구매자가 원하는 기계류의 치수, 무게 등의 성능과 특성을 나타내는 수적(數的) 지표를 흔히 사양이라 한다. 예를 들어 우리나라가 미국의 방위산업체 록히드마틴(Lockheed Martin)에서 전투기를 주문한다고 할 때, 강판은 무엇을 사용하고, 어떤 무기들이 장착될 수 있도록 하고, 레이다는 어떤 제품으로 설치해 주고, 전체 무게는 얼마가 넘지 않게 만들어 달라는 식으로 적어 보내는 것이 스펙이다.

그러나 지금은 학벌, 학점, 토익, 인턴십, 자격증, 봉사 활동 등 취업에 필요한 요소들을 스펙이라 부른다. 앞서 말했듯이, 스펙은 사람에게 쓰는 말이 아니다. 기계에 관한 말이다. 그런데 지금 우리 사회에서는 기계보다 오히려 사람에게 많이 쓴다. 이는 사람을 기계 취급하는 것이라 볼 수 있다. 스펙은 다분히 비인간적인 용어다. 스펙이 본래 군사업무에 쓰였던 말이라는 점도 의미심장하다. 흔히 취업하기 힘든 현실을 전쟁 상황에 빗대어 '취업 전쟁'이라고 한다. 군대가 전쟁에 대비하기 위한 기관임을 상기하면, 취업 전쟁에서 승리하기 위한 요소들을 '스펙'이라 부르는 것도 이상한 일은 아니다.

　말 그대로 스펙이 취업에 도움이 된다면 열심히 노력해 스펙을 쌓는 일도 나쁘지는 않을 것이다. 그러나 취업난이 더욱 극심해진 오늘날에는 그마저도 쉽지 않은 일이 되어 가고 있다. 너도나도 스펙 쌓기에 열중하다 보니, 스펙이 상향 평준화되어, 이제는 큰 변별성이 없어졌다. 남들과 비교되지 않을 만큼 탁월한 스펙을 갖춘다면 모를까(그런 사람은 극소수에 불과하다.), 전체적으로 보면 스펙 쌓기는 생각만큼 좋은 일자리를 보장하지 못하고 있다. 그도 그럴 것이 스펙을 쌓는다고 해서, 많은 청년들이 실업자 혹은 정상적인 생활이 어려운 저소득자가 되어야 하는 경제구조가 바뀌는 것은 아니기 때문이다.

　청년들에게 자기 개성이 별로 없는 것도 스펙 쌓기 열풍과 관련이 있다. 단적인 예로 요즘 청년 세대에는 괴짜가 별로 없다. 청년들에게 강요되는 스펙의 내용은 비슷비슷하다. 치열한 스펙 경쟁에서 이기기 위해서는 청소년 시절부터 일과의 대부분을 스펙 쌓기에 쏟아부어야 한다. 그런 까닭에 자기 개성을 형성할 만한 여가 활동도 할 수 없고, 자신과 세계에 대해 사고하고 탐구할 시간도 턱없이 부족하다. 청년들의 정신은 공동화(空洞化)된다. 그 공동화된 정신은 인턴십이나 봉사 활동으로 내면화된 기업 중심의 사고와 정서가 채운다. 그 결과 공장에서 만들어 낸 제품들처럼 틀에 박힌 인간형들이 사회적으로 양산된다.

혹자는 사회가 요구하는 높은 스펙이 직업 활동의 정교화에 부응한 결과라고 말한다. 그러나 청년들에게 요구되는 스펙 수준은 직무상 필요한 기술이나 지적 수준을 훨씬 상회한다. 높은 수준의 스펙이 요구되는 이유는 심각한 취업난 때문이지, 직업 활동의 필요성 때문이라고 말하기 힘들다. 사회생활에서 대부분의 직업이 요구하는 능력은 생각보다 단순하다. 기업들이 직원들을 쉽게 갈아 치울 수 있는 것도 그 때문이다. 작업이 고도의 복잡성을 요한다면 그러기 힘들 것이다. 스펙과 직업 활동 사이에는 별 관계가 없거나, 있다 해도 아주 느슨한 관계만이 존재한다.

**하위 키워드 ②  멘토**

'멘토(mentor)'는 본래 고대 그리스의 시인인 호메로스<sup>Homeros</sup>가 쓴 대서사시 『오디세이아(Odysseia)』에 등장하는 말이다. 『오디세이아』는 기원전 12세기경에 벌어진 것으로 추정되는 트로이전쟁을 배경으로 삼는다. 내용은 이렇다. 고대에 트로이(지금의 터키 서쪽 지방에 위치했다.)라는 도시 국가가 있었다. 트로이의 왕자 파리스Paris는 어느 날 스파르타의 미녀 왕비 헬레네Helene를 유혹해 데리고 도망간다. 그러자 스파르타의 왕 메넬라우스Menelaus는 왕비를 되찾기 위해 그리스의 영웅들을 동원해 트로이를 공격한다. 이때 이타케 섬의 왕 오디세우스Odysseus도 메넬라우스의 요청을 받고 참전한다. 전장으로 떠나면서 오디세우스는 어린 아들 텔레마코스Telemachus를 자신의 절친한 친구이자 충직한 신하인 멘토르Mentor에게 맡긴다. '멘토'라는 말은 이 멘토르의 이름에서 유래한 것이다.

멘토르는 텔레마코스를 잘 보살피며 교육시키지만, 안전에 너무 신경을 쓴 나머지 텔레마코스가 아무 곳에도 가지 못하게 한다. 이에 지혜의 여신 아테나Athena가 멘토르의 모습으로 변장을 하고 텔레마코스에게 나타나 아버지 오디세우스를 찾아 나설 것을 명령한다. 변장한 아테나 여신을 진짜 멘토르로 여긴 텔레마코스는 먼 곳에서 어려움을 겪고 있는 아버지를 찾아 떠난다. 그리고 결국 부자는 우여곡절 끝에 만나 집으로 무사히 돌아오게 된다.

이 이야기는 무엇을 의미할까? 멘토르는 친구의 아들을 잘 교육시켰지만, 한편으로는 과잉보호하는 경향이 있었다. 과잉보호는 텔레마코스의 육체와 정신의 성장을 가로막는 요인이었다. 인간의 성장은 좋은 교육만으로 이루어지지 않는다. 인간은 안전한 곳에 웅크리고 있기보다는 거친 세상에 뛰어들었을 때 시행착오를 겪으면서 성장한다. 가르침을 받아 알게 된 지식도 현실에 적용되었을 때, 생생하고 실감 있는 것으로 체현된다. 지혜의 여신인 아테나가 텔레마코스에게 모험의 길을 떠나라고 명령한 데에는 이유가 있었다. 그럼으로써 텔레마코스의 성장을 방해하는 '과잉보호'라는 장애물을 치워 준 것이다.

멘토라는 말에는 멘토르의 모습뿐 아니라, 아테나 여신이 분한 멘토르의 이미지가 중첩되어 있음을 알아야 한다. 그러나 오늘날 우리가 흔히 말하는 멘토에서는 가르치는 자로서의 멘토르 역할만 볼 수 있을 뿐, 독립적인 사고와 자율성을 배양하는 아테나 여신의 모습은 찾기 어렵다. 지금의 멘토들은 인생의 방향을 스스로 찾도록 돕는 대신, 직접 그 방향을 일러 준다. 그리고 그 방향으로 가라고 격려하거나 채찍질한다. 시행착오는 쓸모없는 일이 아니다. 그 자체로 성숙해 가는 과정 가운데 하나다. 그러나 요즘에는 멘토에게 의존해 시행착오를 겪지 않고 단기간에 성과를 거두려는 사람들이 많다.

멘토는 '스승'이라는 의미로 통용된다. 그러나 이는 고전적인 의미의 지혜로운 스승과는 차이가 있다. 고전적인 의미의 스승은 통찰력을 바탕으로 제자의 인격과 지적 성장을 돕는 사람이지, 이익을 논하는 사람들이 아니다. 그러나 오늘날의 멘토는 처세의 팁, 업무 요령, 생존법, 성공 요령, 위안과 격려를 제공하는 카운슬러(counselor)에 가깝다. 그들은 CEO의 관점에서 사회적 성공을 목표로 자신의 몸과 마음, 인간관계 등을 효율적으로 이용하고 조작하는 법, 즉 '자기 경영'의 노하우를 알려 준다. 모두 지혜보다는 이익과 관련된 것이다.

'힐링(healing)'은 우리말로 '치유'다. 우리가 흔히 쓰는 '힐링'이라는 말의 의미는 조금 모호하다. 서구에서는 일찍이 질병 치유의 대체 요법 또는 영적·심리적 치료 요법 등을 지칭했다. 그러나 우리나라에서는 '사회적 압박과 스트레스 등으로 손상된 감정과 마음을 치유하는 방법'이라는 정도의 의미로 쓰이고 있다. 힐링의 방법으로 제시되는 것들은 많다. 명상, 소통, 공감, 격려, 감동, 여행, 기도, 요가 등이 그것이다. 방법은 다양하지만, 마음의 안정과 위로를 추구한다는 것이 공통점이다.

사람들이 끊임없이 자기 계발을 하게 만들기 위해서는 채찍질만 해서는 안 된다. 때로는 어르고 달래기도 해야 한다. 여기에서 어르고 달래는 역할을 하는 것이 '힐링'이다. 힐링이 크게 유행하는 이유는 그만큼 우리 사회에 상처 입은 영혼들이 많다는 것, 삶이 힘들고 피곤하다는 것, 사회가 떠안고 있는 상처가 깊다는 것, 우리 사회가 '킬링(killing) 세상'이라는 것을 반증한다. 힐링 열풍은 실패와 좌절을 견디고, 스트레스와 불안, 위기감을 관리하며, 자아를 위로하지 않으면 안 되는 상황을 반영한다.

문제는 힐링이 진짜 치유 효과가 있느냐 하는 것이다. 진짜 효과가 있다면 얼마나 좋겠는가. 그러나 현실은 그렇지 않다. 힐링 열풍이 그렇게 불었는데도 우리나라 자살률이 경제협력개발기구(OECD) 국가들 중 1위를 기록하고 있다는 점은 이를 단적으로 보여 준다. 힐링은 기껏해야 일시적인 위안만 줄 뿐이다. 그래서 힐링에 대해 위약(僞藥, 가짜 약) 또는 위약(違約, 약속 어김)에 불과하다고 주장하는 사람도 있고, 마실 때는 시원하지만 곧 더 강한 갈증을 유발하는 설탕 범벅 탄산음료에 비유하는 사람도 있다.

만화가 이현세는 한 라디오 프로그램과의 인터뷰에서 "(20대가) 50, 60대가 던져 주는 '힐링'에 넘어가선 안 된다"고 강조한 바 있다. "지금 20대들이 힘들게 살아가는 이 사회를 만든 건 저 같은 50, 60대"라는 게 그 이유다. 힐링 문화의 가장 큰 문제는 사람들에게 상처를 준 가해자가 아니라 피해자를 치료 대상으로 삼는다는 데 있다. 굳이 말하면, 지금의 사회는 가해자가 가혹한 생존경쟁과 승자독식을 유발하는 구조다. 힐링을 해도 효과가 그때뿐이며, 조금만 시간이 지나면 말짱 도루묵인 것처럼 느껴지는 것도 치료 대상이 잘못되었기 때문이다. 힐링 문화는 문제의 원인을 방기한 채 대증요법(對症療法, 증상만 완화시키는 치료법)만 실시한다.

현대사회에서는 힐링도 산업이다. 여행을 가는 것, 힐링 서적을 읽거나 그와 관련된 강의를 듣는 것, 요가 센터나 명상 수련원에 가는 것 등에는 모두 돈이 든다. 사람들의 스트레스나 불안이 주로 경제활동과 관련해 생긴다는 점을 감안하면, 힐링 산업은 산업 활동 내에서 생긴 문제들을 또 다른 산업 활동으로 해결하려는 것이 된다. 시장의 힘은 엄청나다. 시장은 자기 내부에서 파생된 문제들조차 산업의 영역으로 빨아들인다. 이러한 모습은 시장의 만능성보다는 무엇이든 이익으로 연결시키는 시장의 게걸스러운 성격을 보여 준다.

# 사회 안전망

_ 복지 제도가 있어도 살기 힘든 이유

**중심 키워드**

사회 안전망

**하위 키워드**

실업급여, 국민건강보험, 국민연금

우리 사회에서 '사회 안전망'에 대한 논의가 본격적으로 시작된 것은 1997년 외환 위기 때부터다. 그 후 20년이 지났는데도 우리나라의 사회 안전망은 OECD 국가들 중 꼴찌 수준에 머무르고 있다. 사회 안전망은 여러 복지 제도 중에서도 가장 기초적인 것이다. 이것만 잘 갖춰져 있어도 극단적인 빈곤의 나락으로 떨어지지 않을 뿐 아니라, 이를 토대로 경제적 재기를 하는 것이 가능하다. '실업급여', '국민건강보험', '국민연금'은 주요한 사회 안전망 장치들이다.

# 사회 안전망

우리는 살면서 각종 위험들, 즉 실업, 빈곤, 재해, 노령, 장애, 질병 등에 시달린다. 이런 위험에 시달리는 것은 개인적인 문제가 아니다. 역사적으로 보면, 이런 위험들이 유독 많을 때와 그렇지 않을 때가 있었다. 또한 이런 위험이 만연한 나라와 그렇지 않은 나라가 있다. 이런 위험들은 다분히 사회적이며, 그래서 '사회적 위험'이라 부른다. 위험이 사회적으로 발생한다면, 그 대책도 사회적이어야 한다. 이로부터 국가가 사회적 위험들로부터 국민을 보호해야 한다는 책무가 생기는데, 그 책무를 수행하기 위한 제도적 장치가 '사회 안전망'이다.

우리나라 사회 안전망에는 크게 세 가지가 있다. 첫째, 국민연금, 건강보험, 산재보험(산업재해보상보험), 고용보험 등 소위 '4대 보험'이라 부르는 '사회보험'이 있다. 둘째, 생계유지가 어려운 저소득층을 위한 '공적부조'가 있다. 국민기초생활보장제도가 여기에 해당한다. 셋째, 재난을 당한 사람에게 최소한의 생계와 건강을 지원해 주는 긴급 구호가 있다. 사회 안전망은 말 그대로 사회가 구성원 전체에게 제공하는 기초적이고 보편적인 복지 제도다. 그러므로 사각지대가 있어서는 안 된다. 그러나 현실은 다르다. 복지 지원에서 배제되는 사람들이 대규모로 발생하고 있다. 왜 그럴까?

세 가지 제도 중 가장 큰 비중을 차지하는 것은 사회보험이다. 수혜 대상자가 광범위하고, 사회적 위험에 처했을 때 이에 대응하는 것은 물론이고, 은퇴 후 노후를 보장받는 데에도 유용하기 때문이다. 나머지 국민기초생활보장제도나 긴급 구호는 절대 빈곤층이 되거나 큰 재난을 당해야 비로소 수혜 대상이 된다. 문제는 4대 보험에 가입이 되기 위해서는 직장, 그것도 번듯한 직장에 다녀야 한다는 점에 있다. 임금 수준이 높은 직장에 다니면서, 고용도 안정적인 정규직 노동자는 대부분 4대 보험에 자동으로 가입된다. 그래서 산업재해를 당하거나 질병에 걸렸을 때, 회사를 그만뒀을 때도 생존의 위협에 봉착하지 않고, 위기를 헤쳐 나갈 수 있다.

그러나 실업자는 물론이고, 임시직이나 일용직처럼 불안정한 일자리, 저임금 일자리에 종사하는 사람들은 4대 보험에 가입이 안 되어 있거나 4개 가운데 일부에만 가입되어 있는 경우가 많다. 영세한 업체의 사업주들은 매달 납부해야 하는 보험료가 부담스러워 보험 가입을 회피하는 경우가 많은데, 그러면 노동자들은 사회보험의 혜택을 누릴 수 없다. 복지 지원이 가장 절실한 사람은 말할 것도 없이 실업자나 저임금·불안정 일자리 종사자들이다. 그런데 지금의 사회 보험은 좋은 일자리에 종사하는 것을 전제로 하는 까닭에, 이들이 사회보험의 혜택을 받지 못하거나 부족하게 받는 아이러니가 발생한다.

영세 자영업자도 사회 안전망에서 배제되는 대표적인 그룹이다. 자영업자들도 자신이 원하면 4대 보험에 가입할 수 있다. 그러나 영세 자영업자들 역시 매달 납부하는 보험료가 경제적으로 부담스러워 4대 보험에 가입하지 않거나, 가입했다가도 사업이 어려워지면 보험료 납부를 중단한다. 그러면 역시 혜택을 못 받게 된다. 보험료를 납입할 능력과 여유가 있는 사람들만 보호하는 지금의 사회보험은 사회 구성원 전체를 보호한다는 취지에 어긋난다. 이는 결국 고위험군인 하층민에게는 불리하고, 저위험군인 중산층에게는 유리한 제도라고 할 수 있다.

국민기초생활보장제도에서는 선정 기준과 관련해 복지 지원 배제가 나타난다. 기초생활수급자를 선정할 때 기준이 되는 것은 '최저생계비'다. 소득이 최저생계비 이하일 때만 기초생활수급자로 선정되어 혜택을 받을 수 있다. 그런데 우리나라에서는 최저생계비 자체가 너무 낮게 책정되어 있어, 실제로는 생계가 어려운데도 지원을 받지 못하는 사람들이 생기고 있다. 게다가 최저생계비는 기초생활수급자에게 지급되는 생계 급여의 기준이 된다. 그래서 기초생활수급자로 선정된다 하더라도 국가가 지급하는 생계 급여로는 최소한의 생활도 하기 힘든 것이 현실이다.

일반적으로 보험이란 평소 납부했던 보험금을 나중에 돌려받는 개념이다. 사람들은 고용보험에서 제공하는 실업급여 역시 민간 보험과 마찬가지로, 평소 납부했던 보험료의 대가로 실직했을 때 생계유지를 위해 지급되는 것이라 생각하곤 한다. 그러나 실업급여는 실업자와 그 가족의 생계를 보장하기 위한 것이 아니다. 실업급여가 생계유지에 다소 도움이 되는 것은 사실이지만, 부수적인 효과일 뿐이다. 실업급여의 주된 목적은 '구직 활동 지원', 즉 실직해 놀게 된 사람을 다시 일하게 만드는 데 있다.

이 점은 고용보험기금 운용 방식에서 분명하게 드러난다. 같은 실업자라도 스스로 일을 그만둔 사람에게는 지급하지 않고, 자신의 의지와 무관하게 실직한 사람(비자발적 실업자)에게만 실업급여를 지급하는 것이 고용보험기금의 기본 방침이다. 또한 실업급여를 신청한 사람은 자신이 평소 열심히 구직 활동을 하고 있음을 증명해야 한다. 실업자가 구직 활동을 성실하게 하고 있다는 사실이 증명될 때에만, 소정의 기간 동안 실업급여를 지급한다. 구직 활동 증명을 소홀히 하거나, 실제로는 구직 활동을 하지 않았는데 거짓으로 했다고 보고한 것이 드러나면 실업급여는 언제라도 끊길 수 있다.

사람은 일하는 기계가 아니다. 비자발적 실업자라 하더라도 '이왕 이렇게 실직하게 된 거, 이제까지 열심히 일했으니 몇 달은 실업급여나 받으며 좀 쉬자. 그러면서 천천히 일자리를 알아보자.'라고 생각할 수 있다. 그러나 지금의 실업급여 체계에서 이것은 용납되지 않는다. 실업급여를 신청하는 순간, 곧바로 구직에 나서야 한다. 실업급여를 받기 위해서는 당국이 요구하는 각종 교육 프로그램에도 참여해야 한다. 이에 불성실하게 응하면 불이익을 받을 수 있다. 고용지원센터에서는 일자리를 알선하기도 한다. 일자리를 알선해 주는 것은 좋은 일이다. 문제는 행정 서비스라는 이름으로 시민의 권리를 침해하는 일이 종종 벌어진다는 점이다. 수급자가 합당한 사유 없이 면접을 보러 가지 않거나 취업을 거부하는 것은 허용되지 않는다. 그러면 고용지원센터는 구직 활동을 성실하게 이행하지 않는 것으로 간주해 불이익을 준다.

사람들이 일자리를 선택할 때 다양한 사정과 기준에 따르는 것은 당연한 일이다. 개인적인 사정에는 남에게 말하기 힘든 것도 얼마든지 있을 수 있다. 개인마다 하고 싶은 일, 좋아하는 일, 기피하는 일도 다를 것이다. 일자리를 알선해 주는 담당자가 '이것저것 따지면 아무 일도 못한다' 혹은 '당신 처지에 찬밥 더운밥 가릴 때냐', '실업급여만 받고 일하기 싫어서 그러는 것 아니냐'는 식으로 말하면, 수급자는 마음에 상처를 입는다.

실업급여와 취업 지원을 받는 것은 본래 시민의 권리다. 그런데 실업급여를 받는 사람들은 이를 의무로 느끼게 된다. 당국은 수급자들이 공짜 돈을 받으며 놀고먹으려 하지 않는지 끊임없이 감시한다. 따라서 수급자들은 권리를 누리는 것이 아니라 당국이 요구하는 각종 의무를 수행하는 대가로 실업급여를 받는 것 같다는 생각을 하게 된다. 수급자들이 이런 대우를 받는 것은 불합리하다. 실업급여의 대부분은 국가 재정에서 나온 것이 아니기 때문이다. 고용보험기금의 재원은 주로 노동자 측이 평균 임금의 0.65%를, 사용자 측이 0.9~1.5%를 공동 부담하여 납부하는 고용보험료로 조성된다. 돈의 출처만 보면 내가 냈던 돈을 돌려받는 꼴이다.

갈수록 실업급여 신청자들이 많아지는 이유는 단순히 시장이 불황이기 때문만은 아니다. 무엇보다 국가가 '노동의 유연화' 정책을 시행하는 데에 그 이유가 있다. 그로 인해 저임금·불안정 일자리가 늘어나고, 한곳에서 오래 일할 수 없는 노동자들이 많아지면서 실업급여 신청자들도 계속 늘고 있다. 수급자들에게 요구되는 윤리와 행동 강령은 어찌 보면 국가의 비윤리와 무책임을 노동자에게 전가한 것이나 다름없다.

### 하위 키워드 ② 국민건강보험

집안 식구 중 누구 하나가 큰 병을 앓거나 사고를 당하면 병원비가 많이 든다. 병원비가 집안 전체의 생계를 위협하는 경우도 많다. 국민건강보험은 이를 막기 위해 평소 국민들에게서 보험료를 걷고, 이것으로 기금을 마련해 유사시 의료비의 일부를 국가가 내 주는 제도다. 건강보험은 4대 보험 중에서도 가입자 수가 가장 많은 사회보험이다. 그럼에도 불구하고 우리 사회에는 여전히 병원비 때문에 힘들어하는 사람들이 많다. 이유가 무엇일까?

가장 큰 이유는 보험 적용이 안 되는 약이나, 물품, 간병비, 진료 항목들이 적지 않기 때문이다. 이를 '보장성(보장률)이 낮다'고 표현한다. 현재 우리나라의 건강보험은 보험료를 적게 내는 대신 보장률도 낮다. 우리나라는 병원에 입원했을 때 보장률이 60% 수준에 불과하다. 그러나 대부분의 서구 유럽 복지국가의 입원 보장률은 90%가 넘는다. 스웨덴이 98%, 네덜란드가 98.7%, 프랑스는 93%이고, 일본도 90.5%나 된다. 이런 복지국가들은 연간 '본인 부담 상한제'도 시행하고 있다. 스웨덴은 외래 진료비가 1년에 우리 돈으로 약 15만 원을 넘을 경우 전액 국가가 책임지고, 입원비도 일당 상한제가 적용되어 하루에 약 1만 3,000원만 내면 된다. 그리고 독일은 아무리 진료비가 많이 나와도 자기 소득의 2%까지만 부담하도록 하고 있다. 우리나라도 보험료를 더 내더라도 건강보험 하나만으로 대부분의 병원비가 해결되도록 해야 할 것이다.

　사람들은 건강보험이 있는데도 대기업이 운영하는 민간 의료보험에 또 가입한다. 이는 건강보험의 보장률이 낮아서 생기는 악순환이라 할 수 있다. 건강보험의 보장률이 낮기 때문에 민간 의료보험 이용이 늘고, 민간 의료보험 이용이 느는 만큼 가계 부담도 늘어난다. 민간 의료보험의 지급률은 50% 정도에 불과하다. 1만 원을 내면 5,000원을 돌려받는 꼴이다. 대규모 영업 비용, 유명 모델을 동원하는 판촉·광고비, 보험 설계비, 주주 배당금까지 덜어내고 남은 돈으로 보험 재정을 운영하는 민간 의료보험은 그럴 수밖에 없다.

　반면에 건강보험의 지급률은 170% 정도다. 1만 원을 내면 1만

7,000원을 돌려받는다. 건강보험은 앞서 말한 영업 비용, 광고비, 주주 배당금 등이 들지 않는다. 또한 시민이 내는 보험료만큼 기업과 국가가 보험료를 내는 '매칭 펀드' 형태로 구성되어 있다. 내가 1만 원을 내면 기업과 국가가 내는 1만 원이 더해져 2만 원 규모의 재정을 가진 보험이 된다. 의료비 부담을 줄이는 데 있어서 정답은 민간 보험이 아니라 건강보험에 있음을 알 수 있다. 건강보험과 보험 회사들은 서로 경쟁 관계에 있다. 건강보험의 보장성이 커지면, 보험 회사의 시장이 줄어든다. 그래서 보험 회사들은 건강보험의 보장성이 커지는 것을 싫어한다.

건강보험 재정은 국민이 낸 돈인 만큼 국민의 의료비로 사용되어야 한다. 그러나 보험 회사, 제약 회사, 민간 병원, 의료 기기 회사 등 의료 관련 기업들은 '의료 복지'를 이유로 건강보험의 재정을 노린다. 논리는 이렇다. 의료 복지가 실현되기 위해서는 대국민 의료 서비스가 좋아져야 한다. 그런데 이를 위해선 의료 기업들이 추진하는 원격 의료 시범 사업, 제약사 임상 시험, 건강관리 서비스 등에 건강보험의 재정이 지원될 필요가 있다는 것이다. 결국 이는 의료 산업의 발전(이익)이 국민의 복지라는 논리로, 매우 경계해야 한다.

건강보험은 잘 이용하면 무척 좋은 제도다. 그러나 자칫하다가는 국가가 의료 수요(환자)를 끊임없이 창출해 주는 역할을 하게 된다는 점도 간과해서는 안 된다. 사실 우리나라에서 사회보장제도로서 의료보험이 처음 실시된 1977년부터 이 점은 가장 중요한 목표였다. 의료보험을 통해 의료비 마련이 쉬워지면 사람들이 더 많이 병원을 이용할 것이고, 그것은 의료의 산업화를 촉진할 것이라는 생각이 박정희 유신 정권의 주된 계산이었다. 건강보험은 '생명 관리 정치'라는 국가와 자본의 궁극적 통치 행위와도 연관되어 있다. 우리는 이런 점을 주지할 필요가 있다.

### 하위 키워드 ③ 국민연금

국민연금은 국민들의 노후 대비를 주된 목적으로 하는 사회보장제도다. 사회생활을 하며 보험료를 내고, 나이가 들어 은퇴해 소득이 없어지면 연금을 지급받는 구조다. 그러나 국민연금만으로 노후 문제가 해결된다고 생각하면 오산이다. 국민연금은 소득 수준 대비 내야 할 보험 액수가 정해지고, 보험 액수 대비 지급받는 액수가 정해진다. 그러니 소득 수준이 높은 상류층이나 되어야 충분한 연금을 받을 수 있어서, 국민연금만으로 노후 문제 해결이 가능하다. 그렇다고 '그럼 국민연금 들 필요 없겠네?' 하고 생각하면 곤란하다. 충분한 노후 대책이 되지는 않지만, 다른 방법들(보험 회사의 연금 상품에 가입하거나, 자식에게 노후를 기대거나, 은퇴 후 단순노동에 종사하는 것)보다는 훨씬 유리한 방법이기 때문이다.

국민연금은 경제활동인구 대다수가 가입되어 있다. 그래서 이를 통해 형성된 국민연금기금의 규모도 엄청나다. 2017년 7월 현재 602조 원, 세계 3위 규모다. 국민연금관리공단은 이 많은 돈을 그냥 갖고 있지 않다. 이 돈으로 주식, 채권, 해외 부동산 등에 투자를 한다. 투자를 해서 수익을 내면, 더 많은 국민들에게 혜택을 줄 수 있다는 것이 이유다. 문제는 투자와 운용이 불투명하게 이루어진다는 점이다. 돈의 주인인 국민들은 국민연금기금이 어떻게 운용되고 있는지 알 수 없다. 그러다 보니 방만한 투자, 졸속 투자들이 횡행한다.

이로 인해 적지 않은 투자 손실은 물론, 기금 운용에 있어서 부정부패가 끼어들 여지가 많다는 문제가 생긴다. 얼마 전 큰 논란이 된 '최순실 게이트'에도 국민연금이 연관됐다. 국민연금은 오너 일가를 제외한 삼성물산의 최대 주주였는데, 삼성그룹의 경영권 승계를 돕기 위해 삼성물산과 제일모직의 합병에 찬성표를 던짐으로써 막대한 손실을 입었다. 전문가들은 국민연금의 손실액이 적게는 700억 원에서 많게는 4,900억 원에 달할 것으로 추산했다. 2014년에는 국민연금이 룩셈부르크와 케이맨제도 등 조세 피난처에 페이퍼 컴퍼니(paper company)를 세워 해외 부동산에 투자한 것이 밝혀져 논란이 되었다. 명색이 준정부기관인 국민연금이 해외에 투자하면서 세금을 안 내기 위해 서류에만 존재하는 가짜 회사를 만든 것이다. 창피한 일이 아닐 수 없다.

국민연금은 금융시장의 '큰손'이다. 세계적으로 봐도 국민연금만큼 큰 공공 펀드나 기관투자자는 없다. 국민연금이 특정 주식을 사면 그 주식 가격이 확 뛰고, 주식을 팔면 그 주식 가격이 확 떨어진다. 정부는 국내 증시가 폭락할 때마다 국민연금에 증시 안정을 위해 기금을 사용해 달라고 요구하곤 한다. 자본의 규모에서 비롯되는 위력 때문에 국민연금이 주식시장에 개입하는 한, 주가 폭락 사태가 쉽게 발생하지 않는 것도 사실이다. 그러나 한편으로는 국민의 노후 자금으로 금융시장에서 도박을 일삼는 것이 바람직한가 하는 논란이 있는 것도 사실이다. 만일 국민연금의 주식 투자가 정당하다면, 정부가 정부 예산(세금)으로 주식 투자를 하는 것도 정당화될 수 있다. 둘 다 국민의 돈으로 투자하는 것은 같기 때문이다.

국민연금이 갖고 있는 주식은 대부분 대기업의 주식이다. 이는 국민의 노후 자금으로 대기업을 부양하는 꼴이다. 나중에는 연금으로 돈을 돌려주겠지만, 그것은 노인이 되었을 때의 일이고, 그 전까지 국민연금은 기업과 주식 부자들을 위해 일상적으로 쓰이는 것이나 마찬가지다. 백번 양보해서, 그 많은 돈을 그대로 묵혀 두는 것은 불합리하고, 어딘가에 투자를 해서 수익을 남기는 것이 옳다는 사실을 인정한다 하자. 그래도 문제는 남는다. 우선 국민연금기금의 투자와 운영이 투명하게 공개되어야 한다. 그래야 국민의 노후 자금이 비도덕적인 부정부패의 자원으로 기능하는 것을 막을 수 있다.

대기업이 국가 경제에 미치는 영향을 고려하여, 정말 필요하다면 국민연금을 동원할 수도 있다. 그러나 국민의 돈으로 기업이 성장하거나 위기를 극복하는 데 도움을 받았다면, 기업도 그만큼 대가를 지불해야 한다. 그 대가란 '기업의 사회화'다. '기업의 사회화'란 경영진이나 주주만의 이익을 위해서가 아니라, 국민 다수의 이해에 따라 기업이 운영되는 것을 의미한다. 필요할 때는 국민의 돈으로 도움을 받으면서, 그 열매는 순전히 경영진과 주주의 몫으로 돌아가야 한다는 것은 어불성설이다.

# 기본소득

_ 모든 사람에게 경제 안정을 누릴 권리를!

중심 키워드

기본소득

하위 키워드

청년 배당, 무상 급식, 기초노령연금

벨기에 출신의 정치철학자 필리프 판 파레이스는 "19세기가 노예 해방, 20세기가 보편 선거권 도입의 세기였다면, 21세기는 '기본소득'의 세기가 될 것"이라고 말했다. 그의 말처럼 현재 세계적으로 기본소득에 대한 논의가 불붙기 시작했다. 우리나라에서도 성남시의 '청년 배당' 실시를 계기로 기본소득에 대한 논의가 활발해지고 있다. '무상 급식'도 '부분적 기본소득'이다. '기초노령연금'은 기본소득은 아니지만, 이를 통해 기본소득과 공적부조의 차이를 생각해 볼 수 있다.

# 기본소득

어떤 정부가 있다. 그 정부는 아이가 자라 일정 나이 이상이 되면 '월급'을 준다. 이른바 '시민 월급'이다. 무슨 일을 해서가 아니라, 시민(국민)이기만 하면 모든 사람에게 매달 일정액의 돈을 똑같이 나눠 주는 것이다. 갑부든 가난뱅이든, 젊은이든 노인이든, 직장이 있든 없든, 실업자라면 앞으로 직장을 구할 생각이 있든 없든 따지지 않는다. 무조건 준다. 이러한 시민 월급이 있으면 어렵지 않게 최소한의 생계와 존엄을 유지할 수 있다. 그런 꿈같은 이야기가 어디 있냐고? 이런 이야기가 실제로 실현되고 있는 곳이 있다. 알래스카가 그렇다.

알래스카는 본토와 떨어져 있는 땅으로 미국의 한 주(州)다. 알래스카주는 지역의 공유 자원을 활용해 모든 주민에게 매년 배당금을 지급하고 있다. 석유에서 나오는 수입으로 지급하는 배당금 규모는 연간 1,000~2,000달러로, 우리 돈으로 계산하면 113만~226만 원 정도다. 1인당 금액이기 때문에 4인 가족으로 치면 연간 450만~900만

원 정도를 받는 셈이다. 이 돈은 알래스카 주 정부가 모든 주민에게 '조건 없이' 지급하는 돈이다. 석유라는 공유 자원은 본래 누구의 것도 아니었다. 그래서 석유 수입금을 기금으로 적립하고 그 운용 수익을 모두에게 배당금으로 주는 것이다. 이런 시민 배당금(시민 월급)이 '기본소득(basic income)'이다.

'기본소득'이라는 말을 처음 사용한 사람은 미국의 경제학자 조지 콜George D. H. Cole이었다. 그는 1953년 『사회주의사상사』에서 이 말을 처음 사용했다. 그러나 그 아이디어는 훨씬 이전부터 존재했다. 가장 선구적인 인물은 18세기 영국의 정치사상가 토머스 페인Thomas Paine이었다. 그는 『토지 분배의 정의』에서 이렇게 주장했다. 원래 미경작 상태의 토지는 '인류의 공유재산'이다. 개인의 토지에 대한 소유권은 토지 그 자체가 아니라 그가 토지를 경작하거나 개량한 부분에 대해서만 인정되어야 한다. 토지 소유자는 인류의 공유재산인 토지를 빌려 쓰고 있는 것에 불과하다. 그러므로 토지 소유자에게서 '지대(토지 임대료, ground-rent)'를 걷어 '국민 기금'을 만들고, 이를 국민 모두에게 골고루 나눠 주는 게 옳다는 것이다.

토머스 페인의 주장에는 우리가 눈여겨보아야 할 중요한 부분이 있다. 국민 기금을 받는 일은 누가 누구에게 베푸는 '시혜'가 아니라 모두가 누려야 할 '자연적 권리'라는 점이다. 이는 토지 소유자가 토지를 갖지 못한 사람에게 베푸는 은덕이나 자비가 아니다. 혹은 국가가 가난한 사람들을 돕기 위한 것도 아니다. 국민 기금은 국민 각자가 응당 자신의 몫으로 지급받아야 할 '배당금'이다. 그 권리는 토지가 본래 만인의 공통 재산이라는 데서 나온다. 토지 사유 제도 때문에 많은 사람들이 '토지에 대한 자연적 상속권'을 잃어버렸으니, 배당금으로나마 보상받는 것은 당연하다는 논리다.

이런 주장은 황당한 것일까? 그렇지 않다. 예를 들어 아메리카 인디언들을 생각해 보자. 인디언들은 백인을 만나기 전까지 토지를 개인이 소유할 수 있다는 생각을 해 본 적이 없다. 토지는 사람을 비롯한 모든 생물이 생활하는 환경과 조건 중 하나다. 한 개인이 토지를 소유할 수 있다는 생각은, 인디언들에게는 이상하고 불경스러운 일이었다. 인디언들은 그저 모두에게 주어진 공기, 물, 숲을 근거로 이리저리 떠돌며 생활했을 뿐이다. 어디 인디언만 그랬을까. 다른 민족이나 종족도 시기적 차이만 있을 뿐, 먼 옛날로 거슬러 올라가면 모두 인디언처럼 생활했다. 모든 부(富)가 공동의 재산인 자연에서 나온다는 생각이 기본소득의 근본을 형성한다.

**하위 키워드 ①** 청년 배당

'청년 배당'은 2016년부터 성남시에서 시작한 기본소득 제도다. 성남시에 주민등록을 두고 3년 이상 거주한 만 24세 청년에게 '지역 상품권(지역 화폐)'을 지급하는 것을 내용으로 한다. 2017년도의 경우 분기별로 25만 원씩, 모두 100만 원을 지급했는데, 신분증을 갖고 주민센터에 가면 성남 지역에서만 쓸 수 있는 상품권을 받을 수 있었다. 혹시 모든 국민에게 지급하는 것도 아닌데, 이것이 왜 기본소득이냐고 생각하는 이들이 있을지 모르겠다. 그러나 사람은 누구나 자라면서 24세를 통과한다는 점, 나이 외에는 어떠한 조건도 따지지 않는다는 점에서 청년 배당은 기본소득의 범주에 들어간다. 말하자면 '부분적 기본소득'이다.

성남시의 청년 배당은 여러모로 한계가 있다. 일단 중앙정부 차원이 아니라 지방자치단체(지자체) 차원에서 실시된 것이어서 배당금 규모가 적다. 수혜 대상자도 적고, 지급되는 액수도 적다. 어디서나 마음대로 쓸 수 있는 현금이 아니라 지역 내 가맹점에서만 쓸 수 있는 상품권을 준다는 것도 한계다. (이것은 지역 내에서 돈이 돌게 만들어 지역 경제를 살리기 위한 것이다.) 그럼에도 불구하고 성남시의 청년 배당 실시는 우리 사회에 큰 화두를 던져 주었다. 사람들에게 우리나라에서도 '기본소득의 실현이 불가능하지는 않구나' 하는 생각을 갖게 만들었기 때문이다.

청년 배당에 가장 큰 반응을 보인 이들은 당연히 청년층이었다. 성남시에 거주하는 청년들은 물론, 성남에 거주하지 않는 청년들도 높은 관심을 보였다. 이런 관심은 우리나라만의 현상은 아니다. 세계적으로도 기본소득에 가장 많은 관심을 보이는 계층은 청년층이다. 이유가 무엇일까? 무엇보다 양질의 일자리가 줄어들고 있기 때문이다. 일자리가 줄어드는 이유로는 크게 세 가지를 꼽을 수 있다. 첫째, '신자유주의 경제정책'이다. 이로 인해 극소수의 특권계층은 엄청난 소득을 얻는 반면, 많은 청년들이 임시직, 아르바이트, 파견 근로를 전전하며 경제적 어려움을 겪고 있다. 둘째, '경제 위기'를 들 수 있다. 경제 위기의 여파로 특히 청년 실업이 늘고 있다. 셋째, '자동화와 로봇의 도입'도 중요한 이유다. 기계가 인간의 노동력을 대체함으로써 생산과 서비스에 필요한 인력이 줄고 있다.

예전에는 누구나 신세대가 기성세대보다 더 잘살 것이라고 생각했다. 그러나 지금은 그렇지 않다. 청년들이 부모 세대보다 경제적으로 더 힘들게 살 것이라는 데에 이견이 없다. 이것은 새로운 사태다. 청년들은 미래의 노동자이자 소비자이다. 지금의 경제 침체를 극복해야 할 사람도 청년들이다. 이들이 회생하기 힘든 경제적 난관에 빠지는 것은 국가 경제가 희망이 없다는 말이기도 하다. 우리나라뿐 아니라 현재 세계적으로 기본소득 지급을 적극 검토하는 나라들이 많아지고 있다. 이는 무엇보다 침체된 세계경제와 높은 청년 실업률로 인한 사회적 불안 탓이 크다.

기본소득에는 다양한 의미가 내포되어 있다. 기본소득이 있으면 실업자도 '생존할 기회'를 얻는다. 거기에는 '인권'의 의미가 있다. 또 기본소득은 소득재분배 효과를 낳아서, 빈익빈 부익부도 다소 개선해 준다. 거기에는 '경제 민주화'의 의미가 있다. 기본소득이 실현되면 소비가 진작되어 내수 경제가 살아난다. 거기에는 '경제 활성화'의 의미가 있다.

그러나 가장 큰 의미는 '체제 유지'에 있다. 높은 청년 실업률은 그 자체로 정치 사회적 질서와 구조를 불안하게 만든다. 범죄율, 자살률 나아가 전쟁이나 혁명이 발발할 확률도 높인다. 그러나 기본소득이 실현되면 이런 위험들을 다소 잠재울 수 있다. 기본소득에는 다양한 의미가 있지만, 무엇보다 지금의 체제를 유지하는 데 기여할 것이라는 점에는 이견이 없다.

## 하위 키워드 ② 무상 급식

기본소득은 수혜자의 자격 조건을 따지지 않는다. 이렇게 자격 조건을 따지지 않고 모든 사람에게 혜택을 주는 복지 제도를 '보편적 복지'라 한다. 반대로 자격 조건을 따져서, 그 자격을 충족하는 사람들에게만 혜택을 주는 복지 제도를 '선택적 복지'라 한다. 무상 급식 역시 '보편적 복지'에 해당한다. 무상 급식도 청년 배당과 마찬가지로 학생이기만 하면(일정한 연령이기만 하면) 다른 조건을 따지지 않고 밥(현물)을 준다는 점에서 '부분적 기본소득'에 해당한다. 현재 무상 급식은 중앙정부에 의해 시행되지 않고, 지자체별로 시행되고 있다. 그래서 학생들에게 무상 급식을 제공하는 지역도 있고, 그렇지 않은 곳도 있다.

무상 급식은 찬반 논쟁이 거센 사안이다. 보수당은 무상 급식을 반대하는 입장이다. 논리는 이렇다. '무상 급식은 부자 학생들에게도 밥을 주자는 것이다. 진정으로 서민을 위한 복지라면, 경제적으로 어려운 학생들을 대상으로 해야 한다.' '보편적 복지' 말고 '선택적 복지'를 하자는 말이다. 이 주장도 전혀 일리가 없는 것은 아니다. 같은 돈이면, 복지가 굳이 필요 없는 부자 학생들은 빼고, 가난한 학생들에게 집중적으로 복지 혜택을 몰아주면 효과가 더 좋지 않겠느냐는 말이기 때문이다. 일견 합리적으로 보인다. 그런데도 진보당, 진보 성향 학자, 시민 단체는 이를 적극 비판한다. 이유가 무엇일까?

우선 수치심의 문제가 있다. 가난한 학생들만 무상 급식의 대상으로 삼을 경우, 이들은 자신의 가난을 학교에 증명해야 한다. 자기 집의 소득과 자산 내역을 밝혀야 하고, 그 과정에서 가정생활의 내밀한 부분들도 담임에게 말해야 한다. 예를 들어 부모에게 무슨 병이나 장애가 있다거나, 엄마가 집을 나갔다거나 하는 등의 말하고 싶지 않은 내용까지 털어놓아야 한다. 이 과정에서 수혜자는 마음에 상처를 입는다. '공짜 밥'을 먹는다는 사실이 급우들에게 알려지면 수치심은 더하다. 그 사실이 낙인이 되어 급우들에게 모욕과 차별을 받을 수도 있다. 그럴 때 복지는 공짜가 아니다. 수치심과 굴욕감의 대가로 주어지는 것이다.

그리고 행정 비용 문제도 있다. 가난한 학생들만 골라내려면, 가계의 재산 상태를 조사하고 선별해야 하는데, 여기에는 당연히 인력, 시간, 비용이 들어간다. 한 번 조사한다고 해서 끝나는 것이 아니다. 가계의 재산 상태는 늘 변한다. 그 변화를 때때로 체크해야 한다. 졸업한 학생들에 대한 정보는 폐기하고, 신입생들이 입학하면 가계조사도 일일이 새로 해야 한다. 이 과정에서 발생하는 행정 비용이 적지 않다. 이 비용을 빼면 수혜자들에게 돌아가는 돈은 얼마 되지 않는다. 반면에 전체 학생에게 무상 급식을 하면? 이런 행정 비용이 거의 들지 않는다. 책정한 복지 비용이 온전히 돌아간다. '선택적 복지'보다 '보편적 복지'가 경제적으로도 효율적이라고 주장되는 이유다.

보수가 보편적 복지를 반대하는 것에는 정치적 이유도 있다. 전체 학생들에게 무상 급식이 제공되면 '공짜 밥'을 먹는다는 생각을 가질 수 없다. 우리 모두가 낸 세금의 혜택을 받는 것이기 때문이다. 그러나 일부 가난한 학생들에게만 무상 급식이 제공되면, 수혜자들은 공적 재원을 갉아먹는 '사회적 짐', '기생충'이라는 오명을 뒤집어쓰기 쉽다. 보수 정치인들은 납세자들을 향해 '당신은 무능하고 게으른 자들에게 착취당하고 있다'고 호소할 수 있다. 이런 논리가 먹혀들면, 사회 전체적으로 복지 수준은 더욱 낮아진다. 사회적 약자의 편에 서 있는 진보의 정치적 입지는 좁아지고, 보수의 정치적 입지는 넓어진다. 자신의 정치적 입지 확장을 위해 보수는 보편적 복지를 반대한다.

### 하위 키워드 ③ 기초노령연금

길을 걷다 보면 폐지를 줍는 할머니나 할아버지들을 흔히 발견할 수 있다. 우리가 이런 풍경을 자주 접하는 데는 이유가 있다. 우리나라 노인 빈곤율이 50%에 달하기 때문이다. OECD 회원국 중 단연 최고 수치다. 노인들은 선거 때만 되면, 열심히 투표한다. 더구나 우리 사회는 급속히 고령화 사회로 진입하고 있다. 이는 노인 표의 숫자가 더욱 많아지고 있다는 뜻이다. 이런 점을 생각하면 노인 표심을 얻기 위해서라도 정치권에서 노인을 위한 복지 제도를 많이 만들 것처럼 보인다. 그러나 우리나라의 노인 복지 수준은 매우 열악하다.

사회보장제도 중에는 만 65세 이상의 노령자에게 연금을 지급하는 '기초노령연금'이라는 것이 있다. 이 제도 역시 청년 배당이나 무상 급식처럼 연령을 기준으로 한다. 그러나 기초연금은 기본소득이 아니다. 왜냐하면 소득과 자산을 따지기 때문이다. 그걸 따져서 부자 노인(전체의 30%)을 혜택에서 제외하고, 수혜자들에게도 지급 액수에 차등을 둔다. 그러므로 기초연금은 가난한 사람을 국가가 돕는 개념인 '공적부조'에 속한다. 소득과 자산이 별로 없는 노인들은 기초연금으로 매달 최대 20만 4,010원(2017년 기준)을 받지만, 소득과 자산이 많을수록 더 적게 받는다.

　현재 우리가 누리는 모든 부(富)는 우리의 부모, 조부모 세대의 모든 사람들이 참여해 만든 것이다. 그러므로 노인들도 경제적 안정을 누릴 권리가 있다. 경제적 안정을 도모하는 데 가장 좋은 것은 '공적부조'가 아니라 '기본소득'이다. 노인들 중 가난한 사람들이 많으니, 극빈층을 대상으로 한 복지 제도인 기초생활수급자도 당연히 노인층에서 많이 나온다. 이런 노인들에게는 '생계 급여'라는 명목의 생활 지원금이 지급되는데, 기초연금을 받으면 그 액수만큼 생계 급여가 줄어든다. 구체적으로 살펴보면 이렇다.

　예를 들어 어떤 가난한 할머니가 생계 급여로 40만 원을 받았는데, 기초연금으로 20만 원을 받게 되었다면, 생계 급여가 20만 원으로 줄어드는 식이다. 금액만 보면, 이 할머니는 기초연금 혜택을 보지 못한 셈이다. 누구보다 지원금이 절실한 극빈층 노인이 오히려 기초연금의 혜택으로부터 제외된 것이나 다름없다. 그럼 정부는 왜 이러는 것일까? 기초연금을 '소득'으로 계산하기 때문이다. 만약 기초연금이 모든 노인에게 무조건 지급되는 기본소득이었다면 이런 일은 발생하지 않는다. 이 할머니는 생계 급여 40만 원에 20만 원의 기초연금을 합쳐 총 60만 원을 받았을 것이다.

문제는 또 있다. 이 할머니가 힘들게 폐지를 주워다 팔아서 한 달에 20만 원을 벌었다 하자. 그러면 정부는 할머니에게 일정한 소득이 생겼다고 판단해 40만 원을 주던 생계 급여를 30만 원 정도로 줄인다. 왜냐하면 40만 원은 소득이 거의 없는 사람에게 지급되는 금액이기 때문이다. 할머니의 총 수입은 생계 급여 30만 원에 폐지 팔아 번 돈 20만 원을 합쳐 총 50만 원 정도가 된다. 수입이 조금 늘기는 했지만, 할머니로서는 억울할 수밖에 없다. 땀 흘려 일해 번 돈 10만 원이 날아간 셈이기 때문이다. 그러면 할머니는 어떤 생각을 하게 될까? 차라리 일을 하지 않는 것이 낫다는 생각이 들지 않을까? 이렇듯 공적부조 수혜자들은 일을 하면 지원금이 줄거나 없어지기 때문에 일을 하지 않는다. 그러나 기본소득은 일한 만큼 더 벌기 때문에 노동 의욕을 고취하는 효과가 있다.

# 저널리즘

_ 언론은 있는 그대로 세상을 비출까?

**중심 키워드**

저널리즘

**하위 키워드**

어젠다 세팅, 옐로저널리즘, 로봇저널리즘

불교의 가르침 가운데 '견지망월(見指忘月)'이라는 것이 있다. '손가락으로 달을 가리키는데, 달은 보지 않고 손가락만 본다'고 질타하는 말이다. 그러나 언론에 관한 한, 이 말은 틀렸다. 우리는 '달(세계)'뿐 아니라 그것을 가리키는 '손가락(언론)'까지 유심히 살펴보지 않으면 안 된다. 언론은 단순히 있는 그대로의 세계를 비추는 거울이 아니기 때문이다. 언론은 자신이 보여 주고 싶은 세계에 대한 그림을, 자신이 보여 주고 싶은 방식으로 우리에게 소개한다.

# 저널리즘

　흔히 '기자' 하면 떠오르는 이미지는 이런 것이 아닐까 싶다. 일정한 장소에 옹기종기 모여 있다가 취재원이 나타나면, 떼로 달려가 말 한마디라도 따기 위해 경쟁하듯 마이크 달린 녹음기를 들이대는 모습, 아니면 청와대 춘추관 같은 데서 정부 고위 관리나 대통령이 브리핑하는 내용을 노트북으로 정신없이 옮겨 적는 모습 등등.

　실제로 신문 기사나 방송 뉴스를 보면, 정치인, 정부 고위 관료, 오피니언 리더들의 말을 인용한 것이 많다. 누가 A라고 말했고, 또 다른 누군가가 B라고 반박했다고 보도하는 식이다. 이렇게 취재원의 발언을 무비판적으로 가져다 쓰는 것을 '따옴표 저널리즘'이라 한다.

　단지 '누가 뭐라고 말했다'는 것만 보도하는 일은 무책임할 뿐 아니라 위험하다. 왜냐하면 취재원들은 자신의 이해관계에 따라 알리고 싶은 내용만 말하거나, 문제의 본질을 흐리는 말을 하기 때문이다. 이를 '언론 플레이'라고 한다. 언론 플레이란 간단히 말해 언론을 자신에게 이롭게 이용하는 것을 말한다. 언론 플레이는 단순 인용이 심할 때, 더욱 기승을 부린다.

저널리즘이란 '시사적인 사안에 대해 보도·논평하고, 이를 사회에 전달하는 활동'을 말한다. 언론의 주된 업무를 뜻한다고 보면 된다. 그렇다면 언론이 어떤 사안에 대해 보도·논평하고, 이를 사회에 전달하는 이유는 무엇일까? 사람들에게 진실을 알리기 위해서다. 국민들에게 진실을 전달하기 위해서는 단순히 '말'을 인용하는 것이 아니라 그 말이 나오게 된 맥락, 곧 사건의 맥락을 짚어 줘야 한다. 그런데도 여러 사람의 말들을 인용하며 '이런 논란이 있다', '저런 의혹이 있다'는 수준으로 기사를 끝내는 경우가 많다. 의혹이 있으면 진실이 무엇인지 파고들어야 한다. 진실에 접근하기 위해서는 사건에 대한 충분한 심층 취재와 탐사 보도가 필요하다. 그러나 우리나라 언론들은 이런 활동이 매우 부족하다.

어떤 사건이 어떻게 일어났고 왜 일어났는지 설명하려면, 주관적 판단이 개입될 수밖에 없다. 언론에 주관적 판단이 개입될 때 나올 수 있는 질문이 있다. "그렇게 하면 보도의 중립성과 공정성이 훼손되는 것 아닌가?" 하는 것이다. 그러나 '누가 이렇게 말했고, 그 반대쪽은 이렇게 말했다'는 식의 기계적 중립을 취한다고 해서 정치적 중립성과 공정성이 실현되는 것은 아니다. 엄밀하게 말하면, 기계적 중립을 취하는 것도 정치적 편향을 보여 주는 것이나 마찬가지다. 문제의 본질을 드러내지 않는 보도는 기존의 질서로부터 이득을 얻고 있는 기득권층에게 일방적으로 유리하게 작용하기 때문이다. 뉴스를 보도한다는 것은 어차피 정치적인 일이다. 문제는 보도가 얼마나 진실과 정의에 부합하느냐 하는 데 있다. 진실과 정의에 부합하지 않으면, 주관적인 제스처를 취하든 객관적인 제스처를 취하든 상관없이 편향적인 것이고 불공정한 것이다.

모든 언론은 '정론직필(正論直筆, 바른 주장을 펴고 사실을 그대로 전함)'을 추구한다고 말한다. 그러나 기자들을 정론직필하지 못하게 막는 장애물들이 곳곳에 존재한다. 우선 언론들은 광고가 가장 큰 수입원이다. 그러므로 기자들은 주된 광고주인 기업과 정부(정부도 광고를 많이 준다.)의 눈 밖에 나는 기사들을 잘 쓰지 못한다. 사주(社主)의 영향력도 무시할 수 없다. 예를 들어 사주가 재벌가 사람이라면, 기자가 재벌을 비판하는 글을 쓰기는 어렵다. 혹은 공기업이 언론사의 최대 주주라면, 그 언론사는 정부의 입김을 피하기 힘들다.

기자들이 자유롭게 비판할 수 있도록 하기 위해서는 편집권의 독립이 절실하다. 편집권의 독립이 보장되려면 소유와 경영이 분리되거나, 사원들이 주주여야 한다. 아니면 언론 노조가 활성화되어야 한다. 그 밖에 좋은 방법은 시민들의 후원금으로 운영되는 비영리 언론사가 많아지는 것이다. 비영리 언론사는 기업이나 정부의 눈치를 보지 않고 마음껏 취재하고 비판할 수 있다. 역할은 공적인데, 존재 형식은 사적 기업이라는 사실, 언론의 근본적인 문제는 여기에 있다.

우리가 살아가는 세상에서는 하루에도 수많은 일들이 발생한다. 당연히 우리는 이 모든 일들을 보고 들을 수 없다. 세상은 너무 크고, 우리는 너무 작기 때문이다. 이로부터 언론의 역할이 부상한다. 언론은 우리에게 세상에서 벌어지는 일들을 개괄해 준다. 언론은 흔히 자신에게 주목하면 세상에서 어떤 일이 벌어지고 있는지 다 알 수 있다고 말한다. 그러나 이러한 주장은 사실이 아니다. 언론사에 많은 소식들이 들어오는 것은 맞지만, 그렇다고 해서 언론이 세상에서 일어나는 모든 일들을 알고 있는 것은 아니다. 언론 역시 세상의 수많은 일들 중에 일부만을 알 뿐이며, 그렇게 알게 된 소식들 중에서도 극히 일부만을 추려 세상에 내보낸다.

흔히 사람들은 언론이 세상의 소식을 있는 그대로 전해 주는 '전달자'일 뿐이라고 생각한다. 이것은 심각한 오해다. 언론은 사람들의 생각을 조종한다. 이를 일컫는 말이 '어젠다 세팅(agenda setting)', 우리말로 '의제(議題) 설정'이다. '의제'란 사회적으로 매우 중요하기 때문에 의논해 봐야 할 문제라는 뜻이다. 언뜻 생각하기에는 사회적 의제를 정하는 주체는 사회적 구성원들 모두, 즉 시민들이어야 할 것 같다. 맞는 말이다. 그러나 현실은 그렇지 않다. 의제를 정하는 것은 바로 언론이다. 언론은 자신들이 가장 중요하다고 생각하는 이슈를 집중 보도함으로써 의제를 설정한다.

언론의 의제 설정 기능을 처음으로 이론화한 사람은 1970년대

노스캐롤라이나대학교 언론학과 교수 맥스웰 매콤스Maxwell McCombs 와 도널드 쇼Donald L. Shaw다. 그들은 사람들이 가장 중요하다고 여기는 사건과 신문에 보도된 각 이슈의 횟수를 서로 비교해 보았다. 그 결과 신문에서 많이 보도한 문제일수록 사람들이 중요한 이슈로 여긴다는 사실을 발견했다. 언론은 지속적으로 많은 지면을 할애해 보도하거나, 방송 시간을 길게 편성함으로써, 또는 자극적인 장면이나 사진을 동원함으로써 특정 사건을 의제화하는 데 성공한다. 사람들이 '무엇에 대해' 생각할지를 언론이 결정하는 것이다. 이를 언론이 가진 '1단계 의제 설정 기능', 즉 '이슈 의제 설정 기능'이라 한다.

나아가 언론은 그 이슈의 일부 속성을 강조함으로써 사람들이 그 이슈를 '어떻게 생각할 것인가'에 대해서도 영향을 미친다. 예를 들면 경상북도 성주군의 사드(THAAD, Terminal High Altitude Area Defense) 배치를 둘러싼 2016년 7월의 언론 보도가 그랬다. 사드 배치에 대한 성주 주민들의 항의가 거세지자, 외부 세력이 개입해 주민들의 집회를 선동하고 있다는 '외부 세력설'이 언론에서 터져 나왔다. 이러한 보도는 사드 배치 문제를 성주 주민의 문제로 고립시키고, 외부와의 연대를 차단하고자 한 것이었다. (외부 세력설 보도는 나중에 청와대의 '보도 지침'에 따른 것이었음이 밝혀졌다.) 성주 사드 반대 집회에 참여한 사람들 대부분은 성주 주민이었다. 외부인은 극소수에 불과했고, 주도 세력도 아니었다. 이처럼 이슈의 일부 속성을 침소봉대(針小棒大)해 사람들의 생각에 영향을 미치는 것을 '2단계 의제 설정 기능', 즉 '속성 의제 설정 기능'이라 한다.

사람들은 흔히 자신이 중요하다고 생각하는 문제를 스스로 판단해 결정한 것으로 여긴다. 하지만 곰곰이 되짚어 보면 이는 대부분 언론이 의제로 설정한 것이다. 사람들은 언론을 쉽게 믿고, 언론이 중요하게 다루는 문제에 대해서는 진지하게 생각한다. 달리 말하면, 언론이 다루지 않는 문제는 생각조차 하지 않는다. 이런 문제들은 망각되고 은폐된다. 예를 들어 A라는 사건이 있었다 치자. 이 사건은 사회적으로 매우 중요해서 몇몇 소수 언론이 이를 관심 있게 보도했다. 아무리 그래도 주류 언론들이 B라는 사건을 대서특필하면서 연일 관련 뉴스를 쏟아내면, 사건 A는 금세 묻히고 사람들의 관심은 사건 B로 옮겨 간다.

**하위 키워드 ②** 옐로저널리즘

누구나 한 번쯤은 인터넷에서 '깜짝', '충격', '경악', '멘붕', '헉' 등의 단어가 들어간 제목의 기사를 클릭했다가 '속았구나' 하고 생각했던 경험이 있을 것이다. 예를 들어 '연예인 A가 헉… 길거리에서 따귀를?'이라는 제목의 기사를 클릭했더니 그가 출연한 드라마 내용 소개가 뜨는 식이다. 이런 것을 '낚시성 기사'라고 한다. 낚시성 기사가 만들어지는 이유는 말할 것도 없이 클릭을 유도하기 위해서다. 클릭을 하는 사람들이 많을수록 언론사의 시장 지배력이 커지고, 광고 수입도 늘기 때문이다.

정확한 정보를 전달하는 것은 언론의 사명이다. 그럼에도 불구하고 일부 언론사들은 내용과 상관없이 독자의 관심을 끌기 위해 자극적인 제목을 붙이는 편법을 서슴지 않는다. 이런 언론사들은 포장만 자극적으로 하는 것이 아니다. 그 언론사 사이트에 들어가 보면, 실제로 말초신경을 자극하는 흥미와 오락 위주의 기사들이 적지 않다. 기괴하고, 폭력적이고, 색정적인 내용의 기사들, 혹은 유명인들의 사생활을 들추는 기사들이 자극적인 사진과 함께 게재되어 있다. 이렇게 공익보다는 구독 경쟁에만 열을 올려 선정적인 기사들을 마구잡이로 싣는 보도 경향을 '옐로저널리즘(yellow journalism)'이라 한다.

미국에는 '퓰리처상(Pulitzer Prize)'이라는 보도·문학·음악상이 있다. 매해 5월에 시상식이 열리는데, 이 상을 받는 것은 모든 언론인들의 꿈이다. 그런 만큼 퓰리처상 수상은 언론인들 사이에서는 최고의 영예로 여겨진다. 이 상을 제정한 사람은 미국의 신문 재벌 조지프 퓰리처Joseph Pulitzer다. 그런데 그는 옐로저널리즘을 처음 만든 사람이기도 하다. 그는 어떻게 옐로저널리즘의 수장이 되었을까? 과정은 이렇다. 1883년 사람들이 잘 보지도 않던《뉴욕 월드(New York World)》라는 신문을 인수한 그는, 컬러 만화, 자극적인 헤드라인, 외설적인 사진, 가십거리, 스포츠와 패션 등 사람들이 흥미로워할 법한 볼거리, 읽을거리로 지면을 가득 채우기 시작했다. 그 결과 단숨에 판매 부수가 15배 급증, 신문 시장을 장악했다.

《뉴욕 월드》에는 윌리엄 랜돌프 허스트William Randolph Hearst라는 재벌 2세 출신의 기자가 있었다. 선정적인 콘텐츠로 퓰리처가 막대한 부를 축적하는 것을 본 그는, 자신도《뉴욕 저널(New York Journal)》이라는 신문을 인수해 사장이 되었다. 그리고《뉴욕 월드》못지않게 자극적인 내용으로 시장에서 경쟁하기 시작했다. 당시《뉴욕 월드》에는 노란 옷을 입은 소년이 등장하는〈옐로 키드(The Yellow Kid)〉라는 만화가 연재되고 있었다. 〈옐로 키드〉가 선풍적인 인기를 끌자, 허스트는 많은 돈을 주고 이 만화를 그린 리처드 아웃콜트<sup>Richard F. Outcault</sup>를 스카우트해《뉴욕 저널》에 이를 연재하게 했다. 그 후 퓰리처와 허스트 사이에는 이 만화가를 두고 뺏고 뺏기는 싸움이 벌어졌고, 사람들은 둘 사이의 선정주의 경쟁을 옐로저널리즘이라 불렀다. 옐로저널리즘이라는 말이 생겨난 연유다.

언론인들 사이에서 최고로 권위 있는 퓰리처상, 이 상이 옐로저널리즘으로 인한 막대한 부에서 생겨났다는 사실을 어떻게 봐야 할까? 이는 옐로저널리즘이 예외적인 현상이 아니라 언론의 본질을 구성하는 요소라는 사실을 말해 주는 것이 아닐까? 실제로 퓰리처 이후 많은 언론들이 그의 성공 모델을 따라갔다. 정도의 차이는 있지만, 정론지(正論紙)를 표방하는 신문에서도 선정적인 볼거리, 읽을거리를 발견하기란 그리 어려운 일이 아니다. 이는 신문사의 노선 문제라기보다, 신문사들이 이윤을 추구하는 기업의 형태로 존재한다는 데 더 큰 이유가 있다. 신문사는 이윤을 위해 시장에서 경쟁해야 하는데, 경쟁에서 이기려면 사람들의 말초신경을 자극해 주목받는 것이 가장 손쉬운 방법이기 때문이다.

로봇저널리즘

글을 쓴다는 것은 고도의 지적 행위다. 글을 쓰려면 인간의 지성
이 필요하다는 사실은 상식이었다. 그러나 이제 로봇이 글을 쓰는
시대가 열리고 있다. 그것도 많은 사람들에게 영향을 미치는 언론
분야에서 말이다. 이를 '로봇저널리즘(robot journalism)'이라 한다. 로
봇저널리즘이라 해서 사람처럼 생긴 로봇이 기사를 쓰는 것을 상상
해서는 안 된다. 로봇저널리즘은 데이터를 처리하고 분석해 자동으
로 글을 만들어 내는 컴퓨터 소프트웨어를 활용해서 기사를 쓰는 방
식을 말한다. 이런 작업을 수행하는 데 필요한 방법과 규칙을 알고
리즘이라 한다. 그래서 로봇저널리즘을 '알고리즘저널리즘(algorithm
journalism)'이라 부르기도 한다.

구체적으로 로봇에 의해 기사가 작성되는 과정은 이렇다. 우선
로봇 기자는 데이터를 모은다. 설정된 시간마다 데이터를 빠르게 수
집해 데이터베이스에 저장한다. 예를 들어 연예인 관련 기사를 쓴다
고 하면, 로봇 기자는 포털, 언론사 웹사이트, SNS, 커뮤니티 등을 모
니터링해서 연예인 관련 데이터를 수집한다. 둘째, 미리 설정된 기준
에 따라 데이터에서 뉴스가 될 법한 내용을 추출한다. 예를 들어 가
수 A가 인스타그램에 자신의 사진을 올렸고, 그 사진에 누리꾼들이
평소보다 많은 댓글을 달고 있다는 사실이 감지되면, 이를 뉴스거리
로 추출한다. 셋째, 추출한 이벤트와 무드(분위기)에 따라 미리 준비된
다양한 문장들 중 적합한 문장을 선별하고 조합하여 사람이 읽을 수

있는 글로 완성한다. 넷째, 시스템에 자동으로 접속하여 다음과 같이 완성된 기사를 내보낸다.

"가수 A가 지난 ○○일 인스타그램에 '○○○'이라는 제목으로 사진을 올렸다. A는 사진에서 ○○을 하고 있다. 이에 대해 누리꾼들은 '○○○', '○○○', '○○○' 등의 반응을 보였다. A는 논란이 거세지자 ○시간 뒤 해당 사진을 내렸다."

로봇저널리즘은 데이터가 생명이다. 그래서 축적된 데이터가 많은 분야, 데이터에 기반한 기사 작성이나 정형화된 기사 작성이 쉬운 분야에 집중되고 있다. 날씨, 주가, 환율, 재난, 스포츠, 연예 등 신속 정확하게 단순 사실만 나열해도 기사가 되는 분야가 그렇다. 예를 들어 지진 속보라면 "오늘 오전 ○시 ○분경, 포항에서 규모 ○.○의 지진이 발생했다."라는 문장만으로도 기사가 될 수 있다. 주식이라면 '코스피 4.29포인트 하락, 2,442.82로 거래 마감'이라는 기사를 낼 수 있다. 이런 기사들은 수치를 잘 정리하는 것만으로도 기사가 된다.

언론사들이 로봇저널리즘을 도입하는 이유는 시간과 비용 때문이다. 불과 몇 초 안에 수천 개에 달하는 수치를 수집하고 이를 종합하는 것은 사람이 인공지능을 따라가지 못한다. 그래서 속보 경쟁에서 유리하다. 또한 스트레이트 기사(단순 사실 보도 기사) 작성을 로봇에게 맡기면, 저렴한 비용으로 기사를 생산할 수 있다. 그러면 언론사는 인력을 상당히 줄일 수 있다. 인건비가 줄어드는 것이다.

일각에서는 로봇저널리즘으로 인해 기자들이 단순 업무에서 해방되면, 사건에 대한 심층 분석이나 탐사 보도에 매진할 수 있어 기사의 질이 높아질 것이라고 말한다. 하지만 이 역시 간단한 문제는 아니다. 신입 기자들은 스트레이트 기사를 쓰면서 기사 작성 훈련을 받기 때문이다. 스트레이트 기사 작성을 모두 로봇이 해 버리면 신입 기자들은 기초 훈련을 받을 기회를 잃어버리는 꼴이 된다. 스트레이트 기사를 못 쓰는 기자가 그보다 긴 박스 기사를 제대로 쓸 리 없다. 로봇 기자로 인해 인간 기자가 쓰는 기사의 질이 높아질 수 있다는 것은 말이 되지 않는다.

지금은 로봇이 스트레이트 기사만 쓴다. 그러나 데이터의 양과 기사 작성 경험이 축적되면, 좀 더 정밀한 직관과 판단을 요하는 기사도 쓰게 될 것이다. 로봇이 쓰는 기사들이 우리를 포위하게 되면, 인간의 사고는 로봇처럼 변해 갈 가능성이 높다. 컴퓨터에 의존하면서 우리의 지능이 철학도, 사상도, 도덕도, 지성도 없는 인공지능처럼 변해 버리는 것이다. 나아가 사회 전체도 인공지능화될 가능성이 높다. 상상만 해도 끔찍한, 무서운 일이다.

# 문화

# 잉여 세대

_ 쓸모없는 사람 취급하며 착취하기

□
□ ─────────────────────────────────
□

**중심 키워드**

잉여 세대

**하위 키워드**

프레카리아트, 프리터족, 니트족

2008년 미국발 금융 위기 이후 지금까지 청년들의 경제적 상황은 좀처럼 나아지지 않고 있다. 오히려 악화되는 양상이다. 이러한 상황을 대변하는 말이 '잉여 세대'다. 잉여 세대는 단지 세태를 설명하는 말이 아니다. 청년 세대 전체를 쓸모없는 집단으로 낙인찍는 말이고, 자기 조롱을 유도하는 말이다. 이것은 신자유주의 시대의 산물이다. '프레카리아트', '프리터족', '니트족'도 마찬가지다.

# 잉여 세대

　'잉여(剩餘)'의 사전적 의미는 '다 쓰고 난 나머지'다. 이는 본래 물건에 쓰는 말이지, 사람에게 쓰는 말이 아니다. 사람이 아무런 쓸모 없이 남아돈다는 것은 있을 수 없기 때문이다. 모든 사람은 머리를 쓸 줄 알고, 노동력과 창의성을 갖고 있다. 다른 설명 필요 없이, 이것만으로도 세상에 쓸모없는 사람이란 있을 수 없다. 그러므로 '잉여 세대'라는 말은 '이중의 비하'다. 물건에 쓰는 말을 사람에게 썼으니 비하이고, 쓸모 있는 사람을 '남는 인간' 취급했으니 또 다른 비하다.

　잉여 세대라는 말이 유행하는 것은 순전히 경제적인 이유 때문이다. 취직이 안 돼 실업자로 남아 있거나, 일을 하더라도 정규직이 아니라 임시 계약직, 아르바이트, 파견 근로 같은 저임금 노동자로 남아 있는 경우가 많아지면서 청년들은 잉여 세대가 되었다. 그러면 왜 이렇게 실업자와 저임금 노동자가 많아졌을까? 자동화 생산으로 인한 필요 인력 감소, 경기 침체 등의 이유도 있지만, 가장 큰 이유는 '신자유주의적 경제구조' 때문이다. 공기업의 민영화, 시장의 자유화, 노동의 유연화, 무한 경쟁, 각자도생, 승자독식을 내용으로 하는 신자유주의적 경제구조가 많은 청년들을 실업자와 저임금 노동자로 내몰았다.

어떤 사람이 경제적 난관에 처하는 것과 그 사람이 쓸모가 있느냐 없느냐 하는 것은 본질적으로 다른 문제다. 개인이 갖고 있는 능력을 마음껏 발휘할 수 있는 기회를 풍부하게 제공하는 사회에서는 잉여 세대 같은 말이 생겨날 수 없다. 현실적으로 사회에서 개인이 능력을 발휘할 수 있는 기회를 제공하는 주체는 자본과 국가다. 문제는 자본과 국가가 제공하는 기회가 크게 줄어들고 있다는 데 있다. 최태섭은 『잉여 사회』에서 현재의 상황을 이렇게 묘사한다. "과거 10명이 할 일을 혼자 떠맡게 된 사람이 과로로 죽어 가는 동안 다른 9명은 손가락을 빨고 있고, 누군가가 과로로 쓰러질 때만 나머지 9명 중 1명에게 과로할 기회가 주어지는 세상."

사람들은 흔히 취직만 하면 '잉여 인간이 되지 않을 수 있다'고 본다. 그러나 이런 글은 '잉여'가 취업자에게도 많은 영향을 미친다는 사실을 말해 준다. 실업자 9명이 손가락을 빨고 있으면, 그 때문에 취업자 1명이 과로해야 한다. 회사는 '굳이 너 아니더라도 세상에는 일할 사람이 널렸다'는 태도를 보이며 과도한 노동을 요구한다. 그에 따라 취업자 1명은 해고의 불안과 공포 속에서 과로하게 된다. 잉여를 나누는 기준은 취업 성공 여부가 아니다. 취직한 1명마저 회사의 혹사를 못 견뎌 탈락할 수 있기에 그 역시 '잠재적 잉여'다.

잉여 세대라는 말은 지금의 청년 세대를 일컫는 말이다. 청년 세대가 경제적으로 매우 힘든 것은 사실이다. 그러나 비정규직이나 실업은 청년 세대만의 문제가 아니라, 전 세대가 겪는 문제다. 그런 점에서 보면, 잉여 세대 같은 세대 담론은 계급적 현실을 은폐하는 부적절한 담론일 수 있다. 잉여 세대 담론은 계급의 문제를 한 세대의 문제인 것처럼 호도해 현실의 심각성을 축소시킨다. 어떤 사물이나 사건을 인식하는 데 있어서 말은 중요한 문제다. '계급'이라는 말을 쓰지 않으면, 계급적 사고가 잘 되지 않는다. 잉여 세대라는 말이 계급적 사고와 인식을 방해하고 있지는 않은지 돌아볼 필요가 있다.

### 하위 키워드 ① 프레카리아트

'프레카리아트(precariat)'는 '불안정하다'는 뜻의 '프리케리어스(precarious)'와 노동자 계급을 뜻하는 '프롤레타리아트(proletariat)'를 합성한 말로, '불안정한 노동자 계급'이라는 뜻이다. 계약직, 아르바이트, 실업자, 파견 근로자, 하청 용역 등이 이에 속한다. 경제학자 가이 스탠딩Guy Standing이 쓴 『프레카리아트』라는 책에 따르면, 원래 이 말은 일시직 노동자, 계절노동자를 일컫는 말로 1980년대 프랑스 사회학자들이 최초로 사용했다고 한다.

예나 지금이나 노동자들이 힘들게 사는 것은 마찬가지다. 그러나 어떤 측면에서는 예전의 노동자들이 지금보다 나았다. 우리나라에서는 1990년대까지만 하더라도 일단 취직이 되면 스스로 직장을 그만두지 않는 한, 평생 일하고 사회보험(국민연금, 건강보험, 고용보험, 산재

보험)의 혜택도 누리는 노동자들이 적지 않았다. 그때까지만 해도 노동자들의 처우가 앞으로 더욱 좋아지리라 생각하는 사람들이 많았다. 1990년대까지는 많은 노동자들이 프레카리아트와 대비되는 '샐러리아트(salariat)', 즉 '안정적인 노동자 계급'이었던 것이다.

그러나 1997년 외환 위기를 겪고 신자유주의 체제가 정착되면서 상황은 일변했다. 외환 위기 이전만 하더라도 대부분의 회사들은 연공서열제를 따랐다. '연공서열제'란 회사에서 오래 일하면 그만큼 월급이 올라가고, 지위도 올라가는 것을 말한다. 그러나 외환 위기 이후 많은 회사들이 연봉제를 채택했다. '연봉제'는 사용자(회사)와 노동자가 1:1로 계약하는 시스템이다. 회사는 개개인의 성과를 평가해 연간 임금액(연봉)을 결정한다. 개개인의 능력에 따라 임금을 더 주고 덜 주는 것은 합리적으로 보일 수도 있다. 그러나 연봉제에는 다른 치명적인 기능이 숨어 있다. 그것은 바로 '노동조합의 무력화'이다.

연봉제가 실시되기 전에는 노동조합이 회사를 상대로 임금 협상을 했다. 노동조합이 회사 측과 임금을 5% 인상하는 데 합의했다면, 전체 노동자의 임금이 똑같이 그만큼 올랐다. 좀 더 나은 근무 여건과 복지, 급여를 위해 노동자들은 노동조합을 중심으로 뭉칠 필요가 있었다. 그러나 연봉제가 실시되자, 노동자들은 각기 흩어졌다. 직장 동료들은 경쟁자가 되었다. 여기에 비정규직과 간접 고용이 늘었다. 이들은 아예 노조에 가입할 수 없는 사람들이었다. 비정규직은 '정식 직원'이 아니고, 간접 고용(파견, 하청, 용역) 노동자는 다른 업체 직원이기 때문이다.

애초 정부와 정치권이 비정규직과 간접 고용을 대거 허용한 명분은 '일자리 나누기'였다. 논리는 이랬다. '경제가 불황이어서 기업들이 많은 사람을 고용할 수 없다. 그러니 기업이 정규직 한 명 고용할 돈으로, 파트타임 노동자 두 명을 쓰게 해서 고용을 늘리자.' 프레카리아트는 경기 불황의 임시방편적 타개책으로 제안된 것이었다. 그러나 지금 보듯이, 프레카리아트는 '일시적 예외 상태'가 아니라 '정상 상태'가 되어 버렸다. 일자리도 늘지 않았다. 소득이 줄어든 사람들은 소비할 여력이 없고, 소비가 이루어지지 않으니 기업은 고용을 늘릴 이유가 없다. 악순환이다.

하위 키워드 ② 프리터족

'알바생'이라는 말을 모르는 사람은 없을 것이다. 아르바이트하는 학생을 말한다. 그러면 학생이 아닌데 아르바이트하는 사람은 뭐라 불러야 할까? 게다가 요즘에는 청년들뿐 아니라, 나이 많은 사람들도 아르바이트를 많이 한다. 이들을 지칭할 말이 마땅치 않다. '알바하는 아저씨(아줌마)'라고 부르기도 뭣하고, 잘 떠오르지 않는다. 이들을 지칭하기에 가장 적절한 말이 '프리터(freeter)'다. 프리터는 '자유롭다'는 뜻의 '프리(free)'와 '노동자'라는 뜻의 독일어 '아르바이터(arbeiter)'를 합성한 말이다. 1987년 일본 리크루트사가 자신이 발행하는 구인 잡지에 '학생 아르바이트'가 아닌 '사회인 아르바이트'를 지칭하기 위해 처음 사용했다.

프리터족에 대해 한 백과사전에서는 이렇게 정의해 놓았다. "필요한 돈이 모일 때까지만 일하고 쉽게 일자리를 떠나는 사람들." 이런 정의는 프리터에 대한 부정적인 인상을 낳기 쉽다. 일하기 싫어하고(게으르고), 삶에 대한 계획도 없이, 그저 하루 벌어 하루 먹는 것에 안주하는 사람들이라는 인상을 준다. 프리터족을 가난하고 힘들게 살아 마땅한 사람들처럼 보이게 하는 것이다. 돈이 없으면 아무것도 할 수 없는 자본주의 사회에서 돈 벌기 싫어 안 버는 사람이 어디 있겠는가. 프리터족도 일하기 싫어서 '쉽게 일자리를 떠나는 것'이 아니라, 직장다운 직장이 주어지지 않으니 어쩔 수 없이 아르바이트를 전전하는 것이다.

'프리터'라는 말이 생겼을 때, 일본은 호황의 끝자락에 있었다. 그때는 취업하지 않고 아르바이트를 하는 것만으로도 어느 정도 생활을 유지할 수 있었다. 이에 일본의 주류 언론들은 프리터를 최신의, 세련된 삶의 양태로 소개했다. 일부러 취직하지 않고, 아르바이트를 하며, 즐길 것 즐기고 하고 싶은 것 하면서 자유롭게 사는 일부 젊은이들을 프리터의 전형으로 조명했다. 그러나 이는 신자유주의 시대에 강제된 새로운 노동 양태를 낭만적으로 포장한 것에 불과했다. 백과사전의 정의도 그 영향을 받은 것이다.

오늘날 프리터의 현실은 일본이나 한국이나 참혹하기 그지없다. 오로지 생존하기 위해서 하루 2~3개의 아르바이트를 전전해야 한다. 그렇게 해도 기본적인 생계유지가 빠듯하다. 사람은 희망이 있어야 산다. 미래는 지금보다 나을 것이라는 희망이 있어야 현재의 고통을 감내할 수 있다. 그러나 지금의 프리터들은 그렇지 않다. 프리터들이 힘들어하는 이유는 단지 자신이 하는 일이 일용직이고, 시급이 낮고, 보너스와 퇴직금, 사회보험이 없기 때문이 아니다. 프리터들을 가장 괴롭히는 것은 미래에 대한 불안이다. 30대가 되고, 40대가 되어도 지금처럼 아르바이트와 실업을 반복하며 살지 모른다는 불안이다.

아마 나이가 들면 아르바이트 자리를 구하기도 더 어려워질 것이다. '보기에 안 좋다'는 이유로 사업주들이 나이 든 사람들을 아르바이트로 쓰려 하지 않기 때문이다. 지금의 상태를 벗어나기 위해서는 시간과 경제적 여유가 있어야 하는데, 생존하기에 급급하니 미래에 대한 계획을 세울 수도 없다. 여기에 정체성의 문제가 가세한다. 사람들은 흔히 상대방에 대해 알고 싶을 때 "무슨 일을 하십니까?" 하고 묻고, 상대방은 "예, 저는 교사입니다.", "○○기업 직원입니다." 하는 식으로 답한다. 이처럼 직업은 신분을 대신하는 경우가 많다. 또한 뚜렷한 직업이 없다는 사실은 삶을 지탱하는 자신감과 대인 관계도 함께 무너져 내린다는 것을 의미한다.

하위 키워드 ③ 니트족

통계청이 매달 발표하는 '실업률'이라는 것이 있다. 흔히 '공식 실업률'이라고 한다. 이 통계는 상당한 착시 효과를 불러일으킨다.

예를 들면 이렇다. 통계청은 2017년 9월 실업률을 3.4%로 발표했다. 이런 통계를 접한 사람들은 나머지 96.6%를 모두 일자리가 있는 사람들이라고 생각하기 쉽다. 그러나 이것은 오해다. 통계청의 실업률에는 빠진 사람들이 적지 않다. 일단 전업주부와 학생이 빠진다. 그리고 병역의 의무를 수행하고 있는 청년들과 교도소 수감자가 빠진다. 조사 시점을 기준으로 지난 일주일간 1시간이라도 아르바이트를 하면 그 사람도 빠진다. 여기에 고시나 공무원 시험을 준비하는 사람도 빠진다. 마지막으로 취업 포기자도 빠진다. 조사 시점을 기준으로 지난 4개월간 한 번도 취업하려는 시도를 하지 않은 사람들이 여기에 해당한다.

취업 포기자를 실업률에서 빼는 이유는 무엇일까? 이는 취업하고자 하는 의지가 없는 사람이니, 경제활동인구에 해당하지 않는다고 보기 때문이다. 실업률은 취업할 능력과 의지가 있는 사람, 즉 경제활동인구만을 대상으로 삼아 통계를 내는 것이 맞는다는 논리다. 이런 식으로 정부는 뺄 명분이 있는 사람은 모조리 빼고 실업률을 발표한다. 실업률을 최대한 낮춰 발표하고자 하는 것이다. 정부가 취업 포기자를 실업률에서 제외시키는 데에는 상당한 아이러니가 있다. 왜냐하면 여러 번 취업을 시도하다가 안 돼서, 자포자기 상태에 있는 사람(장기 실업자)이 늘수록 실업률은 낮아지기 때문이다.

니트족(NEET)은 'Not in Education, Employment or Training'의 약자다. 말 그대로 학교도 다니지 않고, 직장도 없으면서, 직업훈련도 받지 않는 사람들을 말한다. 이 단어는 1999년 영국의 토니 블레어<sup>Tony Blair</sup> 정부가 작성한 조사 보고서에서 유래했다. 앞서 말한 취업 포기자가 전형적인 니트족이다. 프레카리아트나 프리터족도 그렇지만, 니트족에 대한 사회적 이미지도 좋지는 않다. 사람들은 흔히 니트족을 무위도식자, 사회 부적응자, 낙오자, 무능력자로 비난하고 책망한다. 그러나 이는 개인의 잘못이 아니다. 니트족 역시 신자유주의와 경기 침체의 피해자일 뿐이다. 영국과 일본, 그리고 우리나라에서도 마찬가지인데, 니트족이 생긴 시기는 예외 없이 실업률이 높을 때였다는 점이 이를 증명한다.

어른들은 흔히 니트족에게 이렇게 말한다. '직업에 귀천이 어디 있냐?', '힘든 일을 하지 않으려 해서 그렇지, 눈을 낮추면 취직할 데가 왜 없냐?', '왜 남 보기 좋은 대기업이나 공무원만 바라느냐. 중소기업으로 눈을 돌려 봐라. 거기는 여전히 일할 사람이 없어 난리다.' 그러나 똑같이 일하고도 정규직 절반의 임금을 받는 비정규직의 노동조건, 언제 어떤 이유로 회사에서 잘릴지 모르는 고용 불안정성, 회사 고위 간부와 일반 노동자들의 양극화된 임금격차, 회사 내의 살인적인 경쟁 체제 등은 기성세대들이 일찍이 경험하지 못한 것들이다. 문제는 개인의 의지나 노력 부족에 있는 것이 아니라, 악화된 노동조건에 있다.

일과 여가의 조화, 노동에 따른 정당한 경제적 보상, 고용 안정, 정상적인 가정생활을 영위할 수 있는 복리 후생, 노동자에 대한 인간적인 존중이 이루어진다면, 니트족은 자연스럽게 사라질 것이다. 니트족 문제는 학교를 더 다닌다고 해결될 성질의 것이 아니다. 엄밀하게 말하면 요즘에는 학생들 중에서도 니트족이 적지 않다. 취직을 해야 한다고 생각은 하지만, 한편으로는 가혹한 노동시장으로 나가는 것이 두려워 졸업을 유예하며 계속 학교만 다니는 학생들도 꽤 많다. 지금은 대학 공부가 사회 진출을 돕는 것이 아니라, 그것을 회피하기 위한 수단으로 변질되는 지경에 이르렀다. 노동조건이 개선되지 않으면 답이 없다.

# 문화 자본

_ 계급을 구분 짓는 무형의 자본

**중심 키워드**

문화 자본

**하위 키워드**

학력 자본, 외모 자본, 구별짓기

혼히 '돈이 돈을 번다'고 말한다. 돈은 상속도 되고, 그 자체로 더 많은 돈을 벌게 하는 토대로 기능한다. 그런데 문화나 학력도 그런 기능을 한다면? 프랑스의 사회학자 피에르 부르디외는 이러한 문제의식을 토대로 '문화 자본', '학력 자본'이라는 말을 만들었다. 그리고 이 말들은 사회를 이해하는 데 있어서 보편적으로 통용되는 말이 되었다. '외모 자본'은 부르디외가 만든 말은 아니지만, 같은 맥락에서 만들어진 신조어다.

# 문화 자본

우리나라 드라마에서 볼 수 있는 가장 흔한 스토리 중 하나는 '신데렐라 스토리'다. 대개 부잣집 남자와 가난한 집 여자 사이의 러브 스토리가 많다. 이때 둘 사이의 단골 훼방꾼으로 등장하는 것이 주로 남자 쪽 엄마다. 천한 집안과의 결혼은 허락할 수 없다는 것이다. 이런 드라마에서는 남자 쪽 엄마(부잣집 마나님)가 여자 쪽 집안(서민 집안)을 향해 모욕적인 말을 퍼붓는 장면이 자주 나온다. '교양이 없다', '예의가 없다', '매너를 모른다', '격이 떨어진다' 같은 이야기를 하면서 말이다.

이런 말을 듣는 사람은 기분이 어떨까? 심리적으로 위축되거나 창피할 수 있다. 그러나 한편으로는 억울하고 분하기도 할 것이다. 무슨 나쁜 행동을 해서 이런 굴욕을 당하는 것이 아니기 때문이다. 여기서 힐난의 토대가 되는 것은 서민의 문화 그 자체다. 예를 들어 상류층 사람들은 고급 레스토랑의 문화와 음식을 안다. 하지만 서민들은 알지 못한다. 상류층 사람들은 클래식 음악이나 성악, 미술, 발레 같은 고급 예술뿐 아니라, 승마, 골프, 스키 등 고급 스포츠에 접근할 경제적 여유, 시간, 기회가 충분히 있다. 그러나 서민들에게는 이런 것들이 결여되어 있다. 아무 잘못도 하지 않았지만, 상류층 사람들은 이런 것을 알지 못하거나 즐길 줄 모르는 사람에 대해 '교양이 없다', '격이 떨어진다'고 표현하기도 한다.

이렇게 계급적 배경에 의해 형성된 중·상류층의 문화적 취향을 '문화 자본'이라 한다. '문화 자본'은 프랑스 사회학자 피에르 부르디외Pierre Bourdieu가 만든 말이다. 본래 자본은 현금, 주식, 땅(건물), 공장이나 기계 같은 생산 설비 등을 의미한다. 그런데 부르디외는 '문화'에 '자본'이라는 말을 덧붙였다. 왜 그랬을까? 우리는 부모가 자식에게 많은 돈과 땅을 물려주면, 그 자식도 부자로 산다는 사실을 알고 있다. 부르디외가 '문화 자본'이라는 말을 쓴 이유는 돈이나 땅 못지않게 부자들의 문화적 취향도 부와 지위를 상속시키는 '자본'의 역할을 한다고 여겼기 때문이다.

예를 들어 상류층 사람들이 고급 레스토랑에서 '푸아그라'를 먹는다는 것은 일반인들은 먹기 힘든, 비싸고 맛있는 요리를 먹는다는 사실만을 의미하지 않는다. 상류층 사람들은 음식 재료, 조리법, 요리사의 취향과 실력에 따라 맛이 어떻게 미묘하게 달라지는지 알고 있으며, 이를 '음미'할 줄 안다. 그것은 단순한 '식사'가 아니라 '문화'가 된다. 상류층 사람들은 그 문화를 즐길 줄 아는 사람들과 주로 만나 대화하고, 이런 만남을 통해 유대감을 형성한다. 달리 말하면, 그런 고급 음식 문화를 모르는 사람들을 배제하고 차별한다는 의미다.

계급 관계에서 문화 자본의 힘은 크다. 서민들은 자신이 모르는 고급문화를 즐기고, 품위 있게 행동하고 세련되게 말하는 상류층 사람들을 보고, 그들의 지배를 자연스럽게 받아들이게 된다. (상류층 사람들이 실제로 문화인으로서의 품위와 높은 지적 수준을 가졌느냐 하는 것은 또 다른 문제다. 사회적으로 그런 사람으로 비춰진다는 사실이 중요하다.) 경제적 격차는 문화적 격차를 만들어 내고, 그 문화적 격차는 다시 계급 구조를 정당화한다.

### 하위 키워드 ① 학력 자본

문화와 마찬가지로 학력도 자본의 기능을 한다. 명문대의 졸업장이나 학연(學緣)이 부와 권력의 획득에 있어서 유리한 위치를 제공한다. 그리고 대개는 돈이나 땅처럼 상속된다. 좋은 학력을 가진 부모의 자녀는 대개 좋은 학력을 갖는다. 그러므로 피에르 부르디외는 '학력 자본'이라는 개념도 성립한다고 봤다. 여기서 말하는 '학력'은 '학습 능력'을 의미하는 '학력(學力)'이 아니라 '학교 다닌 흔적'을 의미하는 '학력(學歷)'이다. 학력(學力)이 있어도 가난하면 외국 유학을 가기 힘들고, 장학금을 받기 위해 지방대에 하향 지원해야 하는 경우가 생긴다. 그러면 좋지 않은 학력(學歷)을 갖게 된다.

경제적 격차가 학력 격차를 낳는다는 사실은 많이들 알고 있다. 그러나 경제적 격차가 학력 격차로 바뀌어 가는 과정에서, '문화 자본'이 결정적 기능을 한다는 점을 아는 사람은 별로 없다. 예를 들어,

프랑스나 독일 같은 서유럽 국가나 노르웨이, 스웨덴, 덴마크 같은 북유럽 국가들은 교육 복지 제도가 잘 구현되어 있어 대학원이 공짜인 경우가 많다. 경제적 부담 없이 누구나 대학원에 진학할 수 있다는 말이다. 그럼에도 하층민 출신들의 진학률은 극소수에 불과하다. 진학하는 학생들 대부분은 중·상류층 출신이다. 이유가 무엇일까? 그것은 문화 자본 때문이다.

부잣집 자녀들은 어릴 때부터 여행을 많이 다니고, 이런저런 체험도 많이 한다. 이를 통해 얻게 되는 지식은 학교 공부에 도움이 된다. 부자들은 미술 도구, 그림, 도서, 악기, 음반, 카메라 등 문화 예술적 역량을 키울 수 있는 물질적 조건을 갖추고 있고, 자녀들은 어릴 때부터 이를 자유롭게 접하면서 자란다. 또한 중·상류층 가정의 부모들은 대부분 높은 학력을 갖고 있다. 누구보다 자녀 교육에 관심이 많고, 관심을 쏟을 시간적 여유도 있다. 그 자신이 교육적 역량도 갖고 있을 뿐 아니라, 자녀가 원하는 교육 기회를 충분히 제공할 수도 있다. 이런 환경 속에서 자녀들은 자연스럽게 높은 학력을 갖추게 된다.

부잣집 자녀들이 높은 학력을 갖게 되는 또 다른 이유는 학교에서 가르치는 지식이 중·상류층의 문화 자본을 바탕으로 한 것이기 때문이다. 학교에서 가르치는 지식, 가치, 규범, 언어 형태, 의미 체계는 중·상류층의 그것을 따른다. 그러므로 중·상류층의 자녀들은 별 위화감 없이 이를 쉽게 받아들일 수 있다. 그러나 일상적인 생활과 문화에서 이런 것을 접해 보지 못한 가난한 집의 자녀들은 교육 내용들이 낯설고, 그것이 무엇을 의미하는지 이해하는 데 애를 먹을 수밖에 없다. 이렇듯 중·상류층의 문화 자본은 그 자녀들이 학교에서 높은 학업 성취를 얻을 수 있게 도와준다. 그리고 이는 중·상류층 출신 자녀들의 사회적 성공으로 이어진다.

어떤 집의 자식으로 태어나느냐, 즉 부잣집 자식으로 태어나느냐, 가난한 집 자식으로 태어나느냐는 우리가 결정할 수 있는 일이 아니다. 그것은 운명처럼 받아들여야 하는 일이다. 어떤 사람이 운 좋게도 재벌 집안에서 태어났다는 이유만으로 천문학적인 재산을 유산으로 넘겨받아 호의호식한다면, 이는 매우 불공평한 일로 여겨질 수 있다. 그러나 재벌 집안 자식이라도 학교 공부를 잘해 좋은 대학에 가고 이를 바탕으로 기득권을 누린다면, 이는 훨씬 정당해 보일 것이다. 경제 자본은 문화 자본을 낳고, 문화 자본은 학력 자본으로 치환된다. 이런 과정을 통해 계급 구조가 정당화된다는 것이 부르디외의 견해다.

**하위 키워드 ② 외모 자본**

국제미용성형수술협회(ISAPS)의 자료에 따르면, 전 세계 성형수술 건수를 조사한 결과 우리나라가 3위인 것으로 나타났다(2015년 기준 1,156,234건. 1위 미국 4,042,610건, 2위 브라질 2,324,245건) 인구 대비 성형수술 비율로 봤을 때는 1위였다. 전 세계에서 우리나라처럼 성형수술을 많이 하는 나라는 찾기 힘들다. 다이어트 열풍도 세계 최고 수준이다. 여성들의 경우, 정상 체중임에도 불구하고 뚱뚱하다고 느끼며 다이어트를 하는 경우가 많다. 패션 디자이너 이경화는 이런 말을 한 적이 있다. "이제 몸은 '옷'이 되어 버렸습니다. 헝겊을 자르고 바느질하고 염색하고 부풀려 옷을 만드는 과정처럼 우리 몸을 온갖 성형수술이나 다이어트로 재단하죠." 그녀의 말처럼 우리 몸은 맞춤형 '옷'이 되어 버렸다.

많은 사람들이 성형이나 다이어트를 하는 것은 개인적인 문제이고, 자신이 스스로 선택하는 문제라고 생각한다. 그러나 평범한 외모와 몸매인데도 자신이 뚱뚱하고 못생겼다고 자책하면서 성형과 다이어트에 돌입하는 사람들이 많다면, 외모를 가꾸는 것이 자기 계발 요소 중 하나로 취급된다면, 이를 개인적인 문제라고 치부할 수 있을까? 오히려 그렇게 하지 않으면 안 될 것 같은, 거대한 사회적 압력에 굴복했다고 봐야 하지 않을까? 성형이나 다이어트 열풍은 우리가 신체의 자유나 신체에 대한 자기 결정권을 누리지 못할 뿐 아니라, 오히려 이를 침해당하고 있음을 보여 준다.

멋진 외모를 갖고 싶어 하고, 멋진 외모를 가진 사람을 부러워하는 것은 어느 때나 있었던 일이다. 그러나 정도의 차이는 분명히 있다. 외모가 뛰어나면 좋기는 하겠지만, 설사 그렇지 않다 하더라도 별로 신경 쓰지 않는 사회가 있는가 하면, 우리나라처럼 외모에 대한 자기 검열이 심하다 못해, 신경증과 강박증을 불러일으키는 사회도 있다. 우리나라 사람들의 외모에 대한 관심과 집착이 유독 심한 이유는 차별 때문이다. 여자들은 남자와 달리 아르바이트, 취업, 사업, 승진, 연애, 결혼 등에서 외모 차별을 심하게 겪는다. 또한 일상적으로 자신의 외모를 지적당하고 평가받는 문화 속에서 살고 있다. 그것이 외모에 대한 과도한 관심과 집착을 낳는다.

여기에 방송, 광고의 영향이 가세한다. 몇 년 전 화장품 광고 문구 가운데 이런 것이 있었다. "스물일곱 그녀는 피부에 투자했다. 왜? 여자가 예쁘다는 건 경쟁력이니까. 20대여, 영원하라." 여성들은 일상적으로 매스컴을 통해 부와 사회적 지위를 획득하기 위해서는 외모뿐 아니라 다른 사람에게 보이는 이미지도 가꾸어야 한다고 배운다. 매스컴은 끊임없이 자신의 외모를 자본으로 보도록 여성들을 교육시킨다.

여성들이 외모에 집착하는 이유를 좀 더 파고들어가 보면, 성 불평등이 그 토대라는 사실을 알 수 있다. 사회적·경제적 자원은 대부분 남성들이 독점하고 있다. 이런 상황에서 여성들이 자원에 접근할 수 있는 유일한 길은 남성을 차지하는 것이 된다. 이를테면 면접에서 여성을 직원으로 뽑는 것도, 승진을 결정하는 것도 대개는 남자들이다. 만약 면접관이나 인사 담당자 중 여자가 남자 못지않게 많다면 여성 구직자의 외모에 대한 강박은 크게 줄어들 것이다. 외모 자본 때문에 이득을 보는 여성들은 좋기만 할까? 설사 이득을 본다 하더라도, 그것은 일종의 덫이다. 외모 자본을 통한 성취 효과는 오래가지 못하기 때문이다. 결과적으로 사회의 요직에서 배제되는 경우가 대부분이다.

'구별짓기'는 앞에서 말한 '문화 자본'과 '학력 자본'이라는 개념이 나오는 피에르 부르디외의 책 제목이기도 하다. 부르디외에 따르면, 사람들의 선호와 취향은 개인을 계급적·계층적으로 구별 짓는 기능을 한다. 개인의 자유의지에 의해서 선택된 행동처럼 보인다 할지라도 그렇다. 상류층은 상류층대로, 중산층은 중산층대로 아래 부류와 구별되는 방식으로 먹고, 입고, 자고, 말하고, 행동하며, 여가를 즐기려 한다.

그렇다고 사람들이 자기 계급의 문화적 취향에 온전히 머물러 있으려 한다는 말은 아니다. 대부분의 사람들에게는 계급 상승의 욕망이 있다. 그런 까닭에 하층민은 중산층의 문화적 취향을 쫓고, 중산층은 상류층의 문화적 취향을 추종한다. 계급 문화가 자본으로 기능하므로 그것을 따라 하는 것이 이득이기 때문이다. 이로부터 '쫓기'와 '도망가기'의 문화적 전술이 탄생한다. 하층민들이 중산층의 문화를 따라 하면, 중산층은 하층민과 구별되기 위해 상류층의 문화를 추종한다. 그러면 상류층은 중산층과 구별되기 위해 새로운 문화적 취향으로 도망간다.

옷의 역사는 이러한 과정을 잘 보여 준다. 복식사가들에 따르면, 오늘날 남성들이 입고 있는 옷 대부분이 과거 높은 지위에 있던 사람들이 즐겨 입던 스포츠웨어가 변형된 것이다. 18세기 영국 신사들에게 사냥은 자신의 높은 지위를 과시하는 수단이었다. 신사들이 사냥을 나갈 때 입었던 옷은 앞자락을 비스듬히 잘라 낸 코트로, 꼬리가 달린 듯한 형태였다. 일부 신사들은 이 옷을 사냥하지 않을 때도 평상복으로 입음으로써 지위를 과시하고자 했다. 그러자 멋을 추구하는 평민 계층의 젊은이들이 사냥복을 약간 고쳐서 평상복으로 입기 시작했다. 이는 기득권층에게 상당한 도전 행위로 여겨졌다. 그 때문에 상류층은 실크해트와 연미복을 새로운 모양으로 바꾸지 않으면 안 되었다.

사격, 낚시, 골프, 승마 역시 상류층만이 즐기던 고급 스포츠로, 이를 즐길 때 입었던 의복도 점차 대중화되는 길을 걸었다. 사격 모자는 중산모가 되었고, 트위드 헌팅 재킷은 체크무늬 라운지 재킷이 되었다. 좀 더 부드러운 스포츠용 모자는 중절모가 되었으며, 승마복은 스포츠 재킷(새들 재킷 등)이나 정장용 재킷(해킹 재킷 등)으로 대중화되었다. 여성들의 초미니스커트도 1930년대의 테니스용 스커트와 1940년대의 스케이트용 스커트를 일부 대담한 디자이너들이 평상복으로 만들면서 탄생한 것이다. 패션의 변화는 사회적으로 뒤떨어진 계급이 상류 계급을 모방하는 과정이었다.

오늘날 여성들이 추구하는 예쁜 몸매와 몸치장도 구별짓기의 기능을 한다. 꽉 쪼이는 옷, 얇은 팔과 다리, 가녀린 허리, 하이힐, 미니스커트, 팔찌, 네일 아트, 긴 머리 등이 갖는 공통점이 있다. 미국의 경제학자 소스타인 베블런Thorstein B. Veblen의 말을 빌려 설명하면, 이는 유한계급의 특성을 과시하는 것이다. 그런 외모는 '나는 힘든 일을 할 수도 없고, 할 생각도 없으며, 그러고도 충분히 먹고살 만한 사람'이라는 사실, 그러므로 '노동계급과는 구별되는 사람'이라는 사실을 은연중에 전달한다. 꽉 쪼이는 옷, 하이힐, 미니스커트는 결코 편하지 않다. 심지어 몸에도 안 좋다. 그런데도 여성들이 이런 차림새를 고수하는 이유는 그런 단점을 상쇄하고 남을 만큼 노동으로부터 자유로운 귀부인으로 만들어 주기 때문이다.

# 키덜트

_ 천진난만한 어른일까, 나잇값 못하는 어른일까?

우리는 나이 먹은 사람을 '어른'이라 부른다. 그러나 다시 생각해 보면, 나이만 먹는다고 모두 어른이 되는 것은 아니다. 나이를 먹긴 했지만, 아이 같은 사람들이 적지 않다. 나이를 먹었지만 어른 같지 않은 사람, 장성해서도 부모 품을 떠나지 못하는 사람을 우리는 주변에서 흔히 발견할 수 있나. 이는 개인적인 문제일까, 사회적인 문제일까? 이런 사람들이 많아지는 이유는 무엇일까? 어른이 아이 같은 면모를 갖는 것은 좋은 일일까, 나쁜 일일까?

# 키덜트

　'키덜트(kidult)'는 '키드(kid)'와 '어덜트(adult)'의 합성어로 '애 같은 어른'을 말한다. 요즘은 게임, 만화, 애니메이션, 캐릭터를 좋아하는 어른들도 많고, 언행과 정서가 애 같은 어른들도 많다. 어른이 아이 같아지는 정서적·문화적 하향 평준화가 일어나고 있는 것이다. 요즘 아이들이 존경할 만한 어른을 찾기 힘든 이유 중 하나가 여기에 있다. 예전에는 서너 살 차이만 나도 어른스러운 형이나 누나들이 흔했다. 그러나 지금은 그렇지 않다. 형이나 누나는 물론 성인이라 하더라도 그 언행이 아이들과 별다를 바 없는 경우가 많다. 이래서는 아무래도 존경받기가 쉽지 않다.

　키덜트라는 말은 2000년대 초반부터 쓰였다. 이 말이 쓰이게 된 문화적 계기는 1998년 김대중 정부의 일본 문화 개방이었다. 주지하다시피, 우리나라는 과거 일제의 식민지였다. 그런 까닭에 '왜색 문화'에 대한 저항감이 강했고, 정부도 오랫동안 일본 문화 상품의 수입을 금지했다. 그러다 김대중 정부가 "문화 산업의 시대인 21세기에 문화 쇄국정책은 누구에게도 도움이 되지 않는다"며 일본에 문화 시장을 전격 개방했고, 그 후 일본 영화, 만화, 애니메이션, 게임 등이 쏟아져 들어왔다. 당시 일본에서는 성인층도 만화, 애니메이션, 게임 산업의 주된 소비층으로 편입된 지 오래였다. 일본의 문화 상품들이 쏟아져 들어오자, 우리나라에서도 똑같은 현상이 발생했다. 성인들이 만화, 애니메이션, 게임에 몰두하기 시작했고, 이러한 현상을 가리키는 용어로 '키덜트'가 쓰이게 되었다.

키덜트 시장은 산업적 측면에서 봤을 때, 매력적인 시장이 아닐 수 없다. 왜냐하면 이런 문화 상품은 아이와 어른이 함께 구매하고 즐기기 때문이다. 키덜트 시장은 아이들만을 타깃으로 한 시장이나 어른들만을 타깃으로 한 시장보다 그 규모가 훨씬 클 수밖에 없다. 시장의 규모가 큰 만큼 기업의 이윤도 커진다. 그런 까닭에 일본 문화 개방 이후, 많은 기업이 키덜트 시장에 눈을 돌렸고, 시장은 폭발적으로 성장했다. 키덜트 상품들은 우리 주변에서도 흔히 볼 수 있다. 대표적인 것이 〈건담〉, 〈트랜스포머〉, 〈스타워즈〉 시리즈의 캐릭터 피규어다. 요즘 유행하는 드론이나 전동휠도 대표적인 어른용 장난감이다.

TV 인기 프로그램인 〈무한도전〉이나 〈런닝맨〉도 대표적인 키덜트 문화 상품이다. 이 프로그램에 등장하는 연예인은 30~40대의 어른들이다. 그런 어른들이 아이들처럼 쫓고 쫓기는 놀이를 한다. 아이들은 유치한 놀이가 자신의 정서적 수준에 맞아서 보고, 어른들은 어릴 적 동네 골목길에서 친구들과 쫓고 쫓기며 놀던 추억을 떠올리며 본다. 어린 시절은 모든 인간에게 해당되는 보편적 영역이다. 이런 키덜트 프로그램들이 인기가 높은 데는 이유가 있다.

키덜트 상품은 요즘 같은 경제적 불황기에 사람들에게 더욱 매력적으로 다가온다. 불황기에는 많은 사람들이 취업난, 고용 불안, 저소득, 그리고 그로 인한 스트레스에 시달린다. 사람들은 잠시라도 근심 걱정을 잊고 위로받고 싶어 하는데, 키덜트 상품이 바로 그런 기능을 한다. 키덜트 상품을 소비하는 사람들은 어린 시절 부모의 보호를 받던 때로 돌아간 듯 포근한 기분을 느끼거나, 키덜트 상품이 제공하는 판타지 속에서 현실을 잠시 잊는다. 키덜트 상품들이 일종의 현실도피 기능을 하는 것이다. 불황기에 키덜트 상품이 더욱 잘 팔리는 이유가 여기에 있다.

### 하위 키워드 ① 캥거루족

캥거루족은 '성인이 된 이후에도 부모에게 의지해 사는 자녀'를 말한다. 비슷한 말은 외국에도 많다. 영국에는 '키퍼스(kippers)'라는 말이 있다. '부모의 퇴직연금을 빨아먹고 사는 아이들(kids in parents pockets eroding retirement savings)'의 줄임말이다. 미국에서는 대학에 가거나 사회생활을 위해 부모를 떠났다가 실직이나 생활비 절약 등을 이유로 다시 부모의 집으로 돌아와 생활하는 사람을 '부메랑 키즈(boomerang kids)'라고 한다. 일본에서는 결혼 적령기가 지났지만, 부모에게 의존해 독신 생활을 영위하는 사람을 '기생독신(寄生獨身)'이라 부른다.

캥거루족이라는 말의 뜻을 캥거루가 알게 된다면 아마 펄쩍 뛸 것이다. 왜냐하면 캥거루는 결코 다 큰 새끼를 주머니에 넣고 다니지 않기 때문이다. 캥거루의 수명은 약 12~18년인데, 그중 6~12개월(수명의 15분의 1) 정도만 육아낭(育兒囊)에서 생활한다. 이후에는 부모로부터 떨어져 나와 독립적으로 살아간다. 캥거루 새끼는 결코 의존적이지 않다. 생존하는 데 필요한 만큼 성장하면, 지체 없이 어미 품을 떠난다.

반면에 인간은 어떤가. 생물학적으로만 보면, 인간은 사춘기가 지나면 성인 못지않은 신체적 성장을 이루므로 이때 독립해도 아무런 하자가 없다. 그러나 인간의 생활은 자연적 법칙을 따르기보다는 사회 문화적 법칙을 따른다. 인간 사회는 기나긴 제도 교육 기간을 설정해 놓고, 이를 거친 후에야 원활한 사회생활이 가능하게 만들어 놓음으로써 부모의 양육 기간을 늘려 놓았다. 여기에 요즘처럼 경제 불황 같은 사회적 요인이 겹치면 의존 기간은 더 길어진다. 요즘에는 30대 후반~40대의 중년 캥거루족도 많은데, 이 경우 인생의 절반 정도를 부모에게 의존하는 셈이 된다. 지구상의 어떤 동물도 이렇게 '장기 양육'하는 경우는 없다.

흔히 언론들은 캥거루족을 다룰 때, 개인의 부정적 특성들을 강조한다. 일하기 싫어하는 게으른 기질이나 사회 진출에 대한 막연한 두려움, 독립심 부족 같은 것들 말이다. 그러나 독립할 나이가 지났음에도 부모에게 얹혀사는 것을 좋아하는 사람은 별로 없다. 캥거루족 대부분은 '게으른 캥거루족'이 아니라 높은 집값, 취업난, 저소득 등 경제적 이유로 어쩔 수 없이 부모와 함께 사는 '생계형 캥거루족'이다. 캥거루족 문제가 개인의 특성 문제가 아니라 사회적 문제라는 사실은 다른 나라에서 '캥거루족'과 유사한 말들이 생겨나는 것을 봐도 알 수 있다. 세계적인 경제 불황은 세계적 차원에서 캥거루족을 양산해 낸다.

사람은 경제적으로 독립을 해야 '인지적 독립'도 이룬다. 인지적 독립이란 '자신과 가족의 일을 포함해 모든 문제를 성인으로서 독자적으로 판단하고 결정할 수 있는 것'을 말한다. 경제적 독립을 하기 위해서는 부모에게 용돈을 안 받는 것만으로는 부족하다. 경제적 독립의 핵심은 '주거 독립'이다. 부모로부터 따로 떨어져 나와 자기 생활을 온전히 스스로 영위할 수 있어야 한다. 그래야 부모의 영향으로부터 벗어나 세상의 모든 문제를 자신의 시각으로 보고, 생각하고, 결정할 수 있다. 경제적 독립은 그래서 더욱 중요하다.

**하위 키워드 ②  헬리콥터 맘**

요즘 청소년들 중에는 "하고 싶은 것도 없고, 무엇을 어떻게 해야 할지도 모르겠다"고 말하는 경우가 많다. 청소년들이 이런 무기력함을 보이는 주된 이유 중 하나는 헬리콥터 맘이 많아졌기 때문이다. '헬리콥터 맘'이란 자녀의 주위를 헬리콥터처럼 빙빙 돌며 일거수일투족을 참견하고 모든 것을 챙겨 주는 엄마를 말한다. 부모가 모든 것을 대신해 주니 좋을 것 같지만, 지나친 보호와 간섭은 자녀의 자율성과 독립성을 해친다. 청소년기는 부모로부터의 독립을 준비해야 하는 시기이기도 하다. 그런 시기에 자율성과 독립성을 배양하지 못한다면 이후 살아가는 데 있어서 커다란 독이 될 수 있다.

헬리콥터 맘 기질은 보통 학부모가 되면서 나타나기 시작한다. 헬리콥터 맘은 수업 내용, 준비물, 숙제, 친구 관계, 과외, 방과 후 취미 활동, 스펙 쌓기, 학원 수강, 진로 설정 등 자녀의 모든 일을 참견하고 대신 결정해 준다. 엄마는 매니저가 되고, 자녀는 엄마가 짠 스케줄대로 움직인다. 이런 식으로 초·중·고를 마치고 나면 부모와 자식 간에 과잉 의존적 관계가 고착된다. 장성한 자녀는 부모로부터 독립하고 싶은 마음이 없지 않지만, 이제까지 자기 혼자 무엇을 해본 적이 없어서 부모의 도움에 계속 안주하게 된다. 부모 역시 '자식이 영 미덥지 않아' 대학 진학은 물론 취업과 결혼 상대를 고르는 일까지 간섭하고 결정해 주게 된다.

헬리콥터 맘은 '자식이 잘되기를 바라는 마음' 때문에 일일이 참견한다. 그러나 '자식이 잘되기를 바라는 부모의 마음'은 옛날에도 여전했다. 그럼에도 '헬리콥터 맘' 같은 현상은 드물었다. 그러면 요즘 시대에 헬리콥터 맘이 많아지는 이유는 무엇일까? 우선 저출산 때문이다. 요즘 부모들은 자식을 많이 낳지 않는다. 많아야 한둘이다. 그런 까닭에 자녀 양육에 정성이 더욱 집중되고, 이는 자칫 과잉 양육으로 발전하기 쉽다. 또 하나는 학력 경쟁과 취업 경쟁이 갈수록 심해지기 때문이다. 자녀의 미래에 대한 불안 때문에 자녀가 경쟁에서 뒤처지지 않게 하기 위해 자꾸 관여하다 보면 헬리콥터 맘이 되는 경우가 많다.

우리는 흔히 부모들의 자녀 사랑을 좋은 것이라고만 생각한다. 물론 자녀를 양육할 때 부모의 사랑은 필수적이다. 그러나 이는 자칫하면 부모의 자아도취적 욕망을 실현시키는 수단으로 전락할 수 있다. 아이들은 힘이 약하기 때문에 지배욕과 소유욕을 가진 부모가 자신의 욕망을 마음껏 발산하기에 좋은 대상이 된다. 그런 부모가 아이의 성공을 위해 매진하는 과정은 부모의 대리 만족을 위한 과정이 된다. 부모의 진정한 역할은 자녀가 독립해 나갈 수 있도록 돕는 것이다. 그러기 위해서는 '먼저 애정을, 그다음에는 자유를' 줄 수 있어야 한다. 그러나 많은 부모들이 자유를 주는 단계에서 실패하고 있다.

요즘 노인들은 되도록 자녀와 함께 살고 싶어 하지 않는 경우가 많다. 자녀가 부모를 부양하는 것이 아니라, 부모가 끝도 없이 자녀를 부양해야 하기 때문이다. 늙은 부모로서는 편안한 노후생활도 없이 무기력한 자녀를 부양만 해 주다가 일생을 마칠 지경이 되었다. 하지만 이는 어릴 때부터 자율성과 독립심을 키워 주지 못한 부모 탓이 크다. 자녀에 대한 과잉보호는 자녀와 부모의 삶을 모두 불구로 만든다. 자식이 아무리 소중해도 부모가 자식 대신 살아 줄 수는 없다. 자식은 자식 나름의 삶을 살아야 한다. 자식이 독자적으로 자기 삶을 영위할 수 있을 때, 부모도 행복해진다.

피터 팬은 영국의 작가 제임스 배리<sup>James M. Barrie</sup>가 1902년 동명의 동화에서 창조한 주인공으로, 영원히 늙지 않는 소년이다. '피터팬신드롬(Peter Pan syndrome)'은 미국의 심리학자 댄 카일리<sup>Dan Kiley</sup>가 만든 말로, 1983년에 출간한 자신의 책에서 처음 사용했다. 이 말은 장성한 뒤에도 어른으로서의 책임과 역할을 거부하고, 언제까지나 어린아이로 남고 싶어 하는 사람들의 심리적 퇴행 현상을 일컫는다.

댄 카일리가 이런 용어를 만든 이유는 "부모의 과잉보호 속에서 자라나 매사에 무책임하며 타인과의 관계에 소홀한 데다, 근로의 가치를 모른 채 사회에 내던져져 하는 일마다 자신이 없고 불안감에 사로잡혀 있는" 젊은이들이 1970년대 후반부터 도처에 나타나는 것을 목격했기 때문이다. 그는 이런 젊은이들의 심리적 특징을 무책임, 불안, 고독으로 규정짓고, '피터팬신드롬'이라 이름 붙였다. 혹시 헷갈릴지 몰라 키덜트와 피터팬신드롬의 차이점을 설명하면 이렇다. '키덜트'가 주로 문화 산업적 측면에서 쓰이는 용어라면, '피터팬신드롬'은 심리학적으로 쓰이는 용어다.

혹시 문학예술계에 종사하는 사람들이 흔히 '나는 철들기 싫다'거나 '나는 영원히 어린아이로 남고 싶다'고 말하는 것을 들어 본 적이 있는지 모르겠다. 문학예술인이 어린아이와 같은 면모를 가지고 있는 것은 우연이 아니다. 사람이 가장 창조적인 시기는 어릴 때이기 때문이다. 사람은 어릴 때, 가장 왕성한 호기심, 열정, 몰입, 상상,

실험 정신, 모험 정신을 갖는다. 아이는 자기 마음대로 이것과 저것을 연결해 보고, 새롭게 배치하고, 거기에서 일정한 법칙과 질서를 발견하고, 실패하고, 실패에서 배우고, 또 도전한다. 이 모든 것이 창작의 과정이다. 문학예술인들은 어린아이가 갖는 특성들을 유지하고 있다는 점에서 '피터 팬적 인간형'이라 할 수 있다. 유아적 특성을 갖고 있는 것이 꼭 나쁜 일만은 아니라는 의미다.

사실 사람은 누구나 어느 정도는 아이 같은 면모를 갖고 있다. 예를 들어 평소에는 어른스러운 사람도 연애할 때는 얼마든지 애처럼 투정 부리고, 삐치고, 떼쓰고, 장난치고, 애교를 떨 수 있다. 심지어 말투도 아이처럼 변한다. 부부 사이도 마찬가지다. 밖에서는 점잔을 부리는 남자도 자신의 아내 앞에서는 애처럼 구는 경우가 많다. 혹은 젊었을 때 근엄했던 사람이 노인이 되어 병들고 아프면 아이처럼 변하기도 한다. 이는 무엇을 의미할까? 아이 같은 사람, 어른스러운 사람이 정해져 있는 것이 아니라, 상황에 따라 똑같은 사람이 아이처럼 행동하기도 하고, 어른처럼 행동하기도 한다는 사실을 말해 준다. 사람이 유아적 특성을 일부 갖고 있는 것은 아무런 문제가 되지 않는다. 문제는 '유아적 인격'이 그 사람을 전체적으로 지배하는 데 있다.

사람에게는 독립적이고 책임감 있는 어른으로 성장, 발전하려는 욕구가 있다. 그러나 반대로 일정한 조건이 갖춰지면 아이의 심리적 상태로 퇴행하려는 욕구가 발현되기도 한다. 이러한 퇴행 욕구는 부모의 과잉보호로 촉발되기도 하지만, 사회구조 때문에 촉발되기도 한다. 만약 사회구조가 합리적으로 조직되어 있어 개인의 노력에 상응하는 공정한 보상을 받고 자아실현을 이룰 수 있다면, 청년들은 열정적으로 사회생활에 뛰어들 것이다. 그러나 열악한 노동환경, 부당한 급여체계, 고용 불안, 극심한 성과주의, 직장 내 집단 따돌림, 권위주의적 조직 문화 등이 중첩되어 있다면, 이는 사회생활에 대한 두려움과 회피를 유발해 다시 부모의 품으로 돌아가려는 퇴행적 심리 욕구를 자극할 수도 있다.

# 여성 혐오

_ 가부장적 사회가 찾아낸 엉뚱한 희생양

**중심 키워드**

여성 혐오

**하위 키워드**

미러링, 맨스플레인, 성적 대상화

여성은 흔히 소수자로 치부된다. 그러나 숫자로만 보면 결코 소수가 아니다. 세상의 절반은 여성이다. 그럼에도 여성들은 많은 부분에서 억압과 차별을 당하며 살아간다. 그래서 '억압받는 다수'라고 불리기도 한다. 최근 '여성 혐오' 문제가 사회의 뜨거운 감자로 떠오르고 있다. 이에 맞서는 페미니스트들의 대응도 치열하다. 여성들은 한 인간으로서 충분히 존중받고 있는가? 그렇지 않다. 남성 중심의 사회에서 여성은 '여성'으로서 관심을 받을 뿐, '인간'으로서 대우받지 못하고 있다. '미러링', '맨스플레인', '성적 대상화'는 여성 혐오를 발생시키는 조건과 환경을 살펴보는 데 도움을 주는 키워드들이다.

# 여성 혐오

'여성 혐오(misogyny)'는 여성을 싫어하는 것을 의미한다고 생각하는 경우가 적지 않다. 그런 까닭에 남성들에게 "당신은 여성을 혐오합니까?" 하고 물으면 "아닙니다. 제가 엄마(애인, 누나)를 얼마나 좋아하는데요." 혹은 "아닙니다. 저는 (이성애자로서) 여성을 좋아합니다." 라고 답하곤 한다. 그러나 이것과 여성 혐오는 전혀 다른 문제다. 여성 혐오란 예를 들면 이런 것이다. 차가 밀리는 도로에서 한 남성 운전자가 "여자들이 집에서 살림이나 할 일이지, 쓸데없이 차를 많이 끌고 나와 도로가 막히잖아." 하고 투덜댄다거나 비싼 핸드백을 들고 다니는 여자를 가리키며 "저 여자 된장녀네." 하는 것이 그렇다. 자신의 엄마, 애인, 누나를 좋아하거나 이성애자라 하더라도 이런 태도를 갖는 것은 얼마든지 가능하다.

어떤 말이 여성 혐오인지 아닌지를 구별하는 가장 간단한 방법은 '여자'를 '사람'이나 '남자'로 바꿔 보는 것이다. 그렇게 했을 때 좀 어색하다는 생각이 들면 여성 혐오다. 남성 운전자가 한 말에서 '여성'을 '사람'으로 바꾸면 "사람들이 집에서 살림이나 할 일이지, 쓸데없이 차를 많이 끌고 나와 도로가 막히잖아."가 된다. 언뜻 봐도 많이 어색하다. 결국 남성 운전자의 말은, 살림은 전적으로 여성의 몫이라는 편견, 여성은 되도록 운전을 하지 말아야 한다는 편견을 전제로 한다. 그러므로 여성 혐오 발언이 된다. '된장녀'도 마찬가지다. 남자들도 비싼 시계나 비싼 자동차에 열광하는 경우가 적지 않다. 그러나 이들을 '된장남'이라 부르며 비난하는 일은 별로 없다.

여성 혐오는 여성 일반을 대상화, 범주화하고 멸시하는 태도를 말한다. 여성을 대상화하고 범주화하는 것에는 여성을 성적 대상으로만 보는 것, '여자라면 마땅히 이러이러해야 한다'는 생각과 태도를 가지는 것이 모두 포함된다. '살림은 여성이 해야 한다', '여성은 조신해야 한다', '여성은 기가 세서는 안 된다', '여성은 예쁘고 애교가 많아야 한다', '여성은 알뜰해야 한다', '여성은 수학이나 과학과 어울리지 않는다', '여성은 리더십이 부족하다' 등이 이에 해당한다. 넓게 보면, 여성 배우나 여성 교사를 '여배우'나 '여교사'로 부르는 것도 여성 혐오가 될 수 있다. 왜냐하면 인간의 기본이 남자라는 사실을 전제로 한 말이기 때문에 그렇다.

여배우나 여교사는 그냥 '배우'나 '교사'보다 뜻하는 바가 훨씬 많다. 배우나 교사라고 하면 연기하고 가르치는 일을 업으로 삼는 사람을 가리킬 뿐이지만, 여배우나 여교사에는 사회가 통상적으로 여성에게 부여하는 역할과 편견을 만족시키는 직업인으로서의 '여자' 배우나 '여자' 교사라는 의미가 담겨 있다. 그러므로 특정 배우나 교사가 여자임을 굳이 밝혀야 하는 필요성이 없는 한, 그냥 '배우'나 '교사'로 부르는 것이 낫다. 외국에서도 이런 움직임이 있다. 예를 들어 경찰을 부를 때는 폴리스맨(policeman) 대신 폴리스오퍼서(police officer)를, 의장을 부를 때는 체어맨(chairman) 대신 체어퍼슨(chairperson)을 쓰자는 것이다. 이렇게 하면 성 중립적인 표현이 된다.

　최근 여성 혐오가 심해지는 이유가 무엇일까? 이는 일부분 신자유주의와 관련이 있다. 남성들은 살인적인 경쟁과 경제 불황 속에서 일상적으로 모멸감을 느낀다. 이런 상황에서 일부 남성들은 손쉽지만 비겁한 길을 택한다. 여성을 멸시하고 차별함으로써 위신과 존재감을 유지하고자 하는 것이다. 독일의 사회학자 마리아 미즈<sup>Maria Mies</sup>는 『가부장제와 자본주의』에서 여성에 대한 성차별이 자본주의 체제와 깊은 연관을 맺고 있다고 보았다. 그에 따르면 자본주의는 이중으로 여성을 억압한다. 자본주의 체제는 가사노동, 돌봄노동, 감정노동 등이 '여성의 본능'에 따른 것으로 규정함으로써 여성의 활동 영역을 제한한다. 이것이 첫째 억압이다. 또한 그렇게 강요한 여성의 노동을 가치가 낮은 것으로 평가절하한다. 이것이 둘째 억압이다. 이런 억압을 통해 이득을 보는 것은 국가와 자본이다.

**하위 키워드 ①　미러링**

　어린아이들끼리 말싸움하는 광경을 보다가 이런 장면을 목격한 적이 있는지 모르겠다. 한 아이가 욕을 하면 거기에 대고 다른 아이가 "반사!" 하고 외치는 장면. 모욕을 당한 아이는 그 모욕을 상대방에게 그대로 되돌려주겠다는 의도로 "반사!"를 외친다. 급진적 페미니스트들이 행하는 '미러링(mirroring)'이 이와 비슷하다. 여성이 일상적으로 당하는 모욕과 멸시를 거울로 반사하듯 남성에게 그대로 되돌려 주겠다는 것이다. 예를 들면, 어떤 남자가 '김치녀(개념 없고 이기적인 한국 여자)'라는 말을 써서 여자를 비하하면, 급진적 페미니스트는 '한남충(한국 남자 벌레)'이라는 말로 남자를 비하한다.

미러링은 언뜻 보기에 '우리가 당하고만 있을 성싶으냐. 너희도 한번 당해 봐라.' 하는 태도로 보일 수 있다. 물론 그런 측면도 있다. 그러나 이것이 전부는 아니다. 미러링은 이성적 효과도 노린다. 페미니스트들은 남성들과 똑같은 폭력적이고 모욕적인 언어를 사용함으로써 사회에 일정한 충격과 성찰을 주고자 한다. 여기서 '충격'은 '여자도 저렇게 말할 수 있구나' 하는 데서 오는 충격이다. 또한 '성찰'은 남성들이 평소 여성에게 가하는 폭력적인 발화 방식에 대한 성찰이다.

미러링은 많은 사회적 비난을 받고 있지만, 이를 통해 이룬 정치적 성취가 없다고 말하기 힘들다. 왜냐하면 남성들의 혐오 언어를 재연하고 언급함으로써 '그것이 문제'라는 사실을 널리 환기시켰기 때문이다. 일견 무모해 보이는 미러링을 통해 여성 혐오 문제가 좀 더 사회적으로 부각된 것은 부인할 수 없는 사실이다. 또한 이를 통해 남성들이 함부로 무례하게 여성들을 대해 왔던 자신의 습관을 돌아보고, 말 한마디를 하더라도 좀 더 신중히 하게 된 것도 사실이다.

페미니스트들로서는 미러링을 통해 여성 혐오가 사회적 논란거리로 떠올랐다는 것 자체가 일정한 성취다. 이제까지 문제시되지 않았던 것이 사회적 의제로 공론화되었기 때문이다.

미러링을 행하는 페미니스트들은 종종 남성 혐오를 일삼는 집단으로 취급받는다. 그러나 엄밀한 의미에서 미러링은 '남성 혐오'라 하기 힘들다. 기본적으로 '혐오'란 약자(집단)에 대한 부정적인 관념이나 감정을 뜻하기 때문이다. 혐오 발언이라고 하면 흔히 모욕·조롱·위협하는 말이 해당된다. 이런 혐오 발언이 실제로 상대방을 위축시키는 효과를 갖기 위해서는 상대가 약자여야 한다. 물론 미러링처럼 약자도 강자(집단)에게 모욕·조롱·위협의 말을 할 수는 있다. 하지만 이는 상대를 기분 나쁘게 할 수는 있을지언정, 위축시키지는 않는다.

혐오는 실력 행사가 가능한 사람이나 할 수 있는 행동이다. 예를 들면 이런 것이다. 어떤 꼬마가 어른에게 위협하는 말을 했다 치자. 이는 전혀 위협이 되지 않는다. 아마 대부분의 어른들은 가소롭다거나 맹랑하다는 반응을 보일 것이다. "고 녀석 봐라. 버릇없이." 하면서 꿀밤을 먹일지도 모른다. 그러나 반대로 어른이 꼬마에게 위협하는 말을 한다면? 꼬마는 겁을 잔뜩 집어먹을 것이다. 심지어는 장난으로 위협해도 그럴지 모른다. 실제로 자신을 해칠 수 있다고 생각하기 때문이다. 사회적 약자인 여성들이 하는 미러링도 마찬가지다. 남성에 대한 차별과 억압이 가능하지 않은 가부장 사회에서 이는 풍자나 저항의 의미를 가질 뿐이다.

인간에게 '말'은 중요한 문제다. 어떤 지배적인 현상이 있어도 이를 일컫는 말이 없다면 잘 인식되지 않는다. 남성들이 여성을 자꾸 가르치려 드는 것도 그렇다. 이런 일들은 우리 주변에서 흔히 발견된다. 그러나 이를 가리키는 말이 없었던 까닭에 잘 인식되지 않았다. 미국의 페미니스트 리베카 솔닛Rebecca Solnit이 '남자들은 자꾸 나를 가르치려 든다'라는 제목의 글을 발표한 뒤 사회적으로 큰 반향이 일어나자, 이를 일컫는 말이 만들어졌다. '맨스플레인(mansplain)'이 그것이다. 이 말은 '남자(man)'와 '설명하다(explain)'를 결합한 것으로, 남성들이 여성들을 아무것도 모르는 아이 취급하며 아는 체하는 것을 말한다.

리베카 솔닛이 쓴 책 『남자들은 자꾸 나를 가르치려 든다』에는 맨스플레인의 전형적인 예가 등장한다. 솔닛은 어느 날 친구와 함께 파티에 참석했다가 돈 많고 나이 지긋한 파티 주최자와 대화를 나누게 되었다. 솔닛이 책을 낸 작가리는 것을 들은 주최자는 어떤 책을 썼는지 말해 보라고 했다. 마치 플루트를 얼마나 배웠는지 어린아이에게 이야기해 보라고 구슬리는 어른과 같은 태도로 말이다. 솔닛이 영국의 사진가 에드워드 머이브리지Eadweard Muybridge에 대한 책을 썼다고 하자, 곧장 말을 자르고는 "올해 머이브리지에 관해서 아주 중요한 책이 나왔다는 거 압니까?" 하고는 그 책에 대해 거만하고 장황하게 설명하기 시작했다. 이 말을 듣던 그녀의 친구가 "그게 바로

이 친구 책입니다." 하고 말했다. 그러나 그는 못 알아들었는지 계속 자기 말만 할 뿐이었다. "그게 바로 이 친구 책"이라고 서너 번 말한 뒤에야 그는 겨우 알아듣고는 얼굴이 잿빛으로 변했다. 알고 보니 그는 책을 읽지도 않았고, 신문에 난 서평을 읽었을 뿐이었다.

이처럼 남자는 여자가 무지하다는 것을 기본 전제로 삼고, '내가 더 많이 안다'는 근거 없는 확신 속에서 가르치려는 태도를 보이는 경우가 많다. 남자들은 왜 이러는 것일까? 자신의 존재감과 지적 우월성을 과시하기 위해? 물론 그런 것도 있다. 그러나 거기에는 더 깊은 의미가 있다. 맨스플레인은 '권력'이 표현되는 방식이다. 남성들은 여성들의 발언권을 가로막음으로써 자신의 권력을 확인하고 유지한다. 남성은 여성과의 대화에서 발언권을 독점하려 한다. 남성만이 자기표현을 할 수 있고, 논의에 참여하고, 존중받을 수 있으며, 상대를 경청하게 할 수 있다고 생각하기 때문이다.

물론 여성도 남성을 가르치거나 잘못을 지적할 수는 있다. 그러나 솔닛에 따르면 그런 경우에는 (특히 그 남성이 기득권의 핵심에 놓인 인물이라면) 여성들은 다음과 같은 세 가지를 의심받는다. '그 발언이 진실한 것인지, 여성이 과연 그런 말을 할 능력이 있는지, 심지어 그럴 권리가 있는지.' 이런 대접을 받는 여성들은 말을 하는 경우에도 소극적일 수밖에 없다. 남자들은 어떤 상황에서도 자연스럽게 말할 수 있지만, 여자들이 말을 꺼내기 위해서는 용기가 필요하다. 사람은 말할 권리가 있어야 생각할 수도 있다. 사람은 말하기 위해 생각하고, 말을 하는 과정에서 여러 가지 생각도 나기 때문이다. 말을 하는 데

제약을 받는 것은 생각할 권리마저 빼앗는 일이나 다름없다.

맨스플레인은 성차별이다. 남자라는 이유만으로 권위와 위계를 한껏 세운 채 여성을 가르치고 말문을 막을 수 있는 조건에서, 남성들은 근거 없는 과잉 확신을 키운다. 이러한 과잉 확신 속에서 여성에 대한 혐오와 비하, 폭력은 쉽게 발생한다. 인권 문제와 관련해 발언권은 매우 중요하다. 발언권이 주어져야 사람은 존엄과 자유를 누릴 수 있고, 이를 통해 온전한 시민으로 성장해 나간다. 일상에서 발언권을 가진 주체로, 남성과 동등한 대화의 상대로 인정받지 못하는 여성들은 시민권도 제한받는 셈이 된다.

### 하위 키워드 ③ 성적 대상화

여성에 대한 성적 대상화의 뿌리는 매우 깊다. 엄마의 배 속에서든 태어나서든 성별이 확인되는 순간부터 여자아이들은 핑크로 치장되기 시작한다. 옹알이를 하기 시작하면 사람들이 "예쁜 짓!" 하고 외치며 여자 아기가 애교를 떨어 주기를 바란다. 여자아이들은 크면서 어떻게 행동하고, 말하고, 생각하는 것이 여성다운 것인지를 배워 나간다. 성별 고정관념에 맞는 행동을 하면 칭찬을 받고, 그렇지 않으면 꾸지람을 듣는다. 2차 성징이 드러나는 때부터는 몸에 대한 품평이 시작된다. 소녀의 몸을 두고 날씬하네, 뚱뚱하네, 예쁘네, 안 예쁘네 하는 식의 말들이 오간다. 예쁜 소녀는 추앙받고, 그렇지 않은 소녀는 멸시의 대상이 된다.

여성의 성적 대상화에 가장 앞장서는 것은 단연 대중매체다. 영화, TV, 신문, 광고 등에서 여성은 노골적으로 남성의 성적 대상물로 표현된다. 미인의 기준은 당연히 섹시함이고, 성적 욕망을 불러일으키는 여성이 가장 아름답다고 평가된다. 남자 연예인에 대한 성적 대상화도 이루어지기는 하지만, 그 정도와 수준이 여성에게 비할 바는 아니다. 요즘에는 특히 10대 여성에 대한 성적 대상화가 심하다. 걸 그룹은 '소녀'와 '섹시'가 합쳐진 대표적인 상품이다. 순진무구함과 조숙한 성적 매력이라는 모순된 이미지가 요구된다.

대중매체에 이렇게 성적 대상화가 넘쳐 나는 이유는 무엇일까? 이는 성적 자극이 기업의 이익을 도모하는 데 편리하기 때문이다. 방송국이나 신문사, 영화사도 기업이고, 거기에 광고를 주는 것도 기업이다. 기업들은 이익 추구가 궁극적인 목적이고, 이를 위해서는 대중의 이목을 사로잡아야 한다. 자신들이 만든 공산품이나 문화 상품을 팔기 위해서는 대중에게 쉽게 어필할 수 있는 자극이 필요하다. 가장 쉬운 자극이 바로 시각적인 성적 자극인데, 이를 위해 여성의 성적 대상화가 광범위하게 이루어진다.

대중매체의 사회적 영향력은 크다. 대중매체는 여성의 몸을 일종의 '외모 자본'으로 인식하게 만든다. 이로부터 여성에게는 '몸에 대한 자기소외'가 발생한다. 몸은 내 것이기는 하지만 내 마음대로 할 수 없고, 남의 시선을 만족시켜야 하며, 남의 인정을 받아야 하는 물건과 같은 존재로 전락한다. 나의 몸은 사람들에게 잘 팔려야 하는 하나의 상품이고 스펙이다. 특히 성적 매력을 잃지 않도록 평소 잘 관리하고 가꾸는 노력이 필요하다. 이는 직장 생활 같은 공적인 일뿐 아니라, 연애 같은 사적인 일을 해 나가는 데 있어서도 중요한 요소가 된다.

성적 대상화는 기본적으로 사람을 인간 이하의 것으로 취급하는, 곧 비인간화시키는 행위다. 성적 대상화는 한 인간이 가진 여러 요소들, 인격, 감정, 매너, 문화, 기질, 재능, 존엄을 제거하고, 그 사람의 몸이 가진 성적 기능에만 주목한다. 여성에게 강요되는 순결 관념은 흔히 좋은 것으로 여겨진다. 외설과 반대되기 때문이다. 그러나 이것도 몸이 가진 성적 기능에만 집착한다는 점에서 성적 대상화의 하나로 볼 수 있다. 사회에 만연한 성적 대상화는 여성들에게 한편으로는 자기 외모와 관련해 위축과 검열, 혐오를, 다른 한편으로는 자기 성애화(sexualization)를 불러일으킨다.

# 인종차별

_ 인종 서열화를 넘어서

우리나라 사람들은 오랫동안 단일민족 의식을 갖고 살아온 까닭에 '인종차별'은 남의 일이라고 생각해 왔다. 그래서 인종차별 문제에 대해 깊이 있게 생각해 보거나 논의해 본 적이 없고, 무의식적으로 인종차별적 언행도 쉽게 한다. 우리나라도 2000년대 들어 외국인 노동자, 결혼 이민자, 다문화 가족 자녀들이 많이 늘었고, 지금도 늘고 있는 추세다. 이제는 우리도 인종차별 문제를 깊이 고민해 볼 시점이 되었다.

# 인종차별

　'인종차별'은 부와 힘을 가진 인종이 다른 약소 인종을 억압하는 것을 말한다. 현재 전 세계의 패권을 움켜쥐고 있는 이들은 말할 것도 없이 백인이다. 백인들은 인종차별 사회 문화 구조의 가장 큰 수혜자이며, 이를 만든 주체다. 백인들은 제국주의 시대, 식민지 지배를 하면서 인종차별의 이데올로기를 전 세계에 흩뿌려 놓았다. 그렇다고 백인만이 인종차별을 한다는 말은 아니다. 사회 문화 구조가 가진 힘은 무서운 것이어서, 한번 정착된 사회 문화 구조는 여타의 인종들 사이에서도 작동한다. 우리나라 사람들이 동남아 노동자들을 무시하고 억압하는 것도 그렇다.

　인종차별은 경제 위기에 심화되는 경향이 있다. 우리나라에서도 인종 혐오 정서가 확산되기 시작한 것은 2008년부터였다. 2008년 미국발 금융 위기가 있었고, 많은 사람들이 실직, 도산, 폐업하면서 '외국인 노동자들이 일자리를 뺏어 간다'는 주장이 설득력을 얻기 시작했다. 그러나 외국인 노동자들은 그전부터 꾸준히 유입되었고, 그들의 노동력은 경제성장의 동력으로 이용되었다. 호황일 때는 그들의 노동력을 잘 써먹고 경제 위기가 닥치자 그들에게 실업의 책임을 전가하는 것은 위선이다.

미국의 유명한 사회학자 이매뉴얼 월러스틴Immanuel Wallerstein은 인종차별에 대한 매우 거시적인 시각을 보여 준다. 그에 따르면, 자본주의 체제는 차별과 배제를 전제로 한다. 자본주의 체제의 모든 국가는 국민들을 계급적·인종적으로 구분하고 차별한다. 계급차별과 인종차별은 깊은 관계가 있다. 계급차별이 인종차별의 외피를 쓰고 행해지면 별문제 없는 것으로 받아들여진다. 사람은 누구나 실직, 사업 실패, 경제 위기 등으로 빈곤해질 가능성이 있지만, 백인이 어느 날 흑인이 되는 일은 없다. 인종차별은 계급적 불평등을 수용 가능한 것으로 세탁해 주는 역할을 한다. 따라서 월러스틴은 인종주의를 자본주의 세계 경제 질서의 본질적 요소로 본다.

프랑스의 유명한 사회학자 피에르 부르디외도 이런 말을 했다. "국가는 인종차별적 경멸과 폭력을 자극시키거나 정당화시킨다. 이것은 전체주의 국가만의 일이 아니다." 국가는 인종차별을 선동하거나 방조함으로써 산적한 사회문제로 인한 분노와 불만을 엉뚱한 곳으로 돌리고, 자신의 책임을 면제받는다. 인종차별이 유발하는 열등의식도 통치에 이롭다. 일상적으로 천대받는 사람은 자존감이 붕괴된다. 그런 사람은 '내가 못나서 이런 대접을 받는다', '무시당할 만하니까 무시당한다'는 식의 의식적 자기 학대를 일삼게 된다. 이러한 열등의식은 하층민의 정치적 능력을 최소한으로 억제하는 기능을 한다.

　인종차별은 경제적인 측면에서도 중요한 역할을 한다. 값싼 산업예비군을 생산해 내기 때문이다. 자신을 천하게 생각하는 사람은 결코 자신의 몸값을 높게 부르지 않는다. 값싼 노동력은 기업의 이익을 증대시킨다. 헐값에 인력을 언제든지 구할 수 있고, 필요할 때 썼다가 필요 없으면 언제든지 자르기 위해서는 값싼 산업예비군이 필수적으로 있어야 한다. 기업의 이익이 극대화되기 위해서는 자신을 천하게 여기는 사람이 한 사람만 있으면 안 된다. 여러 사람이 있을수록 좋다. 그래야 헐값에라도 자신의 노동력을 팔기 위해 서로 경쟁할 것이기 때문이다. 인종차별은 이에 충실히 따른다.

　'나는 인종주의자'라고 대놓고 말하는 사람은 드물다. 양심에 찔리기 때문이다. 그런 까닭에 인종차별은 내밀하게 이루어지는 경우가 많다. 예를 들어 미국의 온라인 데이팅 사이트 '오케이큐피드(OkCupid)' 회원의 84%는 "인종차별주의자와 데이트하지 않겠다"고 답했다. 하지만 실제 파트너 선택에서는 백인 선호, 흑인에 대한 저평가가 명백하게 드러났다. 우리도 마찬가지다. 이명박 정부 시절, 독일 출신의 방송인 이참이 한국관광공사 사장으로 임명되었을 때는 별 이견이 없었지만, 필리핀 출신 방송인 이자스민이 2012년 비례대표로 국회의원이 되었을 때는 '왜 필리핀 여자를 국회의원 시켰냐'는 댓글로 도배가 되었다. 우리 안의 인종주의를 되돌아보지 않으면 안 된다.

'아파르트헤이트(Apartheid)'는 '격리', '분리'라는 뜻의 아프리칸스어(Afrikaans language)다. 여기서 '분리'는 백인과 흑인을 분리하는 것을 말한다. 참고로 '아프리카'라는 말이 들어가 있다고 해서 아프리칸스어를 아프리카 흑인이 쓰던 말로 오해하면 안 된다. 이는 본래 네덜란드 방언에서 파생된 언어로, 남아프리카공화국(이하 '남아공') 공용어 중 하나다. 쉽게 말해, 아파르트헤이트란 남아공에서 행해진 '흑백 분리 정책'을 일컫는다. 네덜란드 방언에서 파생된 '아파르트헤이트'라는 말이 남아공의 극단적인 인종차별 정책의 대명사로 전 세계에 알려지게 된 이유는 무엇일까?

아파르트헤이트를 주도한 이들은 네덜란드에서 이주해 온 보어인이다. '보어(Boer)'는 네덜란드어로 '농부'라는 뜻인데, 그들은 주로 농업과 목축에 종사했으므로 스스로를 보어라 칭했다. 17세기 중반 이후 남아프리카로 이주해 온 이들은 1948년 남아공의 권력을 잡은 뒤, 본격적으로 인종 분리 정책을 실시했다. 아파르트헤이트의 내용은 이렇다. 우선 모든 시민을 백인, 흑인, 혼혈(Coloured), 인도인 등으로 나누었다. 그리고 모든 시민에게는 인종이 명시된 신분증을 지급했다. 흑인들은 본래 살던 농지와 목초지에서 쫓겨나 따로 마련된 흑인 거주 지역에서 살아야 했다. 이를 위해 남아공 백인 정부는 전체 인구의 절반이 넘는 흑인들을 국토의 10% 정도 되는 황무지에 강제 이주시켰다. 그들은 흑인들을 황무지에 갖다 버린 것이나 다름

없었다.

흑인들은 백인들이 활동하는 대도시와 거주 지역에 함부로 출입해서도 안 되었다. 흑인의 도시 거주는 백인에게 고용된 노동자에 한해 허용됐는데, 그들은 각종 공공 시설물들을 마음대로 이용할 자유가 없었다. 버스, 병원, 학교, 해변은 물론이고, 공원 벤치조차 백인용과 흑인용이 따로 정해져 있었다. 흑인이 이용할 수 있는 시설물들은 말할 수 없이 허름하고 지저분한 것이었다. 일몰 이후 흑인이 거리에 있는 것조차 불법이었다. 흑인은 토지를 소유할 수도 없었고, 가질 수 있는 직업도 제한되었다. 직업 제한은 백인들의 일자리를 보호하고, 흑인들이 부와 권력을 가질 기회를 원천적으로 차단하기 위한 것이었다. 흑인과 백인 간의 혼인도 금지되었다. 흑인들에게는 노동조합 활동과 정치 참여조차 허용되지 않았다.

아파르트헤이트의 정치적 명분은 흑인과 백인은 인종적 특성과 문화가 너무 달라 따로 떨어져 사는 게 서로에게 이롭다는 것이었다. 이를 '분리에 의한 발전'이라고 표현했다. 그러나 그 분리는 공평하지 않았을 뿐 아니라, 유색인종에 대한 시민권 박탈, 인권유린, 집단 학대를 내용으로 하는 것이었다. 억압이 있는 곳에 저항이 있는법. 아파르트헤이트가 공식 종료된 1994년까지 이 정책으로 인해 희생된 사람의 숫자는 305만 명에 이른다. 1994년은 오랜 세월 동안 인종차별 정책에 항거해 온 넬슨 만델라Nelson R. Mandela가 선거를 통해 대통령에 취임한 해다. 그때 비로소 아파르트헤이트는 공식 종료되었다.

남아공의 백인 정권이 이렇게 가혹한 인종차별 정책을 편 데에는 흑인들에 대한 두려움이 깔려 있었다. 남아프리카에는 처음에는 네덜란드인이, 그다음에는 영국군이 몰려왔다. 1795년 영국군의 케이프타운(Cape Town) 점령을 필두로 남아프리카는 영국의 식민지가 되었고, 그때부터 흑인에 대한 백인의 지배가 시작되었다. 전체 인구의 16%에 불과한 백인들은 다수의 흑인 민족들에게 영토와 재산을 빼앗기고 흑백 혼혈로 피가 더럽혀져 흡수되지 않을까 두려워했다. 결국 소수 백인들의 식민지 지배가 아파르트헤이트의 근본 원인이었다.

한마디 더 하면, 아파르트헤이트가 종료되었다고 해서 남아공에서 인종차별이 사라졌다고 생각해서는 안 된다. 아파트르헤이트의 종식은 정부의 '공식 정책'의 종료를 의미할 뿐, 유색인종에 대한 사회 문화적 편견과 경제적 차별은 여전히 심각한 문제로 남아 있다.

### 하위 키워드 ② 다문화주의

다문화 현상은 세계화의 산물이다. 세계화는 세계적 차원의 인력 이동을 촉진하고, 필연적으로 한 사회 안에서 다양한 민족문화의 접촉을 유발한다. 한 사회 안에 다양한 인종과 문화가 혼재하면, 정부는 이를 어떻게 바라보고 처리해야 할지 고민할 수밖에 없다. 정부에는 두 가지 선택이 있다. 하나는 이민자나 귀화자를 거주국 고유의 문화에 동화시키는 것, 다른 하나는 다양한 문화가 사회에 잘 뿌리내리도록 배려하는 것이다. 전자를 '동화주의'라 하고, 후자를 '다문화주의'라 한다.

정부가 동화주의를 채택하면, 민족 고유의 문화를 지킬 수 있다. 그러나 이민자나 귀화자는 이를 인권침해나 인종차별로 느낄 수 있다. 생각해 보자. 우리가 외국에 가서 살게 되었는데, "당신이 이제까지 가졌던 문화를 포기하고 여기 문화를 새롭게 받아들여라. 그렇지 않으면 온전한 사회생활이 힘들 것이다."라고 말하면 어떨까? 차별과 폭력으로 느껴질 것이다. 반면에 다문화주의를 채택하면, 인권침해나 인종차별이 생길 일이 별로 없다. 다문화주의 정책으로는 복수 국적 허용, 방송 매체 등에서 소수 언어 지원, 학교·군대·사회 등에서 전통 복장이나 종교 활동 허용, 소수민의 축제나 음악·예술 등을 지원, 정치·교육 등에서 소수 인종의 대표성을 인정해 주는 것 등이 있다. 이런 정책을 실시하면, 사회 전체의 문화 구조 변화를 감수해야 한다. 간단히 말해 동화주의는 이민자나 귀화자에게 '당신이 우리에게 맞추라'는 것이고, 다문화주의는 '우리도 변하겠다'는 것이다.

우리나라는 동화주의와 다문화주의 중 무엇을 택하고 있을까? 동화주의에 가깝다. 우리나라의 이주민 지원 사업들은 주로 한국어 교실, 한국 문화 배우기 등 한국 사회와 가족제도에 동화시키는 내용으로 채워져 있다. 이주 노동자들에게는 투표권도 없다. 외국인은 5년 이상 거주해야 영주권이 나오고 영주권을 가진 후 3년이 지나야 투표권이 생기는데, 영주권을 얻지 못하도록 한 번에 최장 4년 10개월만 머물게 하고 있다. 결혼 이주 여성들은 배우자(남편)의 신원보증이 있어야만 체류 자격을 갱신할 수 있다. 이혼할 경우에도 '남편의 귀책사유'를 입증하지 못하면 한국에 체류할 수 없다. 이혼하면 우리나라를 떠나야 한다는 말이다. 거주권이 한국인 남편의 손에 쥐어져 있는 것이다.

우리나라에 체류하는 외국인이나 이민자는 두 가지 기능을 한다. 하나는 당장의 노동력 확보, 또 하나는 가족 재생산이 그것이다. 우리나라는 제조업, 건설업, 농·축산업, 어업 등 3D 업종에서 고질적인 노동력 부족에 시달리고 있다. 그러니 외국인 노동자를 받아들일 수밖에 없다. 게다가 우리나라는 저출산 문제도 심각하다. 태어나는 아기의 수가 줄면, 군인 수와 경제 생산 인구가 줄어 국방력과 경제력이 타격을 입는다. 정부는 이런 이유들 때문에 체류 외국인과 이민자의 증가를 허용하고 있다. 그럼에도 그들에게 온전한 성원권(사회 구성원으로서 가질 수 있는 권리)은 주지 않고 있다.

한 사람이 사회에서 살아가기 위해서는 많은 정치적·사회적 권리가 필요하다. 주거권, 교육권, 의료를 포함한 각종 복지, 선거권과 피선거권, 집회 결사의 자유 등이 대표적이다. 이런 권리도 주지 않은 채 그 사람에게서 특정 기능만 추출해 이용하려는 행위는 비인간적이고, 있어서는 안 될 일이다. 이런 일들은 사회적 갈등만 증폭시킬 뿐이다. 크게 보면, 다문화 현상은 우리 선택의 결과는 아니다. '세계화'라는 거대한 사회적 압력에 의한 것이다. 외국인 노동자와 이민자들 역시 세계화라는 조류에 휩쓸려 우리와 함께 살게 되었을 뿐이다. 중요한 것은 그들도 우리와 똑같은 인권과 인격을 가진 '인간'이라는 점이다. 좋든 싫든 그들과 함께 살아야 한다면, 그들 역시 우리 시민으로 대우해야 한다. 이는 우리 제도문화를 지키는 것 이상으로 중요하다.

### 하위 키워드 ③ 유대인 혐오

유대인은 본래 팔레스타인에 살던 종족이다. 그러다 기원전 8세기 아시리아의 침략을 시작으로 외세의 침입이 계속되면서 유럽과 소아시아로 흩어져 살게 되었다. 이렇게 흩어져 살게 된 것을 '디아스포라(diaspora, 離散)'라 한다. 자기 땅을 잃고 남의 땅에 들어가 살게 된 유대인들은 여느 소수민족들과 마찬가지로 차별당하며 살았다. 보통 소수민족들은 오랜 세월이 지나면 거주국의 문화에 동화되어 사라지는 것이 보통이다. 그런데도 유대인들은 수천 년이 지난 지금까지도 정체성을 유지하고 있다. 어떻게 이런 기적 같은 일이 생겼을까?

가장 큰 이유는 『성경』 때문이다. 기독교는 유대교에 뿌리를 두고 있다. 그런 까닭에, 『구약성경』에는 유대인들의 민족 신이자 유일신인 야훼 하느님의 역사(役事)와 신화가 '모세오경', 즉 「창세기」, 「출애굽기」, 「레위기」, 「민수기」, 「신명기」에 기록되어 있다. 기독교는 313년 고대 로마의 황제 콘스탄티누스 1세Constantinus I가 공인한 이후, 명실공히 백인의 종교로 번창해 왔다. 유대교가 기독교와의 관계 속에서 끊임없이 환기되고 교육되는 한, 유대인의 정체성은 사라질 수 없었다. 유대인들이 예수를 죽인 족속이라는 이유로 많은 박해를 받은 것 역시, 오히려 유대인이라는 자기 정체성을 끊임없이 상기시켜 주는 기제로 작동했다.

　낯선 곳에 정착한 유대인들은 이방인으로서 어떤 계급적 기반도 없었다. 관료로 진출하거나 길드에 가입하는 것, 땅을 사는 것도 금지되었다. 유대인들은 주로 행상, 고리대금업, 브로커, 유통업에 종사할 수밖에 없었다. 언제 어떤 종교적 박해나 모함을 받아 거주지에서 쫓겨날지 모르는 처지에서, 유대인이 믿을 것은 돈밖에 없었다. 돈만이 자신을 지킬 수 있는 무기이자 요새였다. 그래서 악착같이 장사하고, 고리대금업을 해 부를 축적했다. 이런 생존 방식 때문에 유대인은 인색한 수전노, 돈을 위해서는 무슨 일이든 마다 않는 무뢰한 등으로 매도당했다. 특히 고리대금업에 대한 반감이 심했는데, 기독교 교의(敎義)에서 이자 취득은 죄악이었기 때문이다.

　중세가 지나자 종교적인 이유로 인한 유대인 박해는 줄었다. 그러나 파시즘과 민족주의가 부상하면서 민족 차별주의로 옷을 갈아입고 다시 포그롬(pogrom, 유대인 사냥)이 시작되었다. 대표적인 예가 범게르만주의(Pan-Germanism)를 주장하며 유대인을 학살한 히틀러Adolf Hitler와 나치였다. 유대인은 경제 파탄, 정치 불안, 계급 갈등, 전쟁, 공동체 파괴, 기근, 물가 상승, 인구 폭발, 전염병 등 다양한 이유로 사회적 긴장이 높아질 때마다 엉뚱한 희생양이 되어 왔다. 사회적 긴장은 공격성의 분출구를 요구했고, 유대인은 흔히 '공격성의 방향 전환'을 위한 타깃으로 조장되고 선동되었다.

현재 유대인은 전 세계의 절대 강자다. 전 세계 정치, 경제, 사회, 문화를 지배하고 있다. 고리대금업이나 브로커 일을 하면서 축적해 온 숫자 관념, 정보 교류, 상술, 경영, 새로운 사업 발상 등이 자본주의 체제에서의 성공에 유리하게 작용했기 때문이다. 그동안의 역사를 살펴볼 때, 억압받은 자로서 유대인들은 또 다른 억압받는 자들을 대변해야 마땅하다. 과연 그렇게 하고 있을까? 전혀 그렇지 않다. 아이러니하게도 지금의 유대인들은 또 다른 가해자가 되어 있다. 대표적으로 팔레스타인 사람들에 대한 이스라엘 유대인들의 무자비한 학살이 그렇다. 세계의 지배자가 된 유대인들은 예전의 피해자 이미지를 이용해, 자신들에 대한 정당한 비판까지도 '반유대주의'로 몰아붙이곤 한다. 씁쓸한 일이 아닐 수 없다.

우리가 '인종차별' 하면 '유대인 혐오'를 떠올리게 된 것도 유대인들의 부와 권력에 기반한 '홀로코스트(Holocaust) 산업' 때문이다. 역사적으로 나치에 의한 유대인 학살보다 더 심각한 사건들은 많았다. 대표적으로 백인들의 인디언 학살이 그랬다. 미국 인디언 전쟁 당시 살해당한 인디언 숫자는 5,000만~1억 명, 비율은 전체 인구의 90~95%에 달했다. '미국인의 인디언에 대한 홀로코스트'가 '나치의 유대인에 대한 홀로코스트'보다 더 심각했다. 그럼에도 유대인들은 자신들에 대한 홀로코스트가 유일하고, 그 규모나 잔혹성 면에서 가장 심각했다고 주장한다. 이런 '홀로코스트의 유일성' 주장 이면에는 유대인의 유일성과 우월성을 강조하는 또 다른 인종차별주의가 깔려 있다.

# 개인주의

_ 공동체가 사라진 시대의 자아분열

**중심 키워드**

개인주의

**하위 키워드**

나르시시즘, 셀피, 쿨

옛날에는 형벌 중에 '추방'이라는 것이 있었다. 추방이 형벌이 될 수 있었던 이유는 공동체에서 쫓겨나면 굶주리거나, 다른 무리의 공격을 받거나, 맹수에게 물려 죽는 경우가 많았기 때문이다. 이처럼 추방은 생존을 위협하는 무서운 형벌이었다. 지금도 마찬가지다. 사회적 동물인 사람은 여전히 혼자 살 수 없다. 그럼에도 '개인주의'는 우리의 생활·문화와 관념에 깊숙이 침투해 있다. '나르시시즘', '셀피', '쿨'은 개인주의를 기반으로 한 현상이면서, 한편으로는 개인주의를 부추긴다.

# 개인주의

근본적인 관점에서 보면, '개인주의'라는 말은 쉽게 성립할 수 있는 것이 아니다. 인간은 사회적 동물이고, 집단을 이루어 살기 때문이다. 잘 알다시피 집단, 공동체, 사회 같은 개념은 개인과 대척점에 있다. 공동체를 이루며 사는 사람들에게 '개인(individuum)'이라는 개념은 오랫동안 필요가 없었다. 개인이라는 말을 이해하기 위해서는 나와 남을 분명히 구별하는 감각이 필요한데, 공동체 생활을 하는 사람들에게는 그런 감각이 거의 없었다. 그래서 이 말은 한참 뒤, 그러니까 중세에 이르러서야 생겼다. 개인이라는 말이 생긴 후에도 사람들에게 그것은 비사회적 존재거나 사회 밖에 존재하는 사람을 일컫는, 이상한 말로 들렸다.

개인주의는 근대의 산물이라고 할 수 있다. 무엇보다 '이것은 내것'이고, '저것은 네 것'이라는 사유재산 관념의 보편화가 결정적이었다. 르네상스 시대 이전에도 사유재산은 있었지만, 개인이 공동체로부터 빼앗은 물건이라는 생각이 지배적이었다. 그러나 그런 생각이 르네상스 시대 이후에는 사라졌다. 이제 재산은 개인의 것이어야 하고, 사회는 정당한 법률 절차를 밟지 않고는 개인의 재산을 빼앗아서는 안 되었다. 이런 생각은 나아가 개인과 사회의 관계도 뒤집었다. 예전에는 사회와 공동체가 최고 가치였다면, 지금은 '개인이 최종 목표이자, 최고 가치다. 사회 역시 이를 실현하기 위한 수단에 불과하다'. 바로 이런 생각이 개인주의다.

'개인의 존엄을 이렇게 떠받들어 주다니! 그렇다면 개인주의란 좋은 것 아닌가?' 하고 생각할지 모르겠다. 그러나 개인주의에는 어두운 측면도 있다. 우리나라도 그렇지만, 많은 나라에서 근대 산업화 과정은 지역의 소규모 공동체들이 해체되는 과정이었다. 농사를 지으며 이웃과 협력하고 살았던 농민들은 대도시로 이주해 산업 노동자로 일하며 생존경쟁에 몰두하게 되었다. 그 치열한 경쟁 속에서 개인주의가 폭발적으로 확산되었다. 개인주의란 어떤 측면에서 '고립'의 듣기 좋은 이름이었다.

정치권력의 입장에서도 개인주의의 확산은 결코 나쁘지 않다. 지역공동체가 해체되어 버린 상태, 즉 국가가 유일한 공동체가 되어 버린 상태에서 개인들은 국가를 통해서만 공동체적 유대감을 느끼게 된다. 개인주의의 확산은 정치권력을 더욱 거대하게 만든다. 개인화된 국민은 모래알처럼 흩어져 힘이 없을 뿐 아니라, 집단 지성도 잘 발휘되지 않는다. 정치권력의 입장에서 보면, 속이고, 동원하고, 지배하기 쉬운 상태가 된다. 그뿐 아니라 개인주의가 확산되면, 온갖 사회적 부조리로 인한 불행을 개인 탓으로 돌릴 수 있게 된다. 그로 인해 면책받는 것 역시 정치권력이다.

개인주의는 시장에 의해서도 추동된다. 예를 들어 예전에는 전화가 각 가정마다 한 대씩 있었다. 그러나 지금은 가족들이 모두 자신의 휴대전화를 하나씩 갖고 있다. 당연히 가정에 집 전화 한 대만 달랑 있을 때보다 통신업체의 이익은 대폭 증가했다. 지금은 한 가족이 모여도 각자 자신의 휴대전화를 들여다보고 있는 풍경이 낯설지 않게 되었다. 함께 있어도 따로 있는 것이나 마찬가지인 상황이 된 것이다. 이처럼 시장은 소비 단위를 개인으로 분할함으로써 확대되고, 이는 개인주의적 생활양식의 발달로 귀결될 수밖에 없다.

## 하위 키워드 ① 나르시시즘

나르키소스Narcissus는 천진무구한 16세 미소년이다. 어느 날 그는 목이 말라 샘에 갔다가, 물에 비친 자신의 아름다운 모습에 넋이 나가 갈증도 잊어버리게 된다. 나르키소스에게는 본래 에코(echo, 메아리)라는 여자 친구가 있었다. 에코는 요정으로, 나르키소스의 목소리를 그대로 흉내 냈다. 예를 들어 나르키소스가 "Is there anyone near me?" 하고 말하면 에코는 "me"라고 대답했다. 에코의 반응은 나르키소스를 기쁘게 했지만, 충분한 만족을 주지는 못했다. 그런데 이 물 속의 존재는 자기가 팔을 벌리면 같이 따라 벌려 주고, 웃으면 같이 웃어 주었다. 완벽하게 자신과 하나인 것이다. 이처럼 만족스러운 대상을 나르키소스는 지금까지 본 적이 없었다. 나르키소스는 물

속에 있는 자신을 잡으려다가 그만 물에 빠져 죽고 말았다.

그리스 신화에 나오는 이 이야기는 몇 가지 교훈을 준다. 첫째, 인간은 합일의 욕구, 즉 어떤 대상과 하나가 되고자 하는 욕구를 갖는다. 에코의 반응에 불만족스러워했던 나르키소스가 물에 비친 자신의 모습에 매료된 이유는 자기 동일성이 완벽하게 충족되었기 때문이다. 둘째, 인간에게 '있는 그대로의 나'란 존재하지 않는다. '나'는 '내가 사랑하는 나로서' 존재한다. 셋째, 인간은 자신을 확장할 수 있으며, 확장된 자신에게 끌린다. 물속에 비친 나르키소스의 모습은 확장된 자신을 상징한다. 넷째, 극단적인 자기애는 결국 자기 파멸을 낳는다. 인간이 살아 나가기 위해서는 자기애가 전혀 없어서는 안 되지만, 자신만을 사랑하는 극단적인 자기애를 가져서도 안 된다. 이 둘은 모두 자기 파멸을 의미할 뿐이다.

'나르시시즘(Narcissism, 자기애)'은 나르키소스의 이야기에 착안, 1899년 독일의 정신과 의사 파울 네케Paul Näcke가 만든 용어로, 본래는 자신을 성적 욕망의 대상으로 삼는 것을 일컬었다. 프로이트 Sigmund Freud에 따르면, 나르시시즘에는 '일차적 나르시시즘'과 '이차적 나르시시즘'이 있다. 일차적 나르시시즘은 유년기에 시작된다. 아기는 자신과 대상을 구분하지 못한다. 아기가 느끼는 따뜻함, 음식, 만족, 안전, 그리고 유쾌한 상태는 그 근원인 어머니와 구별되지 않는다. 그런 일체감 속에서 아기가 느끼는 만족감이 '일차적 나르시시즘'이다.

그러나 아기의 행복은 오래가지 않는다. 아기는 성장하고 언어를 습득함에 따라 자신과 대상을 구별하게 된다. 젖을 먹는 데서 얻는 만족은 젖꼭지와 구별되고, 어머니의 가슴은 어머니와 구별된다. 자신과 대상의 동일성은 깨지고, 어머니와도 합일 상태에서 벗어나게 된다. 따라서 어머니가 아닌 다른 대상에게 리비도(libido, 성적 에너지)를 투사하여 합일에의 욕구를 만족시키고자 한다. 이것이 '이차적 나르시시즘'이다. 모든 인간은 이차적 나르시시즘을 만족시키는 과정에서 필연적으로 '성숙해질 것'을 요구받는다.

우리는 흔히 자기애를 이기심과 동일시하고 이를 부정적으로 생각한다. 그러나 진정한 자기애는 이기심과 거리가 멀다. 그것을 우리는 '성숙한 나르시시즘'이라 부를 수 있다. 붓다는 '자기가 사랑스러움을 아는 사람은 다른 사람을 해치지 않는다'고 했고, 소크라테스는 '자기애가 전제되지 않은 타자애는 불가능하다'고 보았다. 예수는 '네 이웃을 네 몸처럼 사랑하라'고 했으며, 공자도 '자기가 하고자 하지 않는 바를 남에게 베풀지 말라'고 했다. 타인에 대한 사랑과 자신에 대한 사랑은 양자택일이 아니다. 오히려 나르시시즘은 타인에 대한 사랑을 추동시키는 원천적인 힘이 될 수 있다.

**하위 키워드 ②  셀피**

'셀피(selfie)'는 '자가 촬영 사진'을 일컫는 신조어로, 자신의 모습을 직접 찍은 사진을 말한다. 우리가 일상적으로 쓰는 '셀카(셀프 카메라)'와 같은 말이다. 요즘 사람들은 셀피를 많이 찍는다. 왜 그럴까?

이에 대한 가장 상투적인 대답은 '다른 사람들과 소통·교감하고 싶은 심리' 때문이라는 것이다. 실제로 사람들은 셀피를 그냥 찍기만 하는 것이 아니라, 각종 소셜 미디어(페이스북, 트위터, 카카오스토리 등)에 올린다. 이를 보면 그 말은 맞는 것처럼 보인다.

그러나 이는 피상적인 이유에 불과하다. 우선 셀피 열풍을 주도한 것은 명실상부 휴대전화이기 때문이다. 휴대전화에 카메라 기능이 추가되기 전까지 셀피 열풍은 생겨나지 않았다. 소통하고자 하는 심리가 있어 셀피를 찍는다기보다는 휴대전화가 생기고 나서 셀피를 찍게 되었다는 것이 맞다. 카메라는 옛날부터 있었다. 그러나 카메라는 평상시에 갖고 다니는 물건이 아니었다. 어디 여행 갈 때나 들고 가던 물건이었다. 반면에 우리는 휴대전화를 늘 몸에 지니고 다닌다. 휴대전화에 카메라 기능이 장착됨으로써 사람들은 언제 어디서나 사진을 찍을 수 있게 되었다. 카메라가 있다고 해서 남을 마음대로 찍을 수는 없다. 가장 찍기 만만한 것은 자기 자신일 수밖에 없다. 셀피를 찍어 소셜 미디어에 올리는 사람이 많아지면서, 셀피는 하나의 대중문화기 되었다.

일반적인 카메라의 주된 용도는 나 밖의 타자를 찍는 것이었다. 일반적인 카메라로도 자신을 찍을 수는 있지만, 그러기 위해서는 남의 손을 빌려야 했다. 타인에게 카메라를 맡기며 "죄송하지만 사진 좀 찍어 주실래요?"라며 부탁해야 했다. 그러나 휴대전화가 상용화된 지금은 그럴 필요가 없다. 자신을 찍는 것은 물론, 단체 사진도 셀카봉을 이용해 스스로 찍는다. 본래 사진을 찍는 일은 세상을 바라보는 일이고, 남과 관계를 맺는 일이었다. 그러나 오늘날의 셀피 열풍은 사진 찍기를 자폐적인 행위로 만들어 버렸다.

셀피는 자신에 대한 관심을 높일까? 아마도 그럴 것이다. 그러나 이는 자신의 내면에 대한 관심이라기보다 외면에 대한 관심이라 할 수 있다. 자꾸 자신을 찍다 보면, 내가 남에게 어떻게 보일지를 신경 쓰게 된다. 일종의 자기 검열 메커니즘이 작동되는 것이다. 셀피를 소셜 미디어에 올리는 것을 진심 어린 소통이라고 볼 수 있을까? 있는 그대로 '나는 이런 사람이오' 하고 허심탄회하게 자신을 드러낸다면 그럴 수도 있다. 그러나 일반적으로 소셜 미디어에 게시된 셀피들은 과도하게 포장된 이미지인 경우가 많다.

셀피가 전달하는 주된 메시지들은 이렇다. '나는 멋지다', '나 맛있는 거 먹었다', '나 좋은 데 다녀왔다', '내 자식 예쁘다' 같은 내용이 대부분을 차지한다. 이는 유치한 자기 과시다. 서로 '행복 경쟁'이라도 벌이는 듯한 개인들의 셀피를 보고 있노라면, 그 주인공들에게는 아무런 불행과 어려움, 고민도 없을 것 같은 생각이 든다. 그러나 이는 사실이 아니다. 세상에 아무런 고민도 어려움도 없는 사람이 어디 있겠는가. '나는 지금 행복에 겨워 죽겠다'는 것을 굳이 강조해야 한다면, 이것이 말하는 바는 오히려 명확해진다. '나는 아직 건재하다', '나 아직 죽지 않고 살아 있다'는 사실을 스스로 알리지 않으면 안 되는 애처로운 실존적(사회적) 상황, 이에 대한 반영일 가능성이 높다.

누군가 나에게 "와, 너 쿨하다!"라고 하면 어떤 기분이 들까? 혹은 '차도남(차가운 도시 남자)'이나 '차도녀(차가운 도시 여자)'라고 한다면? 아마 나쁘지 않을 것이다. 오히려 기분이 좋을지도 모르겠다. 왜냐하면 요즘에는 '쿨하다'가 '멋있다'와 거의 동의어로 쓰이기 때문이다. 어느 순간 '쿨'은 현대인의 이상적 기질과 태도로 자리 잡았다. 잘 알다시피 쿨(cool)은 '차갑다'는 말이다. 언뜻 생각하면 '따뜻한 사람'이 '좋은 사람'일 것 같은데, 냉담한 정서가 오히려 미덕으로 여겨지고 있다. 이유가 무엇일까?

무엇보다 우리 사회에서 개인주의가 심화되고 있기 때문이다. 앞서 말했듯이, 개인주의는 근대화로 인한 지역 공동체 해체와 밀접한 관련이 있다. 개인주의화는 사람들이 그렇게 되고 싶어서 된 것이 아니라 근대화의 물결에 휩쓸려 어쩔 수 없이 그렇게 된 측면이 크다. 산업화가 진전될수록 인간관계의 친밀성은 점점 사라지고, '나는 나, 너는 너'라는 관념, 남의 일에 상관 안 하는 냉담한 태도가 강화되어 왔다. 이렇게 어떤 정서와 태도가 사회의 지배적인 패턴이 되면, 이를 합리화하는 논리가 생겨나곤 한다. '쿨'이 그랬다.

쿨한 태도와 정서가 미덕으로 부상하면서, 그전까지는 어쩔 수 없이 자의 반 타의 반으로 개인주의적 태도를 취했던 사람들이 이제는 보다 적극적이고 노골적으로 개인주의적 태도를 취하게 되었다. 타인이나 주변 상황에 신경 쓰지 않고 자기중심적 정서와 태도를 견지하는 것은 새롭고, 세련되며, 멋진 것이 되었다. 반대로 타인과 주변 상황에 신경 쓰는 것은 낡은 것, 오지랖 넓은 것, 예의에 어긋나는 것이 되었다. 쿨은 나르시시즘과도 잘 결합된다. 자신의 외모, 매력, 경제력을 거리낌 없이 드러내면서 도도하고 거만하게 구는 태도는 쿨한 것으로 여겨진다. 반대로 겸손한 태도는 식상하고, 위선적인 것으로 치부된다.

요즘 청소년들은 재미있는 이야기를 할 때뿐 아니라, 심각하거나 슬픈 이야기를 할 때도 'ㅋㅋㅋ', '막 이래' 같은 말을 쓴다. 이런 식이다. "나 참, 엄마랑 아빠랑 이혼한대요. ㅋㅋㅋ", "제가 요즘 심리적으로 너무 힘들어요. 혹시 왕따냐고요? 아니요. ㅋㅋㅋ 저 친구들 정말 많은데 왜 이러죠. ㅋㅋㅋ" 이런 글들은 인터넷에서 흔히 볼 수 있다. 부모가 이혼하는 것은 자녀들에게 심각한 일이 아닐 수 없다. 그런데 이런 일을 이야기할 때도 'ㅋㅋㅋ'를 붙인다. "아, 눈물 나. 막 이래."라고 말하는 것도 그렇다. 눈물이 나는 것은 슬프기 때문이다. 근데 그 뒤에 '막 이래'라는 장난스러운 말을 붙인다. 이것도 쿨과 관련이 있다.

딕 파운틴Dick Pountain과 데이비드 로빈스David Robins가 쓴 『세대를 가로지르는 반역의 정신 COOL』이라는 책이 있다. 이 책에는 쿨한 태도를 이루는 주요 개념으로 '역설적 초연함'이 언급된다. 역설적 초연함이란 자신의 감정을 숨기기 위해 그와 반대되는 행동을 취하는 것을 말한다. 앞의 예들이 그렇다. 여기서 'ㅋㅋㅋ'는 자신이 처한 상황이 어이없어 웃는 웃음이라기보다는 자기감정을 숨기기 위한 것이다. '막 이래'라는 말도 남의 얘기하듯 하면서, 자기감정을 스스로 통제하기 위한 것이다. 이것이 '역설적 초연함'이다. 이는 위선적인 행동이라기보다 자신을 비참한 상태로 떨어뜨리지 않으려는 의지와 쿨한 정서가 결합된 결과다.

경제

# 4차산업혁명

_ 새로운 과학기술은 무조건 좋을까?

중심 키워드

4차산업혁명

하위 키워드

사물인터넷, 빅데이터, 인공지능

현대사회에는 과학기술을 맹목적으로 숭배하는 풍조가 만연해 있다. 사람들은 새로운 과학기술을 무조건 받아들이고 적응하는 것이 좋다고 생각한다. '4차산업혁명'에 대해서도 마찬가지다. 그러나 과학기술의 방향, 속도, 성질은 인간이 선택하는 것이다. 이미 정해진 과학기술이라고 해서 인간이 무조건 받아들이고 따라야 하는 것은 아니라는 말이다. '과학기술이 무엇을 위해 존재해야 하는가'는 철학의 문제이고, '누구의 통제를 받아야 하는가'는 정치의 문제다. 이것들은 모두 인간이 결정할 문제다.

# 4차산업혁명

'4차산업혁명(The Fourth Industrial Revolution)'은 극히 최근에 제기된 이슈다. 2016년 초에 열린 세계경제포럼(일명 '다보스 포럼')의 주제가 '4차산업혁명의 이해(Mastering the Fourth Industrial Revolution)'였는데, 이를 계기로 세상에 본격적으로 알려지기 시작했다. 4차산업혁명을 알리는 데 가장 큰 공헌을 한 사람은 이 포럼의 회장인 클라우스 슈밥Klaus Schwab이다. 그는 포럼에서 4차산업혁명을 주제로 발표를 하고, 이후 관련 책도 냄으로써(우리나라에서는 '클라우스 슈밥의 제4차산업혁명'이라는 제목으로 출간되었다.) 4차산업혁명의 최전선에 섰다.

4차산업혁명이 있다면 1차, 2차, 3차 산업혁명도 있을 것이다. '1차산업혁명'은 18세기 중엽 증기기관의 발명이 불러온 산업혁명을 말한다. 19세기 중엽에는 전기의 등장으로 대량생산이 시작됐는데, 이를 '2차산업혁명'이라 한다. 그리고 20세기 중엽부터 나타난 인터넷과 컴퓨터를 이용한 자동화를 '3차산업혁명'이라 부른다. 우리가 살펴볼 4차산업혁명은 물리학 기술(무인 운송 수단·3D 프린팅·로봇공학·신소재), 디지털 기술(사물인터넷·블록체인·공유 경제), 생물학 기술(유전공학·합성 생물학·바이오 프린팅) 등 3개 분야의 기술을 융합한 것이다. 그러니 4차산업혁명은 오늘날의 대표적인 첨단 기술 분야를 모두 융합한 결과 생겨나는 사회 변화를 일컫는 말로 보면 되겠다.

4차산업혁명을 논할 때 가장 주목해야 할 점은 시기적인 문제다. 1차산업혁명과 2차산업혁명의 시간적 거리는 거의 100년이다. 2차산업혁명과 3차산업혁명도 거의 100년 차이가 난다. 그런데 3차산업혁명과 4차산업혁명 사이의 시간적 거리는 매우 짧다. 인터넷과 컴퓨터가 처음 생겨난 것은 1960년대지만, 3차산업혁명이라는 말이 생겨나고 알려지게 된 것은 2011년의 일이었다. 미국의 경제학자 제러미 리프킨Jeremy Rifkin이 『3차산업혁명』이라는 저서를 출간한 것이 계기가 되었다. 불과 5년 만에 3차산업혁명에서 4차산업혁명으로 건너뛴 셈이다. 시간적 거리가 짧아도 너무 짧다. 과학기술의 발전 속도가 점점 빨라진다는 점을 감안해도 그렇다.

4차산업에서 물리학 기술, 디지털 기술, 생물학 기술은 지위가 모두 같은 것이 아니다. 이 중에서도 핵심적인 지위를 갖고 있는 것은 디지털 기술이다. 4차산업은 연결성과 지능성을 특징으로 하는데, 이를 가능하게 해 주는 것이 바로 디지털 기술이기 때문이다. 말하자면 디지털 기술은 4차산업의 하나를 구성하는 한 분야이면서 다른 두 분야, 즉 물리학 기술과 생물학 기술을 연결시키는 접합제 역할을 한다고 볼 수 있다.

리프킨의 '3차산업혁명'이나 슈밥의 '4차산업혁명'은 모두 디지털 기술을 핵심으로 삼는다는 공통점이 있다. 리프킨은 에너지 네트워크, 산업 간 융합, 공유 경제, 사물인터넷, 3D 프린터를 활용한 제조업 혁명이 경제구조를 근본적으로 바꾸는 '3차산업혁명'이 일어날 것이라고 주장했다. 내용만 보면, 슈밥의 '4차산업혁명'과 별다를 것이 없다. 리프킨은 인공지능과 자동화가 사람들의 일자리를 빼앗을 것이라며, 구매력 감소가 경제성장에 타격을 입힐 것을 염려한다. 슈밥도 이런 얘기를 똑같이 한다. 둘 사이에 차이가 있다면 슈밥이 리프킨보다 좀 더 다양한 기술 분야를 망라하는 정도랄까? 이런 이유 때문에 일각에서는 4차산업혁명은 '실체가 없는 개념'이라거나 '3차산업혁명의 B국면'에 불과하다고 말하기도 한다.

4차산업에 대한 우리 언론의 관심은 지대하다. 지난 19대 대선에서 주요 후보들이 모두 4차산업에 대한 공약을 내걸 정도로 정치권의 관심도 높다. 과연 외국도 그럴까? 그렇지 않다. 예를 들어 미국의 온라인 잡지 《슬레이트》는 슈밥이 세계경제포럼에서 4차산업혁명을 처음 소개했을 때, "무의미한 구호에 지나지 않는다"고 비판했고, 영국의 일간지 《가디언》은 슈밥의 책에 대해 "겉멋만 부린, 멍청한 소리로 가득한 책"이라는 혹평을 실었다.

슈밥의 책은 다른 어떤 나라보다도 우리나라에서 유독 잘 팔렸다고 한다. 전체적으로 봤을 때, 4차산업혁명에 대한 우리나라의 맹목적 추종은 좀 유별난 데가 있다.

에어컨이라는 물건이 있다. 잘 알다시피, 이 물건은 우리를 둘러싸고 있는 공기의 온도와 습도를 통제한다. 전기밥솥, 전기청소기, 전자레인지, 휴대전화 등 다른 전자 제품들은 대개 우리가 무엇을 하는 데 도움을 준다. 그러나 에어컨은 우리를 둘러싼 환경을 바꾼다. 그런 점에서 여느 전자 제품과는 다른 특성을 지닌다. '사물인터넷(Internet of Things, IoT)'은 에어컨의 확장판 같은 것이다. 에어컨은 실내의 공기만 바꾸지만, 사물인터넷은 문명사회 전체의 모습을 바꾼다.

사물인터넷은 말 그대로 인터넷으로 여러 사물들이 연결되는 것을 말한다. 지금도 컴퓨터, 스마트폰, 스마트 TV, 스마트 밴드 같은 전자 제품들은 서로 연결되어 있다. 그러나 앞으로는 자동차, 세탁기, 냉장고, 문(門), 화분, 장난감, 헬스 기기 등 생활 주변의 다양한 제품들이 모두 인터넷으로 연결된다. 이제까지 인터넷은 주로 사람과 사람을 연결해 주었다. 그것도 사람이 접속해야 가능했다. 그러나 사물인터넷 시대에는 사람의 개입이나 지시 없이도 사물들이 늘 인터넷으로 연결되어 있으면서 작동하게 된다.

사물인터넷은 '생활의 편리함'을 제공한다고 알려져 있다. 이를테면 손목에 찬 스마트 워치가 심장박동, 운동량 등의 정보를 제공하여 개인의 건강을 돌보고, 내 신체 리듬에 맞춰 에어컨을 작동해 실내 온도와 습도를 조절한다. 세탁기는 전기료가 가장 저렴한 시간

대에 알아서 세탁을 시작하고, 인터넷으로 연결된 차량은 교통 상황에 대한 정보를 제공해 안전하고 효율적인 운전을 돕는다. 그러나 이러한 편리함은 그냥 제공되는 것이 아니다. 사람들이 기업에 돈을 지불함으로써 제공된다. 기업의 입장에서 보면, 사물인터넷은 새로운 시장일 뿐이다.

사물인터넷은 마케팅에도 큰 도움을 준다. 일례로 매장 앞을 지나가던 소비자의 스마트폰으로 할인 쿠폰을 보내 구매를 유도한다거나, 사물인터넷이 수집한 데이터를 분석해 개개인에게 맞는 맞춤형 제품을 추천하는 것이 그렇다. 정부도 기업의 큰 고객 중 하나다. 앞으로는 정부도 사물인터넷을 이용해 국민들에게 행정 서비스를 제공할 공산이 크다. 사물인터넷 시대가 되면, 우리는 디지털화된 사물들로 겹겹이 포위될 것이다. 지금도 CCTV, 도청, 해킹, 드론, 차량 블랙박스 등으로 감시 사회가 되어 가는 것에 대한 우려가 크다. 그런데 이런 전자장치들이 생활환경 그 자체를 이루게 되는 사물인터넷 시대가 되면, 개인들에 대한 감시와 통제의 문제는 걷잡을 수 없게 될 가능성이 크다.

더 큰 문제는 인간도 사물인터넷이 될 우려가 높다는 점이다. 이것은 기우가 아니다. 최근 미국의 대표적인 일간지 《워싱턴 포스트》에 따르면, 전자장비 제조업체 '스리스퀘어마켓(Three Square Market)'은 직원들에게 무선주파수 인식(RFID) 기술이 들어간 전자 칩을 손가락에 이식할 것을 제안했다. 칩을 이식하면 출입 카드를 기계에 접촉하지 않아도 회사에 도착하면 출근 시간이 회사 컴퓨터에 즉시 전송되고, 업무용 컴퓨터에 접속할 때나 회사 비품을 쓸 때도 아이디나 비밀번호가 필요하지 않으며, 구내식당에서 현금이나 카드를 꺼내지 않아도 돼 편리하다는 것이다.

　이를 제안한 스리스퀘어마켓의 최고 경영자(CEO) 토드 웨스트비Todd Westby의 말은 조금 섬뜩하다. 그는 몸에 전자 칩을 심는 것은 "미래에 필수적으로 적용될 기술"이며, "궁극적으로 신용카드나 여권처럼 물건을 구매하거나 국경을 오갈 때 사용되는 표준이 될 것"이라고 말했다. 오늘날 전자 기기와 인간의 거리는 좁아지다 못해 점점 사라지고 있다. 처음에는 아날로그 TV나 전화처럼 우리 몸과 동떨어져 있던 것이, 휴대전화처럼 우리가 지니고 다니는 것으로 변하더니, 스마트 밴드나 구글 글래스처럼 인간의 피부를 감싸는 것으로 변했다. 그리고 마침내 인간의 피부를 파고드는 것으로 진화하고 있다. 사물인터넷 시대, 인간은 인터넷으로 연결된 사물 중 하나가 될 것이다.

### 하위 키워드 ② 빅데이터

　사람들은 흔히 스마트폰을 예전의 아날로그 전화기가 진화된 것으로 생각한다. 그러나 스마트폰은 음성 통화만 가능했던 아날로그 전화기와는 근본적으로 다르다. 스마트폰은 기본적으로 정보를 저장하고, 처리하고, 전송하는 기능을 갖고 있기 때문이다. 스마트폰은 이름은 '폰(전화기)'으로 되어 있지만, 오디오, TV, 영화관, 카메라, 전자수첩, 계산기 등 다양한 기능을 갖고 있는 '작은 컴퓨터'다. 우리가 스마트폰으로 하는 모든 활동은 데이터를 남긴다. 페이스북이나 트위터에 올린 글, 구글이나 네이버 검색 창에 친 검색어 모두가 그들 서비스 회사의 클라우딩 데이터 저장소에 쌓인다. 온라인으로 지도 서비스를 이용하거나 쇼핑을 해도 그 내역이 데이터로 저장되고 전송된다.

우리가 오프라인에서 활동하는 내역도 예외는 아니다. 우리가 병원에서 진료를 받거나 은행과 거래를 해도 그 내역이 데이터로 컴퓨터에 남는다. 모두 컴퓨터로 처리되기 때문이다. 특히 카드 회사들에 모이는 데이터의 양은 엄청나다. 카드 사용자들의 결제 내역이 모두 데이터로 쌓이기 때문이다. 카드 회사는 마음만 먹으면, 그 내역을 바탕으로 개인이 좋아하는 음식, 취미, 관심사, 장소, 정서, 생각 등을 알아낼 수 있다. 심지어 편의점도 개인 정보를 수집한다. 편의점 직원이 포스(POS, point-of-sales) 단말기에 상품의 바코드를 찍으면 연령, 성별에 따라 어떤 물건을 언제 구입했는지가 함께 입력된다.

지금도 이러한데, 사물인터넷 시대가 열리면 생산되는 데이터의 양은 더욱 폭발적으로 증가할 것이다. 사물인터넷 시대, 사람들은 사물들이 인터넷으로 긴밀히 연결된 공간에서 생활하게 된다. 그 공간 속에서 인간의 행위는 물론이고 인간과 사물의 상태, 위치까지 모두 데이터화된다. 이렇게 사물인터넷이 쏟아 내는 엄청난 데이터를 '빅데이터(big data)'라 한다. 지금도 사람들은 자신의 데이터가 서비스 제공자인 기업에 의해 어떻게 수취되는지, 수취된 데이터가 어디로 전달되고, 가공되고, 판매되어 수익을 남기는지 잘 모른다. 이 과정은 눈에 보이지 않는 '비가시적 영역'이기 때문이다.

사람들은 그저 편리해서, 좀 더 싸게 물건을 살 수 있어서 전자상거래를 이용한다. 그리고 이를 이용하기 위해 기업에 자신의 개인 정보를 넘긴다. 형식에 불과할망정, 지금은 기업이 개인 정보를 수집할 때는 이용자의 동의를 구해야만 한다. 그러나 사물인터넷 시대가 되면, 이러한 요식행위도 불필요해질 것이다. (이를 위해 기업들은 개인의 정보 이용에 대한 규제 철폐를 극력 추진 중이다.) 사물인터넷은 사람들의 컴퓨터 조작으로 생산되는 데이터만이 아니라, 사람들의 일상생활 자체를 데이터화하는 개념이기 때문이다.

빅데이터가 위험한 이유는 국가와 자본이 이를 대중의 의식과 행동을 감시하고 통제하는 용도로 사용할 수 있기 때문이다. 빅데이터는 인간의 모든 행동을 '계산 가능한 것'으로 만든다. '계산 가능'은 '예측 가능'으로 바뀌고, '예측 가능'은 '통제(조작) 가능'으로 변화한다. 미디어 연구가 임태훈은 『검색되지 않을 자유』에서 빅데이터는 새로운 인간형으로서 '호모 익스펙트롤(Homo Expectrol)'을 양산한다고 말했다. 익스펙트롤은 'expectation(예상)'과 'control(통제)'을 결합한 조어로, 호모 익스펙스롤은 '예측 가능한 인간'을 말한다. 빅데이터는 흔히 사람들의 프라이버시를 침해할 수 있다고 이야기된다. 그러나 현실은 훨씬 엄중하다. 그것은 프라이버시가 아니라 인간 존엄을 해친다.

빅데이터가 위험한 또 다른 이유는 그 축적이 구글(Google), 애플

(Apple Inc.), 마이크로소프트(Microsoft Corporation), 페이스북(Facebook) 같은 소수의 글로벌 IT 기업에 의해 집중적으로 이루어지기 때문이다. 전 세계인에 대한 빅데이터를 확보한 이들 기업은 그 자체로 엄청난 권력을 갖게 된다. 이를 막기 위해서는 소수 IT 기업들의 시장 독과점을 막아야 한다. 그리고 우리가 컴퓨터 조작을 통해 생산하는 개인 정보들도 우리의 요구에 의해 언제든 삭제될 수 있어야 한다. 이것을 '잊힐 권리(right to be forgotten)'라 한다. 2013년, 중학생이던 박성범, 윤형근 군은 '하루'(www.harooo.com)라는 SNS를 개발했다. '하루'에서는 글을 쓰면 24시간 뒤에 자동으로 사라진다. 이것도 좋은 아이디어다.

### 하위 키워드 ③ 인공지능

'인공지능(AI, Artificial Intelligence)'이란 말 그대로 '인간이 만든 지능적 시스템'을 뜻한다. 1950년 영국의 과학자 앨런 튜링Alan Turing이 보편적인 계산 기계이자 지능 시스템을 제안한 것이 그 원조다. 인공지능의 발달은 생각보다 빠른 속도로 이루어지고 있다. 2015년 일본에서는 인공지능 소프트웨어가 대학 입시 모의고사에 응시해 도쿄대학교 합격권 점수를 받았다. 2016년과 2017년에는 구글의 인공지능 바둑 프로그램 알파고(AlphaGo)가 연달아 세계 최고의 바둑 기사 이세돌과 커제를 물리쳤다. 그리고 앞으로는 인공지능 번역가, 판사, 의사, 회계사, 금융 애널리스트, 경기장 심판이 생겨날 것이라는 전망이 나오고 있다.

컴퓨터의 뇌에 해당하는 중앙처리장치(CPU) 1,202대가 연결된 알파고와의 대국은 1 : 1의 싸움인 바둑의 원칙에 어긋난다는 비판도 있기는 하다. 그럼에도 불구하고 인공지능의 '딥 러닝(Deep Learning, 심화 학습)' 능력이 놀랍다는 사실은 부인할 수 없다. 종전의 인공지능은 사람이 먼저 컴퓨터를 가르쳐야 했다. 강아지가 어떻게 생겼는지를 컴퓨터에 알려 주면, 컴퓨터는 그 내용을 기초로 여러 동물 가운데서 강아지를 골라냈다. 그런데 지금의 인공지능은 강아지가 어떻게 생겼는지 모르는 상태에서, 다양한 데이터를 조합하고 분류한다. 그리고 '사람들이 저렇게 생긴 동물을 강아지라 부른다'고 추론한다. 컴퓨터가 스스로 학습하는 것이다. 이것을 '딥 러닝'이라 부른다.

인공지능은 빅데이터가 바탕이 된다. 빅데이터가 있어야 이를 바탕으로 인공지능이 추론하고 학습하면서 스스로 발달할 수 있기 때문이다. 빅데이터도 마찬가지다. 단지 데이터들이 많이 축적되어 있는 것만으로는 쓸모가 없다. 이를 분류하고, 분석하고, 해석해야 쓸모 있는 것이 된다. 그렇다고 그 엄청난 양의 데이터 분류와 분석을 인간이 일일이 할 수도 없는 노릇이다. 결국 적절한 알고리즘을 통해 인공지능이 수행해야 한다. 인공지능의 발달과 빅데이터의 축적은 한 쌍이다. 사물인터넷으로 인해 데이터의 양이 폭발적으로 증가하면, 인공지능도 폭발적으로 발달하게 된다.

인간은 '생각하는 동물'이다. 그런데 인공지능이 발달한다면 인간은 어떻게 될까? 지능을 기반으로 한 인간의 능력들이 쓸모없어질 가능성이 높다. 지금도 이런 문제는 진행 중에 있다. 자판기, 무인 계산대, 하이패스 단말기, 교통 카드, 스마트폰 앱처럼 일상적인 자동화 장치들이 사람들의 일자리를 뺏고 있다. 이렇게 기술 혁신으로 일자리가 사라지는 속도가 새로 일자리가 생기는 속도보다 빠른 현상을 '기술 실업'이라 한다. 인공지능은 사람의 뇌도 변화시킨다. 우선 인공지능에 대한 의존이 커질수록 이성·인식·기억 등이 불필요해진다. 생각하고, 기억하며, 판단하는 일에 게을러져, '생각하지 않는 사람들'이 많아지는 것이다. 따라서 사람들은 무엇에 대해 판단하더라도 인공지능처럼 도덕과 무관하게 알고리즘에 따라 판단하게 될 가능성이 높다.

어떤 이는 전관예우, 법조 브로커, '유전무죄 무전유죄' 등의 병폐가 없을 테니, '차라리 인공지능 판사에게 재판을 받는 것이 더 낫다'고 말한다. 정확성과 공정성 면에서 기계가 사람보다 낫다고 여기는 것이다. 그러나 법조계에 부정부패나 불편부당함이 있다면 그것을 고칠 일이지, 이를 빌미로 인공지능에 재판을 맡기자는 생각은 엉뚱한 해법이다. 재판은 한 사람의 운명을 좌우하는 일이다. 재판은 단순한 법조문 적용 이상의 인간과 사회에 대한 이해와 통찰을 필요로 한다. 이러한 능력은 인공지능이 가질 수 없는 것이다. 무엇보다 인공지능은 자신이 한 일에 대해 책임지지 않는다. 인공지능에 의한 자율 주행 자동차가 사고를 내도 마찬가지다. 책임질 '사람'이 없다.

# 젠트리피케이션

_ 상권의 발달, 쫓겨나는 사람들

**중심 키워드**

젠트리피케이션

**하위 키워드**

프랜차이즈, 권리금, 상가건물임대차보호법

어떤 지역의 상권이 발달하는 데에는 일정한 법칙이 있다. 그 법칙을 잘 보여 주는 것이 '젠트리피케이션'이다. 젠트리피케이션에 대해 알면, 우리가 일상적으로 목도하는 도시 거리가 어느 발전 단계에 있고, 앞으로 풍경이 어떻게 바뀌어 갈 것이라는 사실을 예상할 수 있다. 젠트리피케이션은 지역 원주민, 건물 주인, 임차인, 부동산업자, 대기업, 손님들 사이에 광범위한 알력을 만들어 낸다. 그리고 지역사회 전체가 젠트리피케이션의 영향을 받는다.

# 젠트리피케이션

'젠트리피케이션(gentrification)'이란 어떤 지역이 상업적으로 번창하면서 그곳에 살던 주민들이 다른 지역으로 쫓겨나는 것을 일컫는다. 젠트리피케이션이 발생하는 과정은 이렇다. 먼저 A라는 한적하고 허름한 서민 동네가 있다 치자. 서민 동네인 만큼 임대료도 싸다. 싼 임대료에 끌린 예술가와 문화 사업가들이 이 동네로 하나둘 모여든다. 그러면 별 개성 없던 동네에 예술적인 분위기가 감돌기 시작한다. 작지만 개성 있고 예쁜 카페, 옷가게, 공방, 공연장, 책방, 개인 박물관, 음식점 등이 아기자기하게 모여 있게 된다. 이런 곳을 언론이 가만둘 리 없다. 이색적인 볼거리, 먹을거리, 쇼핑 아이템들이 있는 곳으로 소개한다. 인터넷이나 SNS를 통한 입소문도 가세한다. 장사하는 사람들로서도 좋은 일이다. 입소문이 나거나 언론에 노출되면 더 많은 사람들이 몰려올 것이고, 그러면 장사가 더 잘될 것이기 때문이다.

이렇게 상권이 형성되는 과정에서 제일 먼저 쫓겨나는 사람들은 그곳에 살던 원주민들이다. 상권이 형성되면 전세나 월세 비용이 오른다. 그러면 주거 세입자들은 뛰어오른 주거비를 감당하지 못해 그 동네를 떠나야 한다. 그런데 집주인들로서는 전·월세가 아무리 상승해도 만족스럽지 못하다. 주거 세입자에게 전·월세로 집을 내주는 것보다, 건물 용도를 변경해 가게로 내놓으면 훨씬 많은 돈을 벌 수 있기 때문이다. 이 과정에서도 주거 세입자들은 쫓겨난다. 더 나아가 집주인들이 동네를 떠나는 경우도 있다. 특히 허름한 집을 갖고 있던 집주인들은 값을 후하게 쳐줄 테니 집을 팔라고 건축업자나 부동산 업자들에게 종용당하게 된다. 그렇게 외지에서 들어온 새 주인은 집을 헐고, 그 자리에 상가 건물을 짓는다.

두 번째로 내쫓기는 사람들은 예술인들이나 문화 사업가들이다. 이들은 A라는 동네의 상권을 만든 주역이다. 그러나 이들도 얼마 안 있어 쫓겨난다. 건물 주인은 동네 땅값과 임대료가 오르고 있으니, 이를 반영해 더 높은 임대료를 내라고 예술인들이나 문화 사업가들에게 요구한다. 예술인들이나 문화 사업가들로서는 억울한 일이다. 많은 사람들이 찾아오고 싶게끔 개성 있는 거리를 만든 것, 상가의 가치를 높여 준 것이 바로 자신들이기 때문이다. 건물 주인들은 임대료를 올림으로써 경제적 이득을 얻는다. 그 이득은 결국 예술가와 문화 사업가들이 오랜 시간 자신의 돈과 재능을 투입해서 만든 무형의 경제 가치에서 나온 것이다.

건물주들이 예술가와 문화 사업가들을 매몰차게 내쫓는 데에는 부동산 중개업자들의 역할도 크다. 부동산 중개업자들은 흔히 장사가 잘되는 가게의 건물 주인을 지금 받고 있는 임대료의 두 배를 받게 해 주겠다는 식으로 꼬드긴다. 이런 유혹에 넘어가지 않을 건물 주인은 없다. 부동산 중개업자와 더불어 예술가와 문화 사업가들을 내쫓는 또 다른 존재가 바로 대기업이다. 일단 상권이 형성되면, 대기업은 예술가와 문화 사업가들이 경쟁할 수 없는 큰 금액을 제시하며, 자신들에게 임대해 달라고 건물 주인들에게 요청한다. 그렇게 임대한 건물에는 대기업의 프랜차이즈, 대형 마트, 쇼핑몰 들이 들어선다.

이런 식으로 젠트리피케이션은 일차적으로 주거 세입자, 그다음으로는 예술인과 문화 사업가들을 쫓아내며 이루어진다. 처음에는 일반 주거지였던 동네가 개성 있고 아름다운 거리로 탈바꿈하고, 그 후에는 어디서나 볼 수 있는 프랜차이즈들이 즐비한, 별 개성 없는 상업지역으로 변모한다. 이것이 젠트리피케이션의 과정이다. 그 과정에서 가장 손해를 보는 이들은 주거 세입자, 예술인, 문화 사업가들이고, 가장 이득을 보는 이들은 건물 주인과 부동산 중개업자, 그리고 대기업이다.

### 하위 키워드 ① 프랜차이즈

우리는 도심 곳곳에서 똑같은 간판, 똑같은 인테리어, 똑같은 가격에 똑같은 상품을 파는 가게들을 쉽게 만난다. 이를 '프랜차이즈(franchise)'라 한다. 프랜차이즈는 본사에서 직접 운영하는 직영점도 있지만, 대부분은 점주가 본사와 계약을 맺고 자기 돈을 투자해 운영하는 가맹점이다. 이런 가맹점의 주인을 '가맹점주'라고 한다. 프랜차이즈는 광고, 마케팅, 재료, 인테리어, 상품 구성 등 운영 방식에 대한 대부분의 권한을 본사가 갖는다. 가맹점주는 본사가 하라는 대로 따라야 한다. 이런 가게에 고유한 개성이 있을 리 없다.

여기서 질문 하나. 젠트리피케이션으로 이런 프랜차이즈들이 즐비한, 개성 없는 거리가 되면, 결국은 손님들이 줄지 않을까? 그럴수도 있다. 그럼에도 불구하고 대기업은 아랑곳하지 않고 프랜차이즈를 늘려 나간다. 이유는? 장사가 안돼도 가맹점주가 망하지 본사가 망하는 것은 아니기 때문이다. 장사가 잘되면 대기업 본사가 가져가는 이윤이 높아지는 반면, 장사가 안되면 그 부담은 온전히 가맹점주의 몫으로 돌아온다. 불공정하다고 느끼겠지만, 계약이 그렇게 되어 있는 경우가 대부분이다. 본사로서는 점주에게 가맹비, 재료비, 설비 대금 등을 꾸준히 받을 수 있으므로 가맹점이 많으면 많을수록 좋다. 가맹점의 장사가 잘되든 안되든 상관없이 본사는 가맹점이 많을수록 이득이다.

대기업들이 프랜차이즈를 늘려 나가는 가장 큰 이유는 시장을 독과점할 수 있기 때문이다. 프랜차이즈들이 차지하는 것은 결국 땅이다. 땅은 한도 없이 늘어날 수 있는 것이 아니다. 새로운 상권이 생겨난다 해도, 이는 (주거 용지가 상업 용지로 변하는 식으로) 땅의 용도가 변한 것이지, 없던 땅이 새로 생긴 것은 아니다. 그러므로 구도심은 물론, 새로운 상권이 형성되는 곳마다 대기업이 프랜차이즈를 유치하는 것은 그 자체로 시장을 독과점하는 과정이 된다. 그것도 본사의 입장에서 가맹점주의 돈으로 프랜차이즈의 수를 확장해 나가는 것은, 남의 돈으로 시장을 독과점해 가는 과정이 된다.

독립적이고 개성 넘치는 자영업자들이 사라지면 손님들로서는 구경하고 쇼핑하는 재미가 없을 것이다. 하지만 그렇다고 해서 청년들이 데이트를 안 할 수도 없다. 친구와 점심 약속을 안 할 수도 없고, 거래처 사람과 차를 마시지 않을 수도 없다. 프랜차이즈들이 상권을 대거 점령하면, 좋든 싫든 프랜차이즈에 가서 차도 마시고, 밥도 먹고, 술도 마셔야 한다. 이것이 시장 독과점의 힘이다.

우리는 흔히 특정한 장소에 애착을 갖곤 한다. 예를 들어 추운 겨울날, '아, 이런 날에는 ○○식당 아주머니가 말아 주는 뜨끈한 국밥 한 그릇 먹고 싶다'고 생각할 수 있다. 그런데 그 식당이 어느 날 프랜차이즈 식당으로 바뀌어 버리면? 이는 단지 그 식당의 맛있는 국밥을 못 먹게 되었다는 사실만을 의미하지 않는다. 이런 식당에는 오랜 시간 식당을 애용한 단골손님과 식당 주인이 만들어 온 아름다운 관계가 존재한다. 독립적인 자영업자의 가게가 프랜차이즈로 바뀐다는 것은 이런 관계가 사라진다는 사실을 의미한다.

거리도 마찬가지다. 예를 들어 나이 든 사람들은 고향 거리를 거닐며, 흔히 '이 자리에는 만두 가게가 있었고, 저 자리에는 문방구가 있었지.' 하면서 추억한다. 그리고 그 주인들에 대한 기억도 함께 떠올린다. 그들과 나눴던 얘기며, 그들 사이에서 일어났던 일들, 이런 추억이나 기억들은 그 거리에 머물렀던 사람들의 공동 자산 같은 것이다. 그러나 프랜차이즈를 통해서는 이런 정서를 가지기 힘들다. 결국 프랜차이즈가 쫓아내는 것은 영세 상인이 아니라 그 장소와 공간이 갖는 문화다.

## 하위 키워드 ② 권리금

일반적으로 집이나 상가를 빌리는 사람을 '임차인'이라 한다. 그리고 집이나 상가를 빌려주는 사람(건물 주인)을 '임대인'이라 한다. 집의 경우, 대개 임차인이 임대인에게 보증금과 월세를 내면 모든 일이 끝난다. 그런데 상가를 빌릴 때는 임차인이 임대인에게 보증금과 월세를 지불해도 일이 끝나지 않는다. 이전 임차인에게도 지불해야 할 돈이 있다. 바로 '권리금'이다.

권리금의 개념은 이런 것이다. 임차인 A가 세탁소를 하고 있다고 치자. 그런데 이 세탁소를 다른 임차인 B가 인수하려고 한다. 그런데 B는 이제 처음으로 세탁소를 시작하려는 사람이다. 그래서 A가 쓰던 세탁 기계며 설비, 그리고 손님들을 양도받고자 한다. A가 그 자리에서 월 200만 원의 수입을 올렸다면, 이를 양도받는 B 역시 그 정도의 수입을 올릴 것이라 예상하고 건네는 돈이 권리금이다. 그러나 업종이 같을 때만, 양도받는 설비가 있을 때만 권리금을 내야 하는 것은 아니다. 업종이 다른 임차인이 들어와도 권리금은 내야 한다.

예를 들어, 이 세탁소 자리에서 과일 가게를 하려는 사람이 들어와도 권리금은 내야 한다. 세탁소 손님과 과일 가게 손님이 같지는 않겠지만, 가게 '자리(목)'를 둘러싸고 일정한 상권이 형성되어 있음을 전제로 하기 때문이다. 쉽게 말해서 권리금이란 상가라는 '공간'이 아니라 그 공간을 중심으로 형성된 '상권'에 대한 보상 개념이다. 그래서 사람들이 많이 다니는 '자리'일수록 권리금은 비싸다. (그래서 권리금을 '자릿세'라고도 한다.) 행인들은 잠재적 고객이고, 행인이 많으면 장사가 잘될 확률이 높기 때문이다. 같은 지역이라도 좁은 골목보다는 큰길가, 큰길가 중에서도 횡단보도 앞이나 지하철 앞에 있는 가게의 권리금이 더 비싼 이유가 여기에 있다.

결국 권리금이란 상가가 갖고 있는 무형의 경제적 가치를 산정해서 이전 임차인이 다음 임차인에게 받는 돈이라고 보면 되겠다. 그렇게 임차인 A는 그다음에 들어오는 임차인 B에게 권리금을 받고, 임차인 B는 그다음에 들어오는 임차인 C에게 권리금을 받는다. 어떻게 보면, 다음 임차인에게 돌려받는 돈이므로 권리금이라는 게 별 문제가 안 된다고 생각할 수 있다. 그러나 문제는 그렇게 간단하지 않다. 왜냐하면 건물 주인이 이 권리금을 약탈하는 경우가 종종 발생하기 때문이다.

이를테면 자기 건물 1층에 카페를 내준 건물 주인이 어느 날 '건물 전체를 보수하려 하니, 계약이 끝나면 나가 달라'고 말하면 어떻게 될까? 혹은 '1층에서 내가 직접 카페를 해 보려 하니, 나가 달라'고 하면? 임차인은 권리금을 받지 못한 채 나가야 한다. 자기 다음으로 다른 임차인이 들어와야 권리금을 받을 텐데, 그 임차인이 없는 상태에서 쫓겨나는 것이기 때문이다. 임차인은 "그러면 내가 낸 권리금은 어디서 받아야 합니까?" 하고 건물 주인에게 하소연할 것이다. 그래 봐야 소용없다. 건물 주인은 "권리금을 내가 받은 것도 아닌데, 그것이 나와 무슨 상관입니까?"라고 나올 것이다.

건물 주인은 이렇게 임차인을 쫓아낸 후, 다른 임차인에게 가게를 빌려준다. 그때 새로 들어오는 임차인에게 권리금을 받아 자신이 챙긴다. 권리금을 받는 것이 관행이기 때문이다. 우리나라 전국 평균 권리금은 4,524만 원이 넘는다(2016년 기준). 서울 도심의 권리금은 억대가 넘는 곳도 수두룩하다. 이 돈을 마음만 먹으면 건물 주인들은 가로챌 수 있다. 이것은 불법이 아니다. 법적으로 건물 주인이 임차인에게 권리금을 줘야 할 의무는 없기 때문이다. 말하자면 '합법적 약탈'이다.

### 하위 키워드 ③ 상가건물임대차보호법

일본이나 유럽 영화에 등장하는 거리 풍경을 보면 우리나라와 다른 점이 있다. 바로 상점 간판이다. 일본, 영국, 프랑스 거리의 간판은 작고 소박한 경우가 많다. 자세히 보지 않으면, 간판이 어디 있는지 알 수 없는 경우도 있다. 반면에 우리나라의 간판은 크고 화려할 뿐 아니라 종류도 많다. 한 상점이 가로 간판, 세로 간판, 입간판 등 두어 개 이상의 간판을 붙이는 경우도 흔하다. 특히 상가 건물은 어지러운 간판들로 도배되어 있다시피 한다. 이유가 무엇일까?

가장 큰 이유는 상가 임대차 기간 때문이다. 일본이나 유럽에서는 임대인이 임차인을 함부로 쫓아낼 수 없게 되어 있다. 임대차 관련 법이 잘 정비되어 있어서, 임차인이 스스로 "내가 나가겠소." 하고 말하지 않는 한, 한자리에서 몇십 년 동안 (혹은 대를 이어) 장사하는 경우도 적지 않다. 이런 가게들은 당연히 그 지역민들이 거의 다 안다. 지역민들이 '저 집이 뭐 하는 집이고 음식이 뭐가 맛있는 집인지' 거의 다 아는데, 굳이 간판을 크고 화려하게 달아야 할 이유가 없다. 일본, 영국, 프랑스 거리의 간판들이 작고 소박한 이유다.

우리나라는 상가 임대 계약 기간이 기본 2년이다. 계약 기간이 너무 짧다. 장사를 계속 하려면 1~2년마다 재계약을 해야 한다. 재계약을 하면 계속 장사를 할 수 있지만, 그때마다 건물 주인은 임대료를 올린다. 이래저래 오랫동안 한자리에서 장사하기 쉽지 않은 구조다. 이런 구조 속에서 대부분의 상점들은 뜨내기장사를 한다. 가게를 운영하는 사람도 뜨내기고, 손님들도 뜨내기다. 설사 마음에 드는 가게가 있어도 언제 사라져 버릴지 모르는 상황에서 손님들 역시 가게에 정을 붙이기 어렵다. 결국 뜨내기 가게들이 뜨내기손님들을 붙잡아야 하는 상황, 그것이 크고 화려한 간판을 경쟁적으로 만들어 낸다.

우리나라에도 상가 임차인의 권리와 재산을 보호해 주는 법이 있기는 하다. '상가건물임대차보호법'(2018년 1월 26일 개정)이 그것이다. 주된 내용은 세 가지다. 첫째, 임대료 상승률 '제한'이다. 이 법은 임대료를 연 5%까지만 올리도록 규제하고 있다. 가령 기본 계약 2년에 3년 동안 매년 5% 임대료가 인상된다고 하면, 임차인은 마지막 5년째에는 최초 계약 조건보다 최대 15%가 인상된 임대료를 감당해야 한다. 말은 '제한'이라고 하지만 한편으로는 연 5%까지 임대료 인상을 '보장'해 준다고 볼 수 있다. 최근의 저물가와 저금리 기조, 경제 상황 등을 고려하면, 인상률 상한을 더 낮출 필요가 있다. 둘째, 영업 기간 보장이다. 임차인이 계속 장사하겠나고 하면, 임대인은 5년까지 임차인을 쫓아낼 수 없다. 물론 건물 주인이 임대료를 올리면, 이를 내면서 있어야 한다. 만약 못 내면? 역시 나가야 한다. 영업 기간 5년 보장이라는 것도 인상된 임대료를 낸다는 조건을 지켜야만 해당되는 규정이다. 셋째, 임차인이 자기 다음으로 새로 들어올 임차인을 정할 수 있게 했다. 권리금을 돌려받을 수 있도록 하기 위한 조치다.

그러나 모든 임차인들이 이 법의 보호를 받을 수 있는 것은 아니다. 서울의 경우, '환산 보증금'이 '6억 1,000만 원 이하'인 경우에만 받을 수 있다. 환산 보증금이란 쉽게 말해 월세를 전세 가격으로 환산한 금액을 말한다. 환산 공식은 '보증금＋월세×100'이다. 예를 들어 보증금 1억 원에 월 300만 원을 내는 가게의 경우, 환산 보증금은 '1억＋300만×100＝4억'이 된다. 이 가게는 환산 보증금이 6억 1,000만 원 이하에 해당하므로 상가건물임대차보호법의 보호를 받는다. 그러나 서울의 명동, 강남대로, 청담동 등 유동 인구가 풍부한 상위 5개 상권의 평균 환산 보증금은 약 8억 원이다(2015년 기준). 따라서 이 상권 대부분의 가게 임차인들은 법의 보호를 받을 수 없다.

법이 왜 이렇게 되어 있을까? 상가건물임대차보호법의 취지가 경제적 약자인 서민을 보호하는 것이기 때문이다. 서민을 보호한다는 취지는 나쁘지 않아 보일 수 있다. 그러나 다시 생각해 보면, 모든 임차인의 본질은 주인에게 돈을 내고 가게를 빌렸다는 점에서 같다. 환산 보증금이 많다고 해서 임차인이 가져야 할 권리를 박탈하는 것은 옳지 않다. 상가건물임대차보호법이 임차인 보호에 충실하려면 환산 보증금 규정을 아예 없애는 것이 맞다. 상가건물임대차보호법은 영세 자영업자를 위한 시혜적인 보호 정책이 아니라 모든 임차인에게 보편적으로 적용되는 법으로 거듭나야 한다.

# 기업 사회

_ 기업은 어떻게 사회를 지배하는가

세계 최고의 부자들은 모두 기업인이고, 주식 부자들이다. 이들의 발언권과 사회적 영향력은 누구보다 세다. 이들은 자신이 갖고 있는 경제권력을 기반으로 정치권력까지 손에 넣으려 한다. 이러한 노력은 기업들이 정치적·경제적 패권을 모두 장악하는 '기업 사회'로 나타나고 있다. 기업은 '경제적인 것'에 '사회적인 것'을 얹음으로써 권력을 확대해 나간다. '기업의 사회적 책임', '필랜스러피', '창조적 자본주의'가 대표적인 방식들이다. 정치권력은 시민들이 선거를 통해 바꿀 수 있지만, 경제권력은 바꿀 수 없다. 경제권력이 정치권력까지 장악한다면, 그것은 '자본 독재'가 될 수밖에 없다.

# 기업 사회

16세기부터 시작된 자본주의의 역사는 자본 축적의 역사다. 자본 축적의 가장 큰 주체는 기업이다. 주식회사만큼 빠른 속도로 부를 축적하는 조직은 없다. 산업혁명 이후 조금씩 자신의 몸집을 불려 온 기업은 마침내 사회 전체를 지배하는 지경에 이르렀다. 이를 일컫는 말이 '기업 사회'다. 기업은 이윤 추구를 목적으로 하는 자본의 단위다. 기업은 사회의 일부를 구성하는 요소이지, 결코 전체가 아니다. 통치 조직은 더더욱 아니다. 그런데 지금은 재벌과 초국적 자본으로 대표되는 기업이 국가와 세계를 지배할 뿐 아니라, 자신을 롤 모델로 삼아 세계를 재조직한다.

세계적으로 기업 사회가 시작된 때는 신자유주의가 발흥한 1980년대부터였다. 그렇다면 우리나라의 경우에는? 김영삼 정부 시절부터 시작되었다. 김영삼 정부는 1987년 6월민주항쟁으로 (형식적) 민주화를 쟁취한 이후, 군사독재를 끝내고 처음 들어선 문민정부였다. 김영삼 정부가 들어서기 전, 그러니까 노태우 정부 시절까지만 하더라도 정치권력이 자본권력보다 우위에 있었다. 그때까지는 자본권력이 정치권력에 굴종해 돈을 벌었다. 그러다가 김영삼 정부가 들어서면서 자본권력이 정치권력보다 압도적 우위에 서게 된다. 특히 1997년의 외환 위기가 결정적이었다. 외환 위기를 거치면서 정치권력에 대한 자본권력의 통제가 확립되기 시작했다. 군부 통치의 시대가 끝나니, 기업 통치의 시대가 개막되었던 것이다.

기업 사회에서는 기업인들이 더 이상 경제 영역에만 머무르지 않는다. 정치권에 진출하거나 관료로 임용되는 경우가 많아진다. 기업이 각종 로비를 통해 정치권을 조종해 자기 이득을 취하는 일은 예전부터 있었다. 그러나 기업 사회에서는 이를 넘어 기업인 출신들이 직접 정치 일선에 나선다. 심지어 대통령 선거에 출마해 국가권력도 접수한다. (이명박 대통령이 그런 경우다.) 국가 행정조직에서도 경제 부처가 다른 부처를 압도한다. 대통령은 영업 사원처럼 각국으로 '세일즈 외교'를 다닌다. 명분은 국가 경제를 살린다는 것이지만, 실은 대기업을 위한 행보다.

현대사회에서 사회적 발언권이 가장 큰 존재는 기업이다. 우리는 일상적으로 재벌 총수들의 말 한마디 한마디가 뉴스가 되는 것을 본다. 그뿐인가. 기업 연구소가 보낸 보도 자료, 보고서 소개, 연구원 인터뷰 등이 연일 신문 지면을 채운다. 대기업들은 산하 경제 연구소를 통해 자신들에게 유리한 어젠다를 만들어 내고, 언론을 통해 그 주장을 사회에 널리 유포시킨다. 이렇게 해서 여론이 조성되면, 정부는 기업 연구소의 어젠다를 국정 과제로 삼아 실행한다. 기업-

언론-정부의 '삼각 플레이'다. 이런 방식으로 대기업은 국가의 경제 정책, 노동정책, 복지정책, 교육정책을 좌우한다.

우리는 '경쟁력이 있어야 한다'는 말을 어디서나 듣는다. 개인과 직장은 물론이고 심지어는 대학도, 국가도 경쟁력이 있어야 한다는 말을 듣는다. 경쟁은 본래 기업의 논리다. 기업은 이윤이라는 먹잇감을 놓고 무한 경쟁을 벌인다. 기업 사회에서는 이 논리가 사회 전체로 확산된다. 경쟁력이 없는 것은 부도덕한 것으로 낙인찍힌다. 이제까지 인류 역사에서 '경쟁력'이 도덕의 기준이 된 적은 없었다. 기업 사회는 인류가 수천 년간 공유해 온 도덕 개념까지 바꿔 놓고 있다.

### 하위 키워드 ① 기업의 사회적 책임

기업의 목적은 사적 이윤을 추구하는 데 있다. 그런 기업이 사회를 책임질 것이라고 기대하거나 이를 요구하는 것은 당연한 일이 아니다. 그런데도 우리는 '기업의 사회적 책임(Corporate Social Responsibility, CSR)'이라는 말을 사회에서 자주 듣는다. 이유가 무엇일까? 이는 기업의 압도적인 사회적 영향력 때문이다. 기업이 사회를 책임질 수 있느냐 없느냐, 기업이 사회를 책임져야 하느냐 마느냐를 따지기 이전에 이런 담론이 사회에 유행한다는 사실 자체가 기업이 사회를 지배하는 현실을 반영한다. 생각해 보라. 기업이 사회적으로 별로 힘이 없다면 이런 담론은 애초부터 제시될 이유가 없다.

'기업의 사회적 책임'은 주주는 물론이고, 직원, 협력 업체, 소비자, 지역사회, 나아가 기업 활동으로 영향을 받는 모든 사람에 대해, 기업이 책임감을 갖고 경영을 해 나가야 한다는 개념이다. '기업의 사회적 책임'에 대한 여론은 대개 호의적이다. 기업이 단지 이윤만 추구하는 것이 아니라 사회적 책임감도 가져야 한다는데 뭐라고 토를 달겠는가. 많은 사람들은 그것이 안 돼서 문제지, 되기만 한다면 좋은 일 아닌가 하고 생각하기 쉽다. 그러나 책임과 권한은 동전의 양면이다. 누군가에게 어떤 책임이 있다는 것은, 그럴 권한이 있다는 말과 같다. 기업이 사회적 책임을 져야 한다는 것은 기업에 사회를 책임질 권한을 주겠다는 이야기나 마찬가지다.

기업은 '법인(法人)'이라고 해서 법적으로 사람 취급을 받는다. 그러나 기업은 우리처럼 인격과 사상을 가진 '자연인'이 아니다. 기업에도 사람들과 자본이 모여 있기는 하지만, 이는 집단 지성을 발휘하기 위한 것이 아니라, 오로지 '이윤 추구'를 위한 것이다. 더구나 지금은 그런 기업의 힘이 세계를 지배할 정도로 강고해진 상황이다. 이런 상황에서 '기업의 사회적 책임'을 요구하는 일은 자칫 기업인들에게 '당신들이 우리의 경제적 생계는 물론이고, 정치적으로도 책임져 달라'는 의미로 해석될 수 있다. 이는 국민과 사회 전체를 기업에 위탁하는 꼴이나 다름없다.

사람들은 흔히 기업이 사회적 책임을 이행하지 않는다고 불만을 토로한다. 그러나 진짜 위험한 일은 대기업이나 초국적 자본이 '좋다, 당신들 요구대로 우리가 사회를 책임지겠다'고 나서는 것임을 알아야 한다. 기업에 의한 통치는 기우가 아니다. 실제로 이는 '거버넌스(governance)'라는 형태로 이미 실현되고 있다. '거버넌스'란 협치(協治, 함께 다스림)를 말한다. 누가 누구와 하는 협치일까? 정부가 기업과 시민 단체와 함께하는 협치다. 말만 들으면 좋은 것처럼 보인다. 정부가 독단적으로 국정 운영을 하지 않고, 기업과 시민 단체를 파트너로 삼아 함께한다는 개념이기 때문이다. 그러나 거버넌스의 중심은 사실상 기업이다. 거버넌스는 겉으로는 정부가 주도하고 기업과 시민 단체가 국정 운영을 돕는 형식을 취하지만, 내용적으로는 기업이 중심이다.

기업은 자신이 갖고 있는 자본력, 조직력, 사회적 영향력을 동원해 정부와 시민 단체를 움직인다. (시민 단체들 역시 기업의 재정 지원에 의존하고 있는 곳이 많다.) 대통령이나 국회의원, 지자체장 같은 사람들은 국민이 뽑아 놓은 선출 권력이다. 그러나 기업은 그와 무관하다. 그럼에도 기업은 거버넌스 구조 속에서 일상적으로 정치적 영향력을 행사한다.

'기업의 사회적 책임'을 주장하는 사람들은 기업도 사회의 구성 요소 중 하나이고, 사회 속에서 많은 돈을 벌고 있으니, 사회에 대한 책임감을 보여 달라고 요구한다. 그러나 진짜 중요한 것은 호소나 애원이 아니다. 무엇보다도 기업이 부당한 권력을 행사하지 못하도록 하는 제도적 장치가 중요하다. 기업의 시장 독과점, 학교, 병원 등 공익법인(비영리법인) 운영, 언론 소유와 기업 논리에 의한 운영, 기업가가 정치가나 관료로 활동했다가 임기가 끝난 후 소관 사기업에서 일하는 것, 환경 파괴, 부당한 이윤 추구 등을 제한하는 법과 제도를 만드는 일이 필요하다.

그렇게 하면 기업은 사회·정치 영역을 식민화하지 못할 것이고, 사회의 한 부분으로서 본래의 역할에 머물 것이다. 핵심은 기업에 사회를 책임져 달라고 애원하는 것이 아니라, 기업을 민주적으로 통제하는 데에 있다.

## 하위 키워드 ② 필랜스러피

우리는 기업이 소외된 사람들을 대상으로 기부, 봉사, 나눔을 실천하는 것을 일상적으로 각종 매체를 통해 본다. 이런 행위를 '필랜스러피(philanthropy)'라고 한다. 필랜스러피는 '박애', '자선'이라는 뜻인데, 주로 기업이 행하는 박애나 자선을 일컫는다. '필랜스러피 캐피털리즘(philanthropy capitalism)'이라는 말도 있다. '박애 자본주의'라는 뜻이다. 유사어로는 '인간의 얼굴을 한 자본주의', '착한 자본주의', '따뜻한 자본주의' 같은 것들이 있다. 모두 기업의 선행, 윤리 경영을 전제로 성립하는 말들이다.

기업의 자선 활동이 이렇게 활발하다면 소외된 사람들의 경제적 형편이 좀 나아져야 할 것이다. 그러나 우리는 그런 말을 들어 본 적이 거의 없다. 이유가 무엇일까? 우선 기부의 규모가 너무 작다. 예를 들어 우리나라 상장 기업의 경우, 2014년 매출액 대비 기부금 비율은 0.1%에 불과하다. 그럼에도 불구하고 기업의 자선 활동이 활발하게 이루어진다고 우리가 생각하는 이유는 순전히 기업의 대대적인 선전 때문이다. 기업들은 일반적으로 자선 활동에 쓰는 돈보다 훨씬 많은 돈을 이를 홍보하는 데 쓴다.

기업은 기업과 기업인에 대한 선한 이미지 구축에 효과적이기 때문에 자선 활동을 선전하는 데 더욱 열을 올린다. '착한 기업'이라는 이미지는 직원 채용, 시장 평판, 시장 개척에 많은 도움이 된다. 이미지가 나쁜 회사에서 일하는 직원보다는 이미지가 좋은 회사에서 일하는 직원의 만족감이 더 크리라는 점은 의심할 여지가 없다. 회사의 이미지가 좋고, 그런 회사에서 일하는 데 자부심을 갖는다면, 유능한 인재를 더 낮은 임금으로 채용하는 일도 가능하다.

요즘에는 대기업이 주최하는 대학생 봉사 활동 프로그램도 많다. 당연히 무료 봉사다. 자사 직원들을 동원하면 회사 업무의 일부로 간주되어 인건비가 들지만, 대학생을 동원하면 인건비도 들지 않는다. 이런 행사는 기업의 박애주의로 대대적으로 선전되는데, 엄밀하게 말하면 기업의 박애주의가 아니라 대학생의 박애주의다. 대학생 봉사 활동 프로그램은 다른 부수적인 효과도 있다. 이는 대학생에게 단순한 봉사활동이 아니라 기업 문화를 체험케 하는 장이 되기도 한다. 대학생들은 이런 프로그램을 통해 친기업적 정서와 사고를 자연스럽게 내면화하게 된다. 기업으로서는 이것도 좋은 일이다.

기업이 기부를 하면, 정부는 그만큼 세금을 감면시켜 준다. 그런데 이를 악용하는 기업들이 종종 있다. 예를 들어 보건복지부가 운영하는 '푸드뱅크(Food Bank)'라는 게 있다. 푸드뱅크는 기업에서 식품을 기부받아 어려운 이웃에게 전달하는 사업이다. 그런데 여기에

식품을 만드는 기업들이 유통기한이 지난 식품을 기부하는 일이 종종 있다. 그리고 세금 감면을 위한 기부 영수증을 발급받아 간다. 이럴 때 기업은 이중으로 이득이다. 일단 세금을 감면받아서 이득이고, 이와 더불어 제품 폐기 비용을 아낄 수 있어서 이득이다. 이는 기부가 아니라 사실상 푸드뱅크에 음식을 버린 것이라고 봐야 한다.

기업의 자선 활동은 시장 개척의 일환이기도 하다. 마이크로소프트사의 CEO 빌 게이츠Bill Gates가 아프리카에서 행한 일이 그렇다. 그는 소프트웨어를 기부하고, 아프리카에서 컴퓨터를 가르칠 강사들을 양산하고, 그에 필요한 돈을 기부했다. 일종의 교육 자선사업이라 할 수 있다. 그러나 생각해 보면, 그의 활동은 시장을 개척하는 일이나 마찬가지다. 컴퓨터와 인터넷을 사용하지 않았던 사람들이 이를 사용하게 되면, (세계적 독과점 기업인) 마이크로소프트의 고객이 되지 않을 수 없기 때문이다. 이는 새로운 수요를 창출하는 일이다. 기업의 자선 활동은 경영전략의 일환으로 얼마든지 채택될 수 있다.

**하위 키워드 ③ 창조적 자본주의**

빌 게이츠는 2008년 '다보스 포럼'에서 '창조적 자본주의(creative capitalism)'라는 개념을 주창했다. 내용은 이랬다. "경제적 불평등이 심화되어 하루 1달러 미만의 생계비로 살아가는 빈민들이 전 세계 10억 명에 이른다. 자본주의는 부유한 사람들뿐 아니라 가난한 사람들을 위해서도 기여할 수 있는 방안을 찾아야 한다. 이 문제를 개선하는 데에는 정부보다 기업이 효율적이다. 기업이 각국 정부 및 비영리단체들과 협력해 기부와 자선 활동을 비롯해 빈민을 도울 수 있는 길을 모색할 것이니, 그 대가로 '사회적 인정'을 달라." 한마디로 빈곤 문제 해결에 기업이 앞장서겠으니, 그 대가로 '사회적 인정'을 달라는 것이었다. 그리고 이 새로운 시스템을 '창조적 자본주의'로 부르자고 제안했다.

이 발언의 의미를 알기 위해서는 당시의 사회적 상황을 알아야 한다. 1990년대는 외환 위기가 세계적으로 연달아 발생하던 때였다. 1992~1993년 유럽을 시작으로, 중남미(멕시코, 브라질), 우리나라를 비롯한 동아시아 국가들, 러시아가 잇달아 외환 위기를 맞았고, 2006년에도 아이슬란드, 터키에서 외환 위기가 발생했다. 여러 나라들이 경제 위기와 경제 종속, 불평등 문제에 시달렸다. 글로벌 자본가에 대한 대중의 반감이 높아졌고, 각국에서 사람들이 거리로 뛰쳐나와 '반세계화'를 외치기 시작했다. 반세계화 운동의 시작이었다.

그러자 이전까지는 이익 추구에만 혈안이 되어 있던 글로벌 자본가들의 태도에 변화가 생겼다. 특히 빌 게이츠, 워런 버핏Warren Buffett, 조지 소로스George Soros 등 글로벌 자본가들은 '책임지는 부자'라는 단체를 결성하더니, 스스로 상속세와 주식 배당 소득세 폐지 반대, 근로자들의 최저임금 인상, 경영자들의 연봉과 혜택 축소를 주장하며 기업과 부자들의 사회적 책임을 촉구했다. 이들은 세계화와 신자유주의의 최대 수혜자였다. 그런 사람들이 자기 이익에 반하는 주장을 하며, 셀프 개혁에 나서는 행태를 취했던 것이다. 빌 게이츠의 '창조적 자본주의'도 그 연장선상에 있다.

그러나 '창조적 자본주의'는 단지 대중의 불만과 분노를 잠재우기 위한 것만은 아니었다. 우리는 그 단서를 빌 게이츠가 말한 '사회적 인정'에서 발견할 수 있다. 빌 게이츠가 말한 '사회적 인정'은 묘한 말이다. 본래 개인이건 기업이건 좋은 일을 하면 '사회적 인정'은 자연스럽게 생긴다. 그런데 빌 게이츠는 '사회적 인정'을 '달라'고 했다. 무슨 말일까? 이는 그가 원하는 '사회적 인정'이 단순한 칭찬이나 좋은 평판이 아니라는 사실을 의미한다. 그가 원하는 '사회적 인정'은 각국 시민들의 동의를 통해서만 얻어 낼 수 있는 '정치적 권한'이다. 그렇지 않다면 그것을 '달라'고 말할 이유가 없다.

빌 게이츠의 설명에 따르면, 창조적 자본주의가 추구하는 것은 "시장 기반의 사회적 변화"다. 여기서 말하는 '시장'은 기업, 그중에서도 가장 힘이 센 마이크로소프트와 같은 글로벌 기업을 의미한다. '시장 기반의 사회적 변화'란 쉽게 말해 '정부 중심의 사회적 변화'와 반대되는 말이다. 빌 게이츠는 '정부보다 기업이 문제 해결에 효율적'이라고 말했다. 그러나 기업의 자선 활동이 과세 시스템을 통한 재분배보다도 더 잘 작동하리라 기대할 수는 없다. 그의 말대로 설사 정부의 운영이 비효율적이라 하더라도 이를 고쳐 쓰는 게 맞다. 정부 운영이 비효율적이라고 해서 그 역할을 글로벌 자본에 맡기는 것은 민주주의에 역행하는 일이다.

# 녹색 성장

_ 환경보호와 시장 창출의 모순

**중심 키워드**

녹색 성장

**하위 키워드**

그린슈머, 신재생에너지, 생태 관광

지구의 천연자원에는 한계가 있다. 인간의 경제활동도 지구가 가진 이러한 한계 안에서 이루어진다. 인류가 이룬 빛나는 경제성장은 화려해 보이지만, 이는 수억 년에서 수십억 년 동안 축적되어 온 지구의 천연자원을 불과 몇백 년 동안 모조리 탕진하며 이루어진 것이었다. 경제가 성장하면서 자연환경도 무척 나빠졌다. 자연환경은 돌이킬 수 없을 정도로 나빠지고 있는데, 그 안에서 인간만 잘 먹고 잘 살 수는 없다. 인류는 경제성장에 집착함으로써 모순적인 개념을 낳고 있다. '녹색 성장'이 그렇다. '그린슈머', '신재생에너지', '생태 관광' 역시 그 모순 안에서의 몸부림을 보여 준다.

# 녹색 성장

녹색은 자연환경을 뜻한다. 녹색 성장은 환경도 보호하면서 경제도 성장시키겠다는 말이다. 우리는 흔히 인간과 자연을 나눈다. 그러나 실은 인간도 자연의 산물이다. 자연은 우리 삶의 기초다. 우리가 먹고 쓰는 음식이나 물건 가운데 자연에서 나오지 않은 것은 없다. 그런데 이 자연환경이 산업화로 매우 나빠졌다. 기후가 변했고, 생태계가 파괴되었으며, 석유나 석탄 같은 화석연료는 고갈되고 있다. 지금의 환경적 위기는 인류 전체의 삶을 위협할 정도가 되었다. '녹색 성장'은 이러한 환경적 위기를 배경으로 나온 말이다.

가능하기만 하다면, 환경보호와 경제성장이라는 두 마리의 토끼를 모두 잡겠다는 녹색 성장은 좋은 말이다. 그러나 과연 녹색 성장은 가능한 이야기일까? 우선 우리는 왜 이렇게 환경이 나빠졌는지를 생각해 봐야 한다. 환경이 나빠진 이유는 경제성장에 대한 맹목적 신앙 때문이었다. 그 믿음 속에서 경제적 이윤을 위한 개발과 남획, 대량생산과 대량소비가 이루어졌다. 그런데 녹색 성장은 경제성장을 포기하지 않는다. 포기하지 않는 정도가 아니라, 환경문제를 오히려 새로운 경제성장의 기회와 동력으로 삼는다. 새로운 시장 창출이라 할 만하다. 이쯤에서 우리는 질문을 던지지 않을 수 없다. 경제성장으로 망가진 환경을 경제성장으로 되살리거나 유지할 수 있다는 것이 말이 되는가.

녹색 성장은 흔히 생태적 압력을 최소화하면서 경제성장을 추구하는 전략으로 알려져 있다. 그러나 실제 내용은 그 이상이다. 녹색 성장의 핵심은 자연의 기술화·금융화를 통해 자연을 시장화하고, 이를 바탕으로 자본을 축적하는 데 있다. 예를 들어 태양, 물, 바람 등은 인간을 비롯해 지구에 살고 있는 모든 생명체들이 자연스럽게 누려야 하고, 누릴 수 있는 것들이다. 그런데 녹색 성장은 대체에너지를 개발한다며 여기에 일정한 기술을 적용시켜 사고팔 수 있는 상품으로 만든다.

물론 기존의 석유나 석탄 중심의 에너지는 고갈 위기에 처해 있고 환경에 주는 부담도 큰 만큼, 대체에너지 개발은 절실하다. 문제는 국가가 자연보호의 책임을 지면서, 자원을 개발해 공급하거나 통제하지 않고, 모두 기업에 맡긴다는 데 있다. 기업들은 인류가 안정적으로 에너지를 공급받기 위해서는 대체에너지 개발이 시급하며, 자신들의 노력이 가치 있다고 말한다. 그러면서 자신들이 기술 개발에 투자한다는 이유로 생명에 필요한 기본 요소인 태양, 물, 바람을 태양광 사업, 수처리 사업, 풍력 사업으로 시장화한다. 이는 매우 위험한 일이다. 돈을 지불할 수 없는 시민들은 앞으로 이에 대한 접근이 차단될 수 있음을 의미하기 때문이다. 그 결과는 안정적인 에너지 공급이 아니라 에너지 양극화일 것이다.

요즘은 에너지 프로젝트 파이낸싱, 에너지 펀드, 녹색 에너지 효율을 위한 금융 투자, 녹색 보험 상품 개발도 활발하다. 태양, 물, 바람을 사고팔 수 있는 금융 상품으로 취급하는 것이다. 이를 '에너지의 금융화'라 한다. 여기에서 중요한 점은 거래 행위 자체보다 태양, 물, 바람을 사고팔 수 있는 금융 상품으로 받아들이게 되는 의식의 변화에 있다. 이런 관념은 예전에는 있을 수 없는 것이었다. 그러나 지금은 태양, 물, 바람 등의 에너지가 금융 상품이 되어 실제로 팔리고 있다. 이를 사고파는 장면을 목격하는 것 자체가 무형의 에너지 역시 상품이 될 수 있다는 관념을 부지불식간에 받아들이게 하는 교육 과정이 된다.

**하위 키워드 ①** 그린슈머

에드워드 홈즈Edward Humes의 『102톤의 물음』이라는 책이 있다. 이 책에 따르면, 미국인 한 사람이 매일 버리는 쓰레기의 양은 3.2킬로그램이다. 평생 버리는 양은 102톤에 달한다. 묏자리가 아닌 쓰레기 산을 남기고 죽는 셈이다. 우리나라 사람들의 생활 습관도 친환경적이지는 않다.

'생태 발자국 지수'라는 게 있다. 캐나다 경제학자 마티스 웨커네이걸Mathis Wackernagel과 윌리엄 리스William Rees가 개발한 개념이다. 의

식주 해결에 필요한 각종 자원을 생산하고 소비하는 과정에서, 인간이 자연 생태계에 미치는 영향을 토지 면적으로 환산해 글로벌헥타르(gha)라는 단위로 나타낸 것이다. 현재 한국인의 '생대 발자국 지수'는 지구가 감당할 수 있는 지수(1인당 1.8gha)의 약 2배인 1인당 3.56gha다. 이 수치에 따르면, 한국인은 지구가 2.08개 있어야 하는 나쁜 생활 습관을 가진 셈이다.

　'그린슈머(greensumer)'는 '녹색(green)'과 '소비자(consumer)'의 합성어로, 환경 부담을 덜기 위해 소비하는 모든 제품에서 자연 친화적인 것을 선호하는 사람을 말한다. 이들은 생산과정에서 환경에 부담을 덜 주는 제품, 사용하고 난 뒤에도 자연으로 돌아가기 쉬운 제품을 쓰려고 노력한다. 쇼핑할 때, 장바구니를 사용해 비닐 봉투와 포장재 사용을 줄이고, 아무 곳에나 버리면 심각한 오염을 유발시킬 수 있는 의약품, 폐형광등, 폐건전지 등은 따로 지정된 장소에 버린다. 카페에서도 머그잔이나 개인 텀블러를 사용해, 일회용 컵 사용을 줄인다.

　환경문제에 신경 쓰지 않는 깃보다는 신경 쓰는 편이 훨씬 좋다는 사실은 분명하다. 그러나 사람들이 그린슈머를 자처하고 나서는 까닭은 환경오염 때문만은 아니다. 친환경·유기농 제품을 주로 쓰는 사람들은 무엇보다 그런 제품들이 자신과 가족들의 건강에 이롭다고 생각하기에 기꺼이 구매한다. 친환경 마크가 부착되어 있는 연비 높은 자동차, 열효율 높은 보일러, 에너지 효율 높은 냉장고 역시 마찬가지다. (효율이 높다는 것은 성능이 좋다는 말이기도 하다.) 다른 제품보다 좀 비싸기는 하지만, 이런 제품은 기름값, 가스비, 전기료 절약에 큰 도움을 준다. 장기적으로 보면 다른 제품을 쓰는 것보다 이익인 셈이다. 친환경 제품을 사용하는 것은 기본적으로 자신을 위한 일이고, 합리적 소비를 위한 일이다.

여기까지 보면 '환경에도 좋고, 소비자에게도 좋으면 됐지, 뭐가 문제인가' 하고 생각할 수도 있겠다. 그런데 문제는 그렇게 간단하지 않다. 예를 들어 구식 자동차를 연비 좋은 자동차로 바꾼 운전자는 비용 대비 주행거리가 늘어났기 때문에 더 자주, 더 멀리 차를 움직일 가능성이 높다. 열효율 높은 보일러를 쓰는 경우도 그렇다. 절약된 가스비를 감안해 난방 온도를 더 높이는 사람들이 많다. 환경보호라는 차원에서 보면 오히려 부정적 결과를 초래하는 것이다. 경제학자들은 이 패러독스를 '리바운드 효과(rebound effect)'라고 부른다. 대부분의 경우 '친환경 기술'의 효과는 리바운드 효과로 반감되어 버린다.

그러면 기름값이나 가스비가 줄어도 자동차를 더 이용하지 않고, 난방 온도도 더 높이지 않으면 되지 않을까? 그러나 이런 경우에도 절약된 비용이 또 다른 상품이나 서비스 소비로 이어지는 경우가 많다. 오늘날 사람들의 정신을 지배하는 것은 현금 가치 중심의 사고다. 환경까지 합쳐서 생각하면 불합리한 일들도 돈이 절약되면 합리적이라 생각한다. 현대 자본주의 경제는 기본적으로 낭비 경제다. 친환경 제품이고 유기농 제품이고 간에, 많이 사서 많이 버려야 경제가 돌아간다. 그린슈머라는 개념도 이 시스템 안에서 작동한다. 진짜 환경을 생각한다면, 친환경 제품인지 아닌지를 따지기보다, 먼저 소비 자체를 줄여야 한다.

현대 인류가 이룩한 문명은 휘황찬란해 보인다. 이 문명의 근간은 석유나 석탄 같은 화석연료에 기초한다. 화석연료를 채굴해 쓸 수 있게 되면서 거대한 시장이 형성됐고, 많은 상품이 쏟아져 나왔으며, 국제적인 무역 체계가 형성되었다. 그중에서도 석유가 핵심적인 역할을 했다. 석유는 상품생산의 동력이자, 그 자체로 상품의 일부다. 우리는 매일 석유를 입고, 먹고, 신고, 쓴다. 석유는 플라스틱, 합성섬유로 된 의류, 신발의 재료인 합성고무의 재료다. 슈퍼마켓에서 파는 거의 모든 식재료에도 부패 방지, 예쁜 색깔, 좋은 향을 위해 석유화학 합성 물질이 들어간다.

심지어 농사도 석유로 짓는다. 농기계도 석유로 움직이고, 농약도 비료도 석유화학 제품이며, 이를 운반하고 보관하는 데에도 석유가 들어간다. 제2차세계대전 직후 20억 명이던 세계 인구가 70억 명으로 늘어날 수 있었던 원천은 단위당 생산량을 2.5~3배 늘려 준 '석유 농업' 덕분이었다.

심지어 오늘날 인간 노예가 사라진 것도 석유 덕분이라 주장하는 사람도 있다. 미국의 저널리스트 앤드류 니키포룩Andrew Nikiforuk은 『에너지 노예 그 반란의 시작』에서 인간 노예가 해방된 것은 '석유'

라는 '에너지 노예'가 이를 대체하면서 생긴 현상이라고 주장했다. 석유가 우리의 삶, 산업 환경, 도시 구조, 계급 구조에 결정적인 영향을 미친 것은 분명하다.

그런데 이러한 화석연료가 급속히 줄고 있다. 화석연료의 사용으로 인한 지구온난화 문제도 심각하다. 이에 대한 대응책으로 제시된 것이 '신재생에너지'다. 신재생에너지는 '신에너지'와 '재생에너지'를 합쳐 부르는 말이다. 신에너지에는 수소와 산소를 화학반응시켜 전기에너지를 얻는 '연료전지', 원자력발전의 전력으로 물을 전기분해하는 방법 등으로 에너지를 얻는 '수소에너지', 석탄을 액화시키거나 가스화시키는 '석탄액화가스화'가 있다. 그리고 재생에너지에는 '태양광발전', '태양열', '풍력', '소수력', '바이오매스', '지열', '해양에너지', '폐기물에너지'가 있다. 신재생에너지는 오염 물질이나 이산화탄소 배출이 적어 환경친화적인 것으로 알려져 있다. 그래서 미래의 에너지로 각광받는다.

그러나 신재생에너지라고 해서 환경에 부담을 주지 않는 것은 아니다. 예를 들어 풍력을 보자. 바람이라는 자원 그 자체는 환경에 무해하다. 그러나 풍력발전도 그럴까? 우선 풍력발전기는 아무 데나 설치할 수 없다. 바람이 자주 불 뿐 아니라, 풍속이 빠른 곳이어야 한다. 또한 변전소가 가까워야 한다. 변전소가 멀면 전력 계통망을 설치하는 데 비용이 많이 들고, 송전 손실이 발생하기 때문이다. 도로도 가까워야 한다. 도로에서 멀어질수록 풍력 터빈을 옮기기 어려울 뿐 아니라, 도로를 연장해야 해서 더 많은 산림이 훼손되며, 공사 비용도 많이 든다.

풍량과 풍속이 충분하고 변전소와 도로가 가까운 곳은 드물다. 그래서 이런 조건에 만족하는 부지를 찾게 되면, 이곳에 대단위 풍력 발전 시설을 조성하게 된다. 문제는 이렇게 대단위 풍력 발전 시설이 들어서는 것 자체가 환경과 생태계, 그리고 인근 주민들에게 악영향을 미친다는 사실이다. 산의 능선이나 해안가에 설치되는 풍력발전기는 산림과 환경 미관을 해치는 것은 물론 전자장과 저주파 소음을 발생시켜 주변에 고통을 준다. 발전기 인근 주민들은 두통, 코 출혈, 이명, 불면증, 현기증을 호소하는 것으로 보고되고 있다. 게다가 풍력발전기는 철새의 이동 방향에 영향을 미치거나, 동식물 스트레스를 유발하기도 한다.

원전 중심의 전력 체제를 극복하기 위해서라도 에너지의 다변화는 필요하다. 그러나 재생에너지 역시 환경에 무해하지는 않다. 이점을 명확히 깨닫고 재생에너지의 소비도 줄여야 한다. 가장 이상적인 해결책은 '소규모 저에너지 사회 환경'을 만드는 것이다. 중앙에서 통제하는 대규모 발전 단지가 아니라, 지역 중심으로 소규모의 에너지 생산과 통제가 이루어져야 한다. 소규모 발전과 에너지 저사용은 서로 밀접한 관련이 있다. 우리가 쓸 에너지 발전기를 우리 지역에 설치하면 인체와 생태계, 환경에 미치는 영향을 생각하지 않을 수 없고, 에너지도 아껴 쓰게 된다.

여행 싫어하는 사람이 있을까? 별로 없을 것이다. 여행은 즐겁다. 그러나 즐거운 여행에도 단점이 존재한다. 대표적인 것이 환경 파괴다. 여행자는 많은 물, 전기, 석유, 음식, 일회용품을 소비하면서 다닌다. 호텔에서는 살균 소독제, 화학 세정제를 사용해 청소하고 세탁한다. 자동차, 항공기, 여객선 같은 이동 수단도 대기오염에 치명적이다. 특히 등유, 휘발유, 산화방지제, 부식방지제, 미생물 살균제 등이 혼합된 항공유는 하늘에서 직접 연소되기 때문에 온실효과를 극대화한다. 여행은 호텔, 식당, 골프장, 카지노, 항구, 공항, 도로, 유흥업소, 리조트, 쇼핑센터, 테마파크 같은 관광 기반 시설을 요구한다. 이 역시 심각한 환경 파괴를 초래한다.

'생태 관광'은 현지 환경에 미치는 영향을 최소화하기 위해 노력하는 개념이다. 생태 관광을 하는 여행자들은 일회용품 사용을 자제하고, 쓰레기를 아무 데나 버리지 않는다. 숙소도 호텔이나 리조트가 아니라, 현지 주민의 집을 빌려 머문다. 생태 관광에는 그들과 똑같이 먹고, 함께 생활해 보는 프로그램들이 많다. 여행자들은 현지 주민의 생활과 문화, 인격을 존중하고, 함부로 대하지 않으며, 대형 여행사를 끼지 않고, 정당한 가격을 지불함으로써 그들의 가계에 직접적으로 도움을 주려고 한다. 이러한 생태 관광은 공정 여행의 성격도 갖고 있다. 그래서 흔히 '착한 여행'이라 불린다.

생태 관광은 유명 관광지가 아니라 일반 관광객들이 잘 가지 않는 오지에서 이루어지는 경우가 많다. 오지일수록 날것 그대로의 자연환경과 생활·문화를 체험할 수 있기 때문이다. 야생동식물과 훼손되지 않은 자연 풍광, 현지 주민들의 진기한 생활·문화는 도시인들이 쉽게 경험하기 힘든 것들이다. 사람들이 생태 관광을 하는 가장 큰 이유가 여기에 있다. 거리가 멀고, 관광객을 위한 편의 시설이 없어 불편하고, 가격이 싼 것도 아니지만, 대신 색다른 경험을 할 수 있다. 오늘날에는 여행도 산업이다. 그것도 매우 거대한 산업이다. 여행 산업적 측면에서 보면, 생태 관광은 새로운 여행 프로그램의 개발, 혹은 여행 시장의 개척이라 볼 수 있다.

여행은 되도록 도시 생활과의 간극이 크면 클수록 좋다. 도시 생활자는 업무 스트레스, 교통 체증, 소음, 오염된 공기, 시간 압박, 경제적 압박, 사회통제에 찌든다. 외딴 세계의 매력이 여기에 있다. 낯설고 색다른 세계로의 여행일수록 도시 생활에 찌든 영혼을 치유하고, 잃어버린 자유와 낭만을 되찾는 느낌을 준다. 그 외딴 세계의 극단이 오지 여행, 생태 관광이다. 흔히 생태 관광은 일반적인 여행의 대척점에 있는 것처럼 선전된다. 그러나 이는 여행 산업의 논리를 고스란히 추종할 뿐 아니라, 여행 산업의 최전선으로 기능한다.

그래도 '현지 주민들의 가계에 보탬이 된다면 생태 관광은 좋은 것 아닌가' 하고 생각할 수도 있다. 이것도 파고들어가 보면 만만치 않다. 2001년 유엔 산하 세계관광기구(UNWTO)가 개최한 학술 세미나에서, 국제관광운영자협회(IFTO) 사무총장이 공개한 국제 관광 상품의 수익 배분 현황에 따르면, 전체 수익의 20%가 여행자의 모국에 돌아갔고, 37%는 항공사가 차지했다. 전체 비용 면에서 보면, 43%만이 관광국으로 흘러들어가는데, 그조차 대부분이 음료, 식품, 에어컨, TV, 연료 등 관광객의 필수품을 수입하는 데 쓰였다. 결국 관광국이 벌어들이는 수익은 여행업체가 벌어들인 전체 수익의 5% 에도 미치지 못했다. 이 5%도 상당액이 현지 정치·경제를 주무르는 과두 세력에게 들어가고 있는 상황이다.

　이런 것을 다 따지면, 현지인의 몫으로 떨어지는 돈은 정말 얼마 되지 않는다. 생태 관광에서는 현지인의 몫이 조금 더 많을 수 있지만, 그렇다고 큰 차이가 나는 것은 아니다. 관광이 현지인을 먹여 살린다는 생각은 허구다. 관광은 현지인을 부자로 만들어 주는 것이 아니라, 현지의 경제구조를 관광산업에 의존하는 형태로 바꿀 뿐이다. 그전까지는 자급자족하며 살았던 사람들이 자신들의 생활을 구경거리로 내놓고, 관광객들에게 서비스를 제공하며 살아야 한다.

경제 5

# 지식재산권

_ 지식과 정보의 자산화는 정당할까?

중심 키워드

지식재산권

하위 키워드

산업재산권, 저작권, 카피레프트

2009년 4월 신종 인플루엔자가 발생해 대유행(pandemic)이 종료된 2010년 8월까지, 이로 인해 전 세계 200여 개국에서 1만 8,000여 명이 사망했다. 이때 우리나라를 비롯한 각국의 공중 보건 당국은 백신이 부족해 제대로 공급하지 못할까 봐 불안에 떨어야 했다. 화학식을 알면 복제약을 만들 수 있지만, 국제 특허법에 묶여 있어 화학식을 안다 해도 마음대로 만들 수 없었기 때문이다. 이처럼 '지식재산권'은 인간의 생사를 결정지을 정도로 중요한 문제가 되기도 한다. 지식재산권은 생각보다 우리 일상에 많은 영향을 미친다. '산업재산권'과 '저작권'은 지식재산권의 일부이고, '카피레프트' 운동은 지식재산권에 반대하는 운동이다.

# 지식재산권

자본주의의 역사는 소유권 개념 발달의 역사다. 자본주의가 발달하면서 눈에 보이는 모든 것, 인간이 만든 인공물은 물론이고 자연물까지도 주인 있는 물건으로 바뀌어 갔다. 자본주의는 이에 그치지 않고 눈에 보이지 않는 것에까지 소유권을 주장하기에 이르렀다. 그것이 바로 '지식재산권'이다. 지식재산권은 말 그대로 지적인 것(정신적인 것)도 여타의 물건처럼 소유권이 있는 사유재산이라는 의미다.

지식재산권에는 세 가지가 있다. 첫째, '산업재산권'으로, 특허권·실용신안권·디자인권·상표권이 여기에 포함된다. 둘째, '저작권'으로, 저작재산권·저작인격권이 대표적이다. 셋째, '신지식재산권'으로, 컴퓨터 프로그램·온라인 디지털 콘텐츠·반도체 집적회로 배치설계·종자 신품종·영업 비밀·데이터베이스처럼, 과학기술의 급속한 발달과 사회 여건의 변화로 생긴 지적 창작물이 여기에 속한다. 지식재산권을 가진 개인이나 법인은 그 지식과 정보를 외부에 공개하지 않을 뿐 아니라, 누군가 스스로 터득한 지식과 정보라도 그 내용이 비슷하면 이용을 금지시킬 수 있다. 한마디로 지식재산권이란 특정 지식과 정보를 독점적으로 사용할 수 있는 권리를 말한다.

지식재산권은 논란의 여지가 많은 개념이다. 생각, 아이디어, 정신, 지식, 정보, 노하우라는 추상적인 영역에까지 소유권 관념을 확대해, '이 생각은 내가 가장 먼저 했으니, 내 거야', '이 방법은 내가 가장 먼저 알아냈으니, 내 거야' 하고 주장하는 것이기 때문이다. 사람의 생각이나 아이디어는 근본적으로 고립된 개인이 만들 수 없는 사회적 산물이다. 모든 지적 업적은 수많은 사람들이 이전에 남긴 업적 위에서만 이루어질 수 있다.

인간이 하는 모든 생각에는 보편성이 있다. 내가 하는 생각은 남도 할 가능성이 높다. 차이가 있다면 누구는 좀 더 '빨리' 하고, 누구는 좀 더 '늦게' 하는 정도뿐이다. 그래도 '어떤 생각이나 아이디어를 처음 떠올린 사람의 노고는 인정해 줘야 하지 않을까?'라고 생각할 수도 있다. 이에 동의한다 하더라도, 최초 발견자에게 그에 걸맞은 명예를 부여하면 되지(사실 '최초 발견자'로 인정받는 것 자체가 명예다.), 그 아이디어에 대한 독점적 권리까지 줄 필요는 없다.

지식재산권을 보장해 주는 국제조약은 오래전부터 있었다. 특허권, 실용신안권, 디자인권, 상표권 등을 보호하는 파리협약(1883)이나, 저작권, 저작인접권을 보호하는 베른협약(1886) 등이 그것이다. 그러나 당시에는 가입국의 수도 적었고, 그 의무를 이행하지 않더라도 별다른 제재 수단이 없었다. 지식재산권 제도가 급격히 전 세계에 확산된 시기는 1970년대 이후였다. 신자유주의의 발흥, 자본의 국제화, IT 혁명이 결정적이었다.

이 중에서 특히 주목해야 할 것은 IT 혁명이다. 개인용 컴퓨터 (PC)와 인터넷의 보급은 산업사회를 지식정보사회로 급속하게 변화시켰다. 지식정보사회로의 이행은 텍스트, 음악, 서적, 이미지, 영상, 게임, 컴퓨터 소프트웨어의 무한 복제와 세계적 확산을 바탕으로 했다. IT 혁명 초창기에는 이것이 전혀 나쁜 일로 생각되지 않았다. 정보의 무한 복제와 세계적 확산은 인터넷 세계를 풍요롭게 하는 일로 여겨졌고, 이를 통해 인터넷 이용자가 기하급수적으로 많아질 수 있었다.

분위기가 일변한 것은 1990년대 중반부터다. 각국이 대대적으로 자유무역협정(FTA)을 체결하고, 그 결과 세계무역기구(WTO) 회원국에 '무역 관련 지식재산권 협정(TRIPs)'이 적용되면서 지식과 정보의 자유로운 복제와 이용은 '해적질'로 규정되었다. 이에 기업들은 지식재산권 침해로 이용자들을 고소하기 시작했다. 애초 지식과 정보를 중심으로 한 지식 기반 사회를 만든 것은 전 세계의 수많은 인터넷 이용자들이었다. 이때부터 인터넷 이용자들은 지식 기반 사회의 주체에서 지식 기반 경제의 소비자로 그 지위가 변하기 시작했다.


**하위 키워드 ①  산업재산권**


'산업재산권'은 특허권·실용신안권·상표권·의장권을 일컫는다. 특허권은 물건 또는 방법을 최초로 발명(창작)한 경우, 실용신안권은 물건을 편리하고 유용하게 개량했을 때, 상표권은 특정 상표를 등록하면, 의장권은 물품의 형상·모양·색채 등을 아름답게 개량하면 가질 수 있는 권리다. 산업재산권에서도 '처음'이 중요하다. 이제까지 없었던 무언가를 처음으로 만들거나 개량한 경우에만 그 권리를 얻을 수 있다.

그러나 '누가 가장 먼저 특정한 생각이나 아이디어를 떠올렸는가?'를 아는 것은 쉬운 일이 아니다. 머릿속에서 일어나는 일은 아무도 알 수 없기 때문이다. 엄밀히 말하면 산업재산권은 '가장 먼저 어떤 아이디어를 떠올린 사람, 혹은 그 아이디어를 실행한 사람'이 아니라, '가장 먼저 해당 관청에 그 아이디어를 등록한 사람'에게 주어질 수밖에 없다.

미국의 사회학자 이매뉴얼 월러스틴은 『세계 체제 분석』에서 이렇게 말했다. "판매자들은 언제나 독점을 선호한다. … 완전한 독점을 만들어 내기란 아주 힘들고 드문 경우이지만, 준독점을 형성하는 것은 그렇지 않다. 이를 위해서 무엇보다 필요한 것은 … 국가 장치를 통한 지원이다. 여기에는 여러 가지 방법이 존재하는데, 가장 기본적인 방법 하나가 … 특허권 제도다. 특허권 제도는 기본적으로 소비자에게는 '새로운' 제품을 가장 값비싸게 구매하게 하며, 이를 통해서 생산자들이 가장 높은 이윤을 거둘 수 있게 만드는 것이다." 산업재산권의 취득 목적이 이윤에 있음을 알 수 있다.

특허권의 기원은 1474년 제정된 '베네치아 특허 조례'로 알려져 있다. 당시 베네치아의 주요 산업은 직조 기술이었는데, 공장들이 경쟁력을 높이기 위해 부자들의 투자를 받고자 했다. 부자들은 직조에 필요한 발명과 기술혁신, 직조 기계의 설비 등에 투자하는 대신, 누구도 이를 모방할 수 없게 하는 법적 장치를 요구했다. 그 결과 만들어진 법이 베네치아 특허 조례였다. 이 법은 공정한 경쟁을 제거하고, 시장 독과점을 보장해 주는 것이나 다름없었다. 특허법은 애초부터 발명가와 발명 아이디어보다는 부상하는 자본가의 이익을 보호하기 위한 제도였다.

일찍이 산업재산권 제도가 정착된 미국, 유럽 등지에는 당연히 이미 등록된 산업재산권 목록들이 많았다. 반면에 우리나라를 비롯한 주변부 국가들에는 산업재산권이라는 제도 자체가 없었던 만큼, 등록된 목록도 없었다. 이런 상황에서 1990년대 서구 선진국 정부와 산업계는 발명가나 발견자의 노력은 보호되어야 한다고 강조하며, 자신들과 동일한 산업재산권 제도를 받아들일 것을 전 세계에 강요했다. 이는 사실상 자기 나라에 등록된 산업재산권 목록을 세계적으로 확장해 적용시키겠다는 것으로, 매우 불공평한 처사였다.

지금 전 세계 대부분의 국가들은 지식재산권에 관한 한 국내법보다 국제조약을 따르고 있다. 이로 인해 주변부 국가에서는 서구 선진국에 등록된 산업재산권 목록과 비슷한 상품이나 기술 개발이 제한되었으며, 우연이라도 비슷한 상품이나 기술을 개발하면 사용료(royalty)를 지불해야 했다. 경제학자 장하준이 지식재산권 영역에서 선진국이 개발도상국에 보이는 태도를 '사다리 걷어차기'라고 비판한 것도 이 때문이다. 선진국 자신들은 19세기 지식재산권 형성기에 온갖 도용과 해적질을 통해 지금의 위치에 오른 후, 이제는 지식 재산권 제도들을 앞세워 개발도상국들이 혁신과 개발을 이룰 수 없도록 그 통로(사다리)를 차단해 버렸다는 것이다.

선진국과 초국적 기업들은 산업재산권을 이용해 막대한 이윤을 취한다. 현재의 산업재산권 제도는 지구적 차원의 불평등을 심화시킨다. 이런 관점에서 보면, 산업재산권은 핵심부-주변부 국가의 지위를 고착시키는 제도적 장치라 할 수 있다.

### 하위 키워드 ② 저작권

'저작권'은 저작권자의 동의 없이 이루어지는 저작물의 복제나 배포를 금지할 수 있는 권리다. 달리 말하면 글, 그림, 영상, 음악 같은 창작물을 복제하거나 배포하기 위해서는 저작권자의 허락을 받고, 그에게 사용료를 지불해야 한다는 의미다. 저작권은 창작물의 경제적 가치가 보호되어야 창작자들의 생계 문제도 해결되고, 창작 활동도 활성화될 수 있다는 취지로 만들어졌다.

지금 대부분의 저작물들은 저작권의 보호를 받고 있다. 그렇다면 창작자들의 경제적 생활도 많이 나아졌어야 한다. 그러나 현실은 그렇지 않다. 생계를 유지하기에 충분한 저작권료를 받는 창작자는 극소수에 불과하다. 단지 창작물들이 잘 팔리지 않아서가 아니다. 여기에는 좀 더 복잡한 문제가 있다.

'음악'을 예로 들면, 우리나라에는 이른바 '음악 저작권 3단체'라는 게 있다. 한국음악저작권협회, 한국음원제작협회, 한국음악실연자연합회가 그것이다. 이 단체들이 음악인들 대부분의 저작권 관련 업무를 위탁받아 관리한다. 그러니 원칙적으로는 음원 사용료에 대한 규칙을 정하는 것도 이 단체들이어야 한다. 하지만 실제로는 이 단체들을 관리, 감독하는 문화체육관광부 소속 저작권 관련 부서의 관료 몇 명이 결정한다. 음악은 물론이고, 음악 산업에 대해서도 잘 모르는 관료에 의해 결정되는 것이다.

음악 저작권 3단체는 대형 음원 유통 사업자와 계약도 한다. 여기에서도 창작자들은 소외된다. 창작자들 대부분은 음악 저작권 3단체와 음원 유통 회사가 일방적으로 정한 약관대로 계약할 수밖에 없다. 그렇지 않으면 자신의 음원을 유통시키지 못하는 불이익을 당하게 된다. 결국 저작권 관련 업무의 최종 결정권자는 창작자가 아니라, 정부 관료와 대형 음원 유통업체라고 할 수 있다.

사람들은 흔히 창작자가 곧 저작권자라고 알고 있다. 하지만 그렇지 않은 경우도 많다. 오늘날 저작권은 사고팔 수 있는 상품으로 취급된다. 특히 저자가 사망한 뒤, 기업들이 그 저작권을 창작자의 자손들로부터 사들이는 경우가 적지 않다. 대중은 저자에게 저작료를 지불하고 창작물을 감상하거나 이용하므로 그 돈이 저자에게 돌아갈 것이라고 생각하지만, 실은 그중 상당 부분이 기업으로 흘러들어가는 것이 현실이다.

저작권 개념은 창작자를 하나의 '상품'을 생산한 사람으로 취급하고, 상품 이용에 대한 대가를 소비자가 지불하는 것을 전제로 한다. 이 개념은 언뜻 창작자를 위한 것처럼 보이지만, 실은 기업의 이익과 투자를 보호하기 위한 것이다. 저작권은 창작자의 생계를 인질로 삼아 기업의 배만 불리는 꼴이다. 기본적으로 문화적·예술적 창작물은 공공재다. '세계인권선언'에도 명시되어 있듯이, 모든 국민은 문화 예술을 누릴 기본 권리를 지녔으며, 국가는 이를 지원해야 할 의무가 있다. 대부분의 창작자들은 이를 잘 알고 있다. 그래서 책을 쓰는 저자들의 경우, 오히려 도서관이 부족한 현실을 비판할망정, 도서관에서 자신이 쓴 책을 여러 사람들이 공짜로 돌려 보고 빌려 보는 것을 두고 자신의 저작권을 침해한다고 항의하지 않는다. 기본적으로 '책'이라는 물건이 공공재임을 인정하기 때문이다.

저자들의 생계유지나 창작 활동에 대해 경제적 보상이 있어야 하는 것은 맞다. 그러나 그 보상이 꼭 시장을 통해서만 이루어져야 하는 것은 아니다. 창작물이 공공재라는 사실을 인정한다면, 그에 걸맞은 사회보장제도를 예술가들에게 마련해 주고, 시민들은 창작물을 자유롭게 이용하면 된다. 유럽에는 이미 예술인의 생계비를 지원하는 기초생활보장제도가 있다. 네덜란드는 '예술인최저생활보장제도(WIK)'로 최저 소득을 보장해 주고, 독일은 '예술인사회보장금고(KSK)'를 통해 남들보다 적은 금액을 내고 4대 보험이나 연금 혜택을 받을 수 있도록 돕는다. 프랑스는 예술인들의 실업급여 조건을 완화해 주는 '공연예술인고용보험(엥떼르미땅, Intermittent du spectacle)'이라는 제도를 운영한다. 우리도 이런 제도를 도입할 필요가 있다.

1948년 12월 10일, 제3차 유엔총회에서는 제2차세계대전에서의 인권 침해에 대한 반성과 인간의 기본적인 권리 존중을 위해 '세계인권선언(Universal Declaration of Human Rights)'을 채택했다. 세계인권선언 27조 1항에 보면, "모든 사람은 공동체의 문화생활에 자유롭게 참여하고, 예술을 감상하며, 과학의 진보와 그 혜택을 누릴 권리를 가진다."라고 나와 있다. 그때 이미 세계는 누구나 과학적 지식과 정보, 문화 콘텐츠를 자유롭게 이용할 수 있어야 한다는 사실, 이를 통해 학문 연구와 예술 활동에 대한 참여 역시 보장되어야 한다는 사실을 역설하고, 이것이 보편적 인권을 실현하는 일임을 합의했다.

지식과 정보는 물질적 재화와 달리 '희소성'이 존재할 수 없다. 가령 누군가 금, 집, 땅 같은 것을 독차지하면 다른 사람은 이를 소유할 수 없다. 그러나 지식과 정보는 철수가 영희한테 알려 준다고 해서 부족해지지 않는다. 지식과 정보는 얼마든지 복제해도 원본을 손상시키지 않고, 원소유자의 사용에도 해를 끼치지 않는다. 지식재산권을 탐탁지 않게 여겼던 미국의 정치가 토머스 제퍼슨Thomas Jefferson은 이런 말을 했다. "누가 나의 관념을 전달받았다고 해서 나의 것이 줄어들지는 않는다. 누가 내 등잔의 심지에서 불을 붙여 갔더라도 내 등잔불은 여전히 빛나고 있는 것이다."(「아이작 맥퍼슨에게 보내는 서간문」에서) 그 유명한 '촛불론'이다. 지식과 정보가 그렇다. 지식재산권은 자연적으로는 존재할 수 없는 '부족 상태'를 인위적으로 '창출'하기 위해 고안된 장치다.

과학과 예술의 발달 측면에서만 보면, 지식재산권이 더 많은 발명과 발견, 창작을 촉진한다는 주장은 설득력이 없다. 지식재산권은 지식과 정보에 대한 접근을 가로막음으로써, 과학과 예술의 발달을 저해한다. 지금과 같은 지식정보사회에서 일부 기득권층이 지식과 정보를 독점함으로써 얻는 경제적 이득과 정보 격차는 그 자체로 경제적 불평등을 불러온다. 정치 영역에서도 지식과 정보의 독점은 시민의 표현의 자유를 제한하고, 비민주주의를 유발한다.

이런 문제의식 아래 생겨난 것이 '카피레프트(copyleft)' 운동이다. 카피레프트는 저작권을 뜻하는 '카피라이트(copyright)'에 대응하는 신조어다. 카피레프트에 동의하는 사람들은 자신이 만든 창작물에 대한 배타적 권리를 주장하지 않을 뿐 아니라, 오히려 다른 사람들에 의해 자신의 창작물이 적극 이용되고 개량되어 더 나은 창작물이 나오길 바란다. 모든 지적 창작물은 인류 공동의 유산이기 때문에 모두가 자유롭게 사용할 수 있어야 한다는 신념하에 기꺼이 자신의 창작물을 공유하고 개방한다.

카피레프트 운동의 선구자로는 리처드 스톨먼Richard Stallman이 꼽힌다. 미국 매사추세츠대학(MIT) 인공지능 연구소의 연구원이던 그는, 컴퓨터 소프트웨어가 상업화되는 것에 반대해 1983년 누구나 자유롭게 소프트웨어를 사용할 수 있게 하자는 '자유 소프트웨어 운동(Free Software Movement)'을 전개했다. 스톨먼은 자신이 만든 소프트웨어 프로그램을 누구나 다운받을 수 있게 하고, 누구나 필요에 따라

고쳐 사용할 수 있도록 프로그램 소스도 공개했다. 그가 내건 조건은 단 하나, 자신의 프로그램 소스를 이용해 개량된 프로그램 역시 타인이 마음대로 가져갈 수 있도록 개방되어야 한다는 것이었다.

카피레프트는 매우 뜻깊은 운동이다. 그러나 여기에도 조심해야 할 점이 분명 있다. 일례로 '구글 북스 라이브러리 프로젝트(Google Books Library Project)'라는 사업이 있다. 전 세계의 모든 책을 스캔(복제)해서 누구나 온라인에서 책을 검색하고 열람하게 하는 것을 목표로 2004년 시작된 사업이다. 구글은 '디지털 도서관 사업'이 인류 전체에게 지식과 정보를 개방한다는 점에서 공익적이라고 주장한다. 책은 지식과 정보가 가장 정제된 형태로 응축된 물건이다. 따라서 이 프로젝트가 완성되면, 구글이라는 한 기업이 인류 전체의 가장 정제된 지식과 정보를 통제하고 관리하는 권력을 갖게 된다. 이는 무서운 일이다. 구글의 예처럼, 기업이 공짜 정보를 훔쳐 자신의 이익과 권력을 도모하는 명분으로 카피레프트를 이용하는 일은 충분히 가능하다. 카피레프트 운동에 기업의 참여가 불허되어야 하는 이유다.

# 노동의 유연화

_ 열심히 일해도 가난한 이유

중심 키워드

노동의 유연화

하위 키워드

임금피크제, 워크셰어링, 아웃소싱

'노동의 유연화'는 우리나라에서는 1997년 12월에 발생한 외환 위기 이후, 노동자 보호를 위한 노동 관련법과 규제가 대폭 완화되면서 정착되었다. 현재 우리가 목도하는 노동자들의 고단한 삶은 노동의 유연화, 그것의 결과다. 노동의 유연화는 단지 기업이 인력을 사용하는 방식에만 국한되지 않는다. 이제는 업무상의 위험과 실패에 대한 책임을 노동자에게 전가하는 데로까지 나아가고 있다.

# 노동의 유연화

'노동의 유연화'는 노동을 부드럽고 연하게 쓸 수 있다는 뜻이다. 그래서 좋은 것이라고 생각하기 쉽다. 실제로 1997년 외환 위기를 겪은 직후 우리나라에서 처음으로 노동의 유연화 정책이 시행되었을 때, 많은 언론들의 시각이 그랬다. 노동의 유연화를 소득보다는 삶의 질을 중시하는 새롭고도 세련된 노동 형태로 소개했다. 소득이 조금 낮더라도 여유를 갖고, 무리해서 일하지 않고, 일하고 싶을 때 일하고, 남는 시간에는 여행도 다니고, 문화생활도 즐기고, 배우고 싶은 것이 있으면 배우는 등 개인 생활을 즐기는 노동 형태로 소개한 것이다.

그러나 이러한 언론들의 보도는 어폐가 있다. '노동의 유연화'의 주체는 노동자가 아니라 사용자(직원에게 노동의 대가를 지불하는 기업이나 사업주)이기 때문이다. 노동의 유연화는 노동자가 일하고 싶을 때 일하고, 쉬고 싶을 때 쉴 수 있게 해 주는 정책이 아니다. 사용자가 노동자에게 일을 시키고 싶을 때 언제든 불러서 일을 시키고, 해고하고 싶을 때 언제든 자르는 것이 노동의 유연화다. 결국 노동의 유연화는 노동자의 권리가 아니라 사용자의 권익을 확장하는 제도이자 정책이다.

노동의 유연화는 이루어졌지만, 언론의 예언처럼 노동자들은 여행을 다니고 싶을 때 마음대로 다니고, 배우고 싶은 것이 있을 때 마음대로 배우지 못하고 있다. 노동의 유연화로 임금 소득과 자기 시간이 줄었기 때문이다. 지금은 경영상 어려움을 이유로 조기 퇴직, 정리 해고가 수시로 이루어진다. 인턴(수습), 단기 계약직, 임시직, 시간제 노동자, 일일 고용직 등 비정규직도 많고, 파견 근로자나 특수 고용직도 많다. (파견 노동자는 특정 업체를 위해 일하면서도 명목상으로는 인력 파견 업체에 소속되어 있는 노동자이고, 특수 고용직은 특정 업체를 위해 일하면서도 명목상으로는 개인 사업자로 분류되는 노동자이다. 파견 근로자나 특수 고용직은 실질적으로는 특정 업체에서 일하면서도 그 업체 직원이 아닌 셈이다.)

조기 퇴직, 정리 해고, 비정규직, 파견 노동, 특수 고용은 모두 노동자들을 저임금과 언제 잘릴지 모르는 고용 불안에 시달리게 한다. 저임금으로는 생활이 안 되니, 노동자들은 더 많은 시간 일해야 할 뿐 아니라, 고용 불안 때문에 업체의 부당한 지시나 요구, 인격 모독도 감수해야 한다. 특히 시간제 노동자(아르바이트)나 일용직은 일하는 시간은 얼마 안 되어도, 업체에서 부르면 바로 나가서 일할 수 있도록 상시 대기 상태에 있어야 하기 때문에 삶의 계획을 세우기가 어렵다. 결론적으로 말하면, 외환 위기 직후 언론이 노동의 유연화를 노동자들의 삶의 질을 높일 수 있는 노동 형태로 소개한 것은 거짓이었다.

그러면 노동의 유연화가 등장한 이유는 무엇일까? 표면적인 이유는 이렇다. 국제경쟁력과 생산성 향상, 일자리 증가, '필요한 제품을, 필요한 때에, 필요한 만큼만' 생산하는 적기 생산과 수요 변화에 빠르게 대응하는 '다품종 소량 생산'에 유리하기 때문이라는 것이다. 그러나 본질적인 이유는 다른 데 있다. 지금 우리 사회가 금융자본주의 체제로 접어들었기 때문이다. 어떤 기업이든지 많은 상품을 팔아 더 큰 이익을 남기는 데 관심을 가진다. 그러나 금융자본주의 체제에서 이보다 더 중요한 것은 주주 배당과 시세 차익이다. 주주 배당과 시세 차익을 늘리기 위해서는 오르락내리락하는 주가에 반응해 언제라도 자유롭게 노동자를 고용하고 해고할 수 있어야 한다. 그것이 노동의 유연화가 필요한 이유다. 노동의 유연화는 주식시장과 주가 변동의 위험을 노동자들에게 전가하는 정책이다.

### 하위 키워드 ① 임금피크제

예전에는 회사를 오래 다닐수록 임금이 오르는 것이 보통이었다. 이렇게 여러 해 동안 근무한 공로를 인정해 임금을 올려 주는 것을 '연공형 임금제'라 한다. 반면에 '임금피크제'는 임금이 상승할 수 있는 피크(peak, 정점) 나이가 있어, 그 나이가 지나면 임금이 해마다 (기존 임금의 70 → 60 → 50 → 40 → 30% 하는 식으로) 떨어지게 만든 제도다. 대신 기업은 보통 55세였던 정년을 60세까지 연장해 준다. 여기서

피크 나이는 보통 50대 초반이다. 노동자는 그 나이가 되면 희망퇴직을 할지, 계속 감소하는 임금을 받으면서 연장된 정년까지 일할지를 결정해야 한다.

정부와 기업은 왜 이런 임금피크제를 시행하는 것일까? 명분은 이렇다. 지금은 불황기다. 기업은 물건이 팔리지 않아 신규 인력 채용이 힘들다. 신규 인력을 채용하지 않으니 청년 실업률이 높을 수밖에 없다. 그런데 임금피크제가 시행되면 기업은 절약된 인건비로 청년들을 채용할 수 있다. 게다가 요즘은 조기 퇴직이나 정리 해고도 많다. 이 때문에 많은 장년층과 노년층이 경제적인 어려움을 겪고 있다. 그런데 정년을 연장해 주면 더 오랫동안 일할 수 있으니, 노후 생활 안정과 고용 안정에 도움을 준다. 또한 정부는 정부대로 고령화 문제, 고용 불안과 청년 실업을 완화해서 좋고, 기업은 기업대로 인건비를 줄이면서도 숙련된 인력을 재활용할 수 있어서 좋다. 정리하면, 임금피크제는 청년층, 고령 노동자, 기업, 정부 모두에게 좋다는 것이다.

그러나 과연 그럴까? 우선 청년 고용 문제를 살펴보자. 청년 고용을 늘리라는 정부의 정책은 권고 사항이지 의무 사항이 아니다. 그래서 정부의 권고를 따르지 않는 경우도 많다. 설사 기업이 그 권고를 성실히 따른다 해도 문제는 남는다. 신규 채용(청년 고용)의 상당수가 비정규직이기 때문이다. 결국 정규직 고령자를 내보내거나, 그들의 임금을 깎은 돈으로 젊은 비정규직을 양산하는 셈이다. 전체적으로 보면, 양질의 일자리인 정규직을 질 낮은 일자리인 비정규직으로 교체하는 수단으로 임금피크제가 활용된다. 노동자에게는 별로 좋지 않은 제도인 것이다.

　노후 생활 안정과 고용 안정에 도움을 준다는 주장도 사실과 다르다. 이 제도는 역설적으로 조기 퇴직을 유도한다. 60세 정년까지 일해서 받는 임금을 계산하면, 희망퇴직을 해서 받는 퇴직금과 별 차이 없거나 오히려 적기 때문이다. 예를 들어 희망퇴직을 신청했을 때 받을 수 있는 퇴직금이 2억 원인데, 정년까지 몇 년간 더 일해도 임금과 퇴직금을 합친 총액이 2억 2,000만 원에 불과하다면 많은 노동자들이 희망퇴직을 선택할 것이다. 게다가 고령자의 퇴직이 이렇게 앞당겨지면, 퇴직금이 줄어든다. 보통 퇴직 직전의 임금을 기준으로 퇴직금을 산정하기 때문이다. (단, 임금피크제의 적용을 받는 노동자는 퇴직금 중간 정산이 가능하다. 하지만 이를 알려 주지 않는 회사가 많다.) 결국 노동자에게는 희망퇴직을 신청해 퇴직금이 깎이느냐, 임금피크제의 적용을 받아 임금이 깎이느냐 하는 두 가지 선택이 있을 뿐이다. 이는 모두 노후 생활에 도움을 주는 것이 아니라, 오히려 경제적 곤란을 초래한다.

　노동의 유연화에서 중요한 것은 '해고 유연성'과 '임금 유연성'이다. 해고 유연성이란 기업이 자유자재로 노동자를 해고할 수 있는 것을 말하고, 임금 유연성은 기업이 자유자재로 임금을 줄일 수 있는 것을 말한다. 임금 깎이는 것이 싫어, 어쩔 수 없이 정년이 되기도 전에 희망퇴직을 선택한 노동자는 자발적 선택의 형식을 취하지만, 사실상 강제로 해고당한 것이나 다름없다. 임금피크제는 해고 유연성과 임금 유연성 두 가지를 동시에 실현하는 제도라고 할 수 있다.

워크셰어링에 대해 이야기하기 전에, 우선 용어 문제부터 바로
잡아야 할 듯하다. 현재는 '일자리 나누기'라는 의미로 '잡 셰어링(job
sharing)'과 '워크셰어링(work sharing)'이라는 말이 함께 쓰이고 있다.
그러나 정부와 기업이 추진하는 일자리 나누기는 잡 셰어링과는 거
리가 있다. 우선 잡 셰어링을 살펴보자. 잡 셰어링의 본래 뜻은 '직무
분할'이다. 예를 들어 한 사람이 하던 직무를 두 사람의 시간제 노동
자가 나눠 했다 하자. 두 사람의 임금을 합치면, 예전에 한 사람에게
주었던 임금 액수와 비슷한 것이 잡 셰어링이다. 잡 셰어링은 업무
의 효율성을 위한 것이지, 인건비를 줄이기 위한 것이 아니다.

워크셰어링은 '근로시간 단축을 통한 일감 나누기'다. 워크셰어
링이 본래 무엇을 의미하는지는 미국의 프랭클린 루즈벨트<sup>Franklin D.</sup>
<sup>Roosevelt</sup> 대통령의 뉴딜(New Deal) 정책이 잘 보여 준다. 뉴딜 정책은
1930년대 대공황을 타개하기 위해 실시된 경제 정책으로, 워크셰어
링도 그 일환이었다. 대공황이니, 당연히 기업들의 사정도 안 좋았
다. 사정이 안 좋은 기업들은 노동자 수를 줄이려 했다. 이때 루즈벨
트는 법정 근로시간을 단축해 일자리를 유지하거나 오히려 늘리게
했다. 노동자의 소비 여력을 키워 경제 위기에서 탈출하고자 한 것
이다. 당연한 말이지만, 이렇게 하면 기업이 지불하는 임금 총액이
줄지 않거나, 오히려 증가한다. 이처럼 워크셰어링도 임금 삭감과는
거리가 있다. 그런데 지금 정부와 기업이 추진하는 일자리 나누기는

임금 삭감을 전제로 한다. 그러면서 '잡 셰어링', '워크셰어링'이라는 말을 쓴다.

임금 삭감 방법에는 두 가지가 있다. '근로시간을 줄이면서 임금을 삭감하는 방법'과 '근로시간을 줄이지 않으면서 임금을 삭감하는 방법'이 그것이다. 기업이 선호하는 방법은 당연히 후자다. 이득이 더 크기 때문이다. 대표적인 예가 대졸 초임의 임금을 깎아서 인턴사원을 더 뽑는 방법과 앞서 말했던 임금피크제다. (임금피크제도 일자리 나누기의 일환으로 제안되고 있다.) 하지만 인턴사원 채용이나 임금피크제는 '일자리 나누기'가 아니라 '임금 나누기'에 해당한다. 이런 임금 나누기가 '일자리 나누기'를 명분으로 보편화된다는 것은 결국 노동자들의 임금 수준이 전반적으로 하락한다는 사실을 의미한다.

물론 지금처럼 경기가 안 좋을 때는 '고통 분담' 차원에서 임금 나누기를 할 수도 있다. 만약 그렇다면 기업의 고위 임원들도 임금 나누기에 동참해야 한다. 그러나 임원들의 고통 분담은 잘 이루어지지 않는다. 오히려 임원들과 일반 노동자들과의 근로소득 격차는 점점 더 커지고 있는 것이 현실이다. 참고로 경제개혁연구소가 상장회사 임원들 연봉을 분석한 내용에 따르면, 직원 평균 급여와 연봉 격차가 큰 상위 10명의 임원은 직원 평균의 85~200배에 이르는 고액 연봉을 받고 있으며, 가장 큰 경우는 약 612배나 되었다(2016년 기준). 임원들의 높은 보수는 회사 성과와도 무관하다. 회사 이익이 줄어도 임원들의 보수는 계속 오른다. 일자리 나누기가 '고통 분담'이 아니라 '고통 전가'라는 말이 나오는 이유다.

정부와 기업이 추진하는 일자리 나누기의 가장 큰 문제는 경제 불황이나 실업 문제를 세대 간의 문제나 노동자들 간의 문제로 호도한다는 점에 있다. 예를 들어 임금피크제는 기성세대가 손해를 감수하고 양보하면, 청년 실업 문제가 해결될 것 같은 착각을 불러일으킨다. 기성세대가 임금피크제에 저항했을 때, 기성세대 때문에 청년 실업이 가중되는 것처럼 보이게 된다. 이런 정책은 고령 노동자와 청년 세대 간에 갈등을 조장하기 쉽다. 그 갈등 속에서 잊히는 것은 경제 불황이나 실업 문제를 해결해야 할 정부와 기업의 책임이다.

### 하위 키워드 ③ 아웃소싱

1997년 외환 위기 전까지만 하더라도 대기업들은 생산에 필요한 대부분의 인력을 '직접 고용'했다. 그러나 지금은 다르다. 대기업들은 상표 이미지 관리, 유통, 금융 활동 등 극소수의 핵심 일자리만 빼고 대부분의 일자리를 '아웃소싱(outsourcing)'한다. 아웃소싱은 외부 인력을 데려다가 일을 시키는 것을 말한다. 우리말로는 '인력 외주화'다. 여기서 외부 인력은 외부 용역 업체의 직원들일 수도 있고, 개인 사업자일 수도 있다. 회사에 사람이 필요하면 직접 고용해서 쓰면 될 것 같은데, 왜 아웃소싱하는 것일까? 그것이 여러모로 회사에 이득이 되기 때문이다.

아웃소싱은 외부 용역 업체나 개인 사업자와의 '일시적 계약관계'를 통해 이루어진다. 필요할 때만 불러서 쓰고, 필요 없으면 계약을 해지하면 된다. '해고 유연성'이 극대화되는 것이다. 자기네 정식 직원이 아니므로 직접 고용된 정규직과 똑같은 일을 해도 월급을 절 반만 줘도 된다. 월급이 지급되는 방식은 이렇다. 대기업이 외부 용역 업체와 계약했다면, 대기업이 월급을 외부 용역 업체에 지급한다. 그러면 외부 용역 업체가 그중 일부를 수수료 명목으로 떼고, 파견 노동자에게 다시 지급한다. 파견 노동자로서는 안 그래도 임금이 적은데, 중간에서 용역 업체가 그 일부를 떼어 가니 헐값에 노동력을 팔아넘긴 셈이 된다.

'직접 고용'을 하면, 기업은 물가 상승률과 호봉을 반영해 해마다 노동자의 급여를 올려 주는 것이 보통이다. 그러나 외부 용역 업체에서 파견된 노동자에게는 그럴 필요가 없다. 자기네 직원이 아니기 때문이다. 휴가를 줄 의무도 없고, 노동 3권(단결권, 단체교섭권, 단체행동권)과 4대 보험(국민연금, 건강보험, 고용보험, 산재보험)을 보장해 주지 않아도 된다. 심지어 파견 노동자가 일하다 사고로 죽어도 책임질 필요가 없다. 아웃소싱을 의뢰한 회사(흔히 '원청 업체'라 한다.)는 외부 용역 업체와 맺은 계약만 이행하면 그걸로 끝이다. 파견 노동자는 외부 용역 업체 소속이므로, 노동법상의 모든 의무는 파견 노동자와 외부 용역 업체 사이에서 해결할 일들이 된다.

사업주의 지시와 통제에 따라야 하는 노동자이지만, 서류상으로는 개인 사업자(사장님) 취급을 받는 노동자도 있다. 바로 '특수 고용 노동자'다. '특수 고용'라는 명칭은 노동자와 자영업자의 속성을 동시에 갖고 있다고 해서 붙은 이름이다. 큰 사업자가 작은 사업자를 법률적으로 정의되어 있지 않은 '특수한 형태로 고용한 것'으로 보면 되겠다. 그러나 특수 고용직은 '특수'하지 않다. '보편적'일 정도로 우리 주변에 많다. 트럭 운전기사, 택배 기사, 퀵 시비스 기사, 대리운전 기사, 보험 설계사, 텔레마케터, 각종 상품 외판원, 관광 가이드, 학원 강사, 학습지 교사, 대학 시간강사, 간병인, 건설 노동자, 인터넷 설치 기사, 가전 회사의 고객 센터 애프터서비스(A/S) 기사 등이 모두 특수 고용직에 속한다.

'노동자이지만 사장님 취급을 해 주니 좋은 것 아닌가?' 하고 생각할지도 모르겠다. 그러나 여기에는 사장님으로 '대우'해 주겠다는 뜻이 아니라, 노동자를 보호하는 모든 노동 관련법의 테두리 밖으로 쫓아내겠다는 의미가 담겨 있다. 이를테면 특수 고용직은 법정 근로 시간의 적용을 받지 않는다. 딱히 정해진 월급도 없다. 회사 매출에 얼마나 기여했는지를 회사가 계산해 성과급, 인센티브, 수당을 줄 뿐이다. 심지어 업무에 필요한 물품이나 장비도 회사로부터 사야 한다. 특수 고용직은 노동자이면서 자기가 일하는 회사의 고객이다. 인터넷 설치 기사처럼 외부로 놀아다니며 일하는 직업이라면 자동차 할부금, 기름값, 통신비, 밥값도 자신이 내야 한다. 그리고 나면 이들은 얼마 안 되는 푼돈을 손에 쥐게 된다. 이렇게 회사가 내야 할 돈을 노동자가 다 내고 있으니 백날 열심히 일해도 가난할 수밖에 없다.

# 정치

# 신자유주의

_ 대중을 지배하는 '슈퍼 리치'의 이데올로기

**중심 키워드**

신자유주의

**하위 키워드**

낙수 효과, 승자독식, 대처리즘

소련의 해체로 냉전 시대가 막을 내린 후, 흔히 탈이데올로기의 시대가 되었다고 말한다. 그러나 이는 사실이 아니다. 지금도 여전히 이데올로기의 시대다. 지금은 어떤 이데올로기가 우리를 지배하고 있는가? 바로 '신자유주의'다. 신자유주의는 현대인의 모든 사회생활을 규정하는 중심 원리다. 그러므로 신자유주의를 이해하지 못하면, 현대사회, 더 나아가 우리 자신을 이해하기 힘들다. '낙수 효과'와 '승자 독식'은 우리가 흔히 일상생활에서 경험하는 신자유주의적 논리다. 그리고 신자유주의는 '대처리즘'으로부터 시작되었다.

# 신자유주의

세상에 '자유'를 싫어하는 사람은 없다. 그러므로 '신자유주의'에 대해서도 나쁜 인상을 갖기 어렵다. 신자유주의는 말 그대로 '새로운 자유주의'라는 뜻이다. 여기에는 기존의 자유주의보다 '새롭다'는 의미가 담겨 있다. 둘의 차이는 무엇일까? 일반적으로 말하는 '자유주의'에서의 '자유'는 재산을 소유한 '부르주아의 자유'를 뜻한다. 부르주아들은 영국 명예혁명(1688), 미국독립혁명(1775), 프랑스혁명(1789) 같은 일련의 시민혁명을 통해 정치적·경제적 자유를 획득했다. 소수의 왕과 귀족만 누렸던 자유가 부르주아에게까지 확대된 것이다.

반면에 '신자유주의'에서의 '자유'는 초국적 자본과 거대 자본의 자유를 말한다. 예를 들어 맥도날드나 마이크로소프트처럼 세계 시장을 지배하는 글로벌 기업의 임원이나 대주주, 로스차일드가(Rothschild family)나 모건가(Morgan family) 같은 금융 가문의 자유를 의미한다. 간단히 말해서, 세계 최고 갑부들의 자유라는 뜻이다. 정리하면 일련의 시민혁명 이후, 점차 확대되는 것처럼 보였던 자유는

1980년대부터 시작된 신자유주의의 세계적 득세로 다시 위축되었다. 시간이 지날수록 더 많은 사람들이 자유를 누릴 것이라는 예상은 깨졌고, 다시 예전의 귀족 사회처럼 소수의 사람들만이 자유를 누리게 되었다.

역사적으로 보면, '자유'란 하늘에서 뚝 떨어지는 것이 아니다. 자유는 본래 부와 밀접한 관련을 맺어 왔다. '자유 시민' 혹은 '자유인'이란 언제나 '자산가'를 의미했다. 자본주의 경제는 기본적으로 시간이 지날수록 빈부의 격차를 심화시킨다. 돈을 많이 번 사람(기업)은 그 자금력으로 시장을 독과점하는 것이 가능하고, 일단 독과점이 이루어지면 별다른 경쟁 없이 더 많은 돈을 번다. 글로벌 투자은행인 크레디트스위스(Credit Suisse)가 발표한 『2017년 세계 부(富) 보고서(Global Wealth Report 2017)』에 따르면, 상위 1%가 전 세계 부의 50.1%를 소유하고 있으며, 상위 10%의 소유분은 87.8%에 달했다. 이렇게 빈부 격차가 심한 상황에서 부자와 서민이 누리는 자유 역시 천지 차이일 수밖에 없다.

빈부 격차와 신자유주의는 서로 되먹는 관계다. 무슨 말인가 하면, 빈부 격차가 심할수록 부자들은 자신들을 위한 이데올로기인 신자유주의를 촉진하고, 신자유주의가 문화제도적으로 정착하면 부자들은 더 큰 부자가 된다. 더 큰 부자가 된 사람들은 더 커진 자신들의 경제권력을 이용해 다시 신자유주의적 정책들을 사회에 강화한다. 이런 식으로 빈부 격차와 신자유주의는 서로를 확대 재생산한다. 앞서 말한 크레디트스위스의 보고서 결과도 신자유주의의 결과다.

신자유주의가 지배하는 곳에서는 예외 없이 가공할 사회적·경제적 불평등이 초래된다.

　신자유주의에서 말하는 '자유'의 핵심 내용은 무엇일까? 여기에는 돈 버는 데 장애가 되는 모든 규제, 문화, 정책을 철폐하겠다는 의지가 담겨 있다. 자본의 이동, 무역과 투자(투기), 제한 없는 자본 축적을 보장하는 자유라는 뜻이다. 사람과 물자, 자본은 비즈니스를 위해 아무런 규제를 받지 않고 전 세계 어디든 넘나들 수 있어야 한다. 특히 자본이 실시간으로 국경을 넘나들 수 있는 것이 중요한데, 이를 가능하게 하는 도구가 컴퓨터와 인터넷이다. (컴퓨터와 인터넷의 가장 큰 기능 중 하나가 여기에 있다.) 인터넷을 이용해 엄청나게 많은 주식, 펀드, 채권, 외환, 금융 파생 상품들이 거래되고, 이를 통해 돈이 돈을 번다. 이 과정은 거대한 도박과 다를 바 없다.

**하위 키워드 ①　낙수 효과**

　국내 최장수 프로그램인 〈전국노래자랑〉의 사회자 송해가 나오는 은행 광고가 있다. 그는 광고에서 이렇게 말한다. "○○은행에 예금하면 기업을 살립니다. 기업이 살아야 일자리가 늘어납니다." 기업이 잘되어야 노동자들도 먹고살 수 있다는 이 말은 '낙수 효과 (trickle-down effect)'를 떠올리게 한다. 낙수 효과라는 말은 이렇게 이해하면 편하다. 세종대왕 때 물시계인 자격루가 만들어졌다는 사실을 다들 알고 있을 것이다. 자격루는 맨 위에 있는 항아리에 물이 넘치면 그 아래 있는 항아리에 물이 차고, 이 항아리에 물이 넘치면 또 그 아래 항아리에 물이 차오르는 식으로 만들어져 있다. 이렇게 물이 위에서 아래로 흐르듯 기업에서 가계로, 상류층에서 중·하류층으로 소득이 이전된다는 주장이 바로 낙수 효과다.

낙수 효과의 문제는 맨 위의 항아리(대기업이나 상류층)에서 물이 '넘쳐야' 아래로 흘러내려온다는 데 있다. 물이 넘친다는 것은 돈을 '충분히' 버는 것을 의미하는데, 부의 축적에 있어서 '충분하다'는 것은 있을 수 없다. 인간의 욕망이란 한이 없기 때문이다.

2013년 교황으로 선출된 프란치스코 교황Pope Francis은 낙수 효과와 관련해 이런 말을 했다. "낙수 효과는 자유 시장을 바탕으로 경제가 성장하면 세상에 더 큰 정의와 통합을 가져다준다는 가설이다. 이 가설은 사실로 확인된 적이 없다." 그는 이런 말도 한 적이 있다. "대기업이란 술을 부으면 부을수록 커져만 가는 술잔이다." 그의 말처럼 술을 부을수록 술잔이 커져 간다면 낙수 효과는 결코 생기지 않을 것이다.

낙수 효과는 대기업과 부자를 위한 정책을 정당화시킨다. 실제로 경기 부양이나 경제성장을 위해 정부가 구사하는 정책들 대부분은 낙수 효과의 논리를 기반으로 한다. 정부는 좋은 투자 환경을 조성한다며 부자와 기업의 세금을 감면해 주고, 각종 규제도 완화해 준다. 대기업과 부자들을 위한 정책이 일자리 문제 해결책으로 시행되는 경우도 많다. 국가 경제를 이끄는 가장 큰 주체가 사실상 대기업이고, 그 대기업에 투자할 수 있는 사람들이 부자들인 까닭에, 이들을 위한 정책을 펴야 경제성장과 경기 부양이 되고, 그래야 일자리 부족 문제도 자연스럽게 해결된다고 보기 때문이다.

낙수 효과는 대기업과 부유층의 부가 늘어나면 그 여윳돈으로 더 많은 투자가 이루어져 경기가 좋아짐으로써 그 혜택이 저소득층에게도 돌아간다는 논리다. 그래서 경기 부양을 이유로 대기업이나 부자들의 세금을 감면해 주기도 한다. 그러나 여윳돈이 생겼다고 해서 사람들이 무조건 투자를 하는 것은 아니다. 예상되는 수익이 있을 때만 투자를 한다. 반대로 경기가 안 좋을 때는 투자금을 날릴 확률이 높으므로 투자하지 않는다. 오히려 투자를 줄인다. 기업도 마찬가지다. 경기가 좋지 않으면 여윳돈이 있어도 공장을 세우거나 노동자를 고용하지 않고, 오히려 내보낸다. 그리고 돈은 그냥 쌓아 둔다. 그런 돈을 '사내유보금'이라 하는데, 경기가 좋지 않으면 대기업의 사내유보금은 높아진다.

경기가 안 좋다는 이유로 대기업과 부자들이 정부의 배려와 혜택만 받고 투자하지 않으면 어떻게 될까? 그냥 빈부 차이만 심해질 뿐이다. 반대로 투자를 한다면? 투자한다 해도 경기가 좋아질지는 미지수다. 투자를 해도 상품을 소비할 돈이 서민들에게 없다면, 생산된 상품들이 팔리지 않아, 창고에 재고만 쌓이게 될 것이기 때문이다. 그렇게 되면 기업도 자칫 도산할 수 있다. 이 때문에 성장보다 분배가 우선시되어야 한다는 견해가 있다. 부유층에겐 세금을 늘리고 저소득층에겐 복지 지원을 증대시켜야 한다는 주장이다. 그래야 소비가 활성화되고, 소비가 활성화되어야 다시 투자가 활성화된다는 논리다. 이것을 '분수 효과(fountain effect)'라 한다. 낙수 효과와 반대되는 논리다. 무엇이 맞는 것 같은가?

하위 키워드 ② 승자독식

경쟁은 핵심적인 놀이 요소다. 게임이나 스포츠, TV 예능 프로그램 등 우리가 즐기는 많은 놀이들은 대개 경쟁으로 이루어져 있다. 경쟁에서 최선을 다해 승리한 사람이 박수를 받는 것은 나쁜 일이 아니다. 승리의 대가로 주어지는 약간의 보상도 나쁜 일은 아닐 것이다. 그런데 거기에 그치지 않고, 게임에서 승리했다는 이유만으로 승리자가 모든 것을 싹쓸이해 간다면? 그 결과 승리한 사람을 제외한 나머지 사람들이 심각할 정도의 차별과 불평등에 시달려야 한다면? 혹은 경쟁 시스템이 심각한 차별과 불평등을 정당화하는 수단이 된다면? 그것은 곤란한 일이 아닐 수 없다.

그럼에도 현실 세계에는 '승리한 사람이 모든 것을 다 가져가 버리는(winner takes it all)' 승자독식(勝者獨食)이 만연해 있다. 예를 들어, 영국의 일간지 《가디언》에 따르면, 미국 3대 부호인 빌 게이츠, 제프 베조스Jeff Bezos, 워런 버핏의 자산 합계는 미국의 하위 50% 계층의 자산을 모두 합친 것보다 많다고 한다. 우리나라도 사정이 크게 다르지 않다. 삼성전자·현대자동차 등 상위 5개사의 순이익이 전체 상장사 순이익의 약 52%를 차지할 정도로 기업 간 양극화가 심하다. (2016년 상장사 전체 연결 순이익 80조 2,797억 원, 상위 5개사 41조 6,018원) 우리나라 대학생 10명 중 7명이 대기업 입사를 희망하는 것도 대기업과 중소기업 간 임금 격차가 심하기 때문이다. 이 역시 기업 간 양극화의 결과다.

승자독식은 정치 영역에서도 일어난다. 우리나라의 소선거구제가 그렇다. 소선거구제는 말 그대로 선거구를 잘게 쪼개 놓고, 그 안에서 1등만 당선시키는 제도다. 예를 들어 어떤 지역구의 투표율이 60%이고, 그 안에서 40%의 지지를 받은 후보가 국회의원으로 당선되었다 하자. 그렇다면 그는 지역 유권자들 10명 중 단 2명(정확히는 2.4명)만 지지했는데도 당선된 셈이 된다. 투표한 유권자들에 한해 생각하더라도 그를 찍지 않은 60%의 표는 사표(死票, 자신의 대표자를 갖지 못하는 표)가 된다. 소선거구제는 전형적인 승자 독식주의다. 다른 후보보다 1표라도 더 얻으면, 지역 주민 전체가 그를 지지한 것으로 '친다'.

이러한 승자독식을 막을 수 있는 방법으로 비례대표제를 언급하는 사람들이 많다. 지금보다 선거구를 훨씬 크게 잡고, 유권자들에게 어떤 정당을 지지하는지를 물어, 득표율만큼 각 정당이 국회의원 수를 배정받으면 된다는 것이다. 그러면 1등만이 아니라 2, 3등을 한 정당도 득표한 만큼 국회에 진출하게 된다. 이를 '권역별 비례대표제'라 한다. 이렇게 하면 사표도 거의 안 생기고, 민의가 훨씬 정확하게 반영된다. 현재 우리나라도 비례대표제가 시행되고는 있다. 그러나 대부분의 국회의원들이 소선거구제를 통해 선출되고, 비례대표제는 구색 맞추기에 불과한 실정이다.

승자독식이 지배하는 세계는 불행한 세계다. 승자 한 사람을 제외한 나머지는 모두 비참한 생활을 해야 하기 때문이다. 경쟁을 해보면 알겠지만, 승자와 패자의 격차라는 것은 대개 미미하다. 그렇다면 그 보상의 차이도 미미해야 옳다. 승자독식의 논리는 한번 실패한 사람에게 다시 도전할 기회를 허락하지 않는다. 인생은 본래 실패와 성공의 반복으로 이루어져 있다. 승자독식의 논리는 이러한 연속적 과정을 인위적으로 차단한다. 초기의 경쟁은 아무래도 기득권자에게 유리하다. 예를 들어 부잣집 아이와 가난한 집 아이는 많은 면에서 그 출발부터가 다르다. 이 때문에 한번 이긴 사람을 영원한 승자로 인정하는 승자독식의 논리는 기득권을 옹호하는 논리라는 비판을 받고 있다.

## 하위 키워드 ③ 대처리즘

마거릿 대처Margaret H. Thatcher는 1979년부터 1990년까지 11년 동안이나 영국을 통치한 영국의 여성 총리다. 그녀는 미국의 로널드 레이건Ronald W. Reagan 대통령과 함께 1980년대부터 신자유주의를 전 세계로 파급시킨 주역이다. '대처리즘(Thatcherism)'이라는 말은 영국의 문화 이론가 스튜어트 홀Stuart Hall이 만든 것으로, 대처의 신자유주의적 정책과 노선을 일컫는다. 참고로 '레이거노믹스(Reaganomics)'라는 말도 있다. 이는 레이건 대통령이 추진한 신자유주의적 경제정책을 일컫는다.

대처가 집권한 1979년은 심각한 경제 불황기였다. 자본주의 경제는 독과점, 생산력의 발전, 부의 집중, 대량생산으로 인한 공급과잉 등을 이유로 이윤율이 하락하는 경향이 있으며, 그로 인해 어느 시점에 이르면 장기 불황의 늪에 빠지게 된다. 경제 불황기에는 당연히 실업자가 많아진다. 실업자가 많아지면, 국가의 복지 비용이 상승한다. 그때가 그랬다. 이에 보수당 총리 후보였던 대처는 집권 후 영국의 경제 위기가 높은 임금과 과도한 복지, 강성 노조, 정부의 각종 경제 규제에서 비롯되었다고 비난하며, 일련의 개혁 정책을 강력하게 실행했다. 그 구체적인 내용은 이랬다.

첫째, '복지를 축소'했다. 과도한 복지 체계를 국가 재정 위기의 주범으로 본 대처는 복지를 위한 공공 지출을 대폭 삭감했다. 둘째, '공기업을 민영화'했다. 방만하게 운영되는 공기업들이 국가 재정을 탕진한다는 명분 아래, 국민의 재산인 공기업을 사기업에 팔아넘겼다. 셋째, '규제를 완화하고 세금을 감면'했다. 기업하기 좋은 환경을 만들어 줘야 경제가 성장한다며, 각종 경제 규제를 완화하고 부자와 대기업의 세금을 줄여 주었다. 넷째, '노조 파괴'를 단행했다. 법질서를 세우겠다며 공권력을 동원해 노조 파업을 진압하고, 기업들이 파업에 따른 피해를 보상받을 수 있도록 법률을 제정했다. 다섯째, '노동시장 유연화'를 감행했다. 기업이 시장 상황에 따라 해고와 감원을 자유롭게 할 수 있게 만들었다. 여섯째, '금융 산업을 활성화'했다. 제조업 대신 금융업 중심으로 국가 경제를 재편함으로써, 로스차일드, 바클리즈(Barclays PLC), 스탠다드차타드(Standard Chartered) 같은 거대

은행의 고속 성장을 촉진했다.

이처럼 우리에게 익숙한 사회적·경제적 용어들 대부분은 대처 집권기에 나왔다. 다 중요한 내용들이지만, 이 중에서 '공기업 민영화'에 대해 더 알아보자. 공기업이 방만하게 운영된다면 당연히 잘못이다. 이에 대한 대책은 마땅히 방만하게 운영되는 원인을 찾아, 이를 바로잡는 데에 있을 것이다. 그런데 신자유주의 정책은 엉뚱하게도 공기업을 사기업에 팔아넘기는 방법을 해결책으로 삼는다. 의료, 수도, 가스, 철도, 통신, 전기 등이 공기업에 의해 운영되는 이유는, 그것이 국민에게 최소한의 생존과 존엄을 보장해 주는 물적 토대이기 때문이다. 그런데 신자유주의는 이런 공공서비스 영역까지 시장화한다. 이를 통해 가장 큰 이득을 얻는 이들은 대기업과 초국적 자본이다. 그 막대한 규모의 공기업을 인수할 수 있는 곳은 현실적으로 대기업이나 초국적 자본밖에 없기 때문이다.

대처의 정책은 일시적 효과는 있는 듯했지만, 제조업 몰락, 실업자 양산, 양극화 심화라는 폐해를 낳았다. 영국에는 '대처 세대' 혹은 '대치의 아이들'이라는 말이 있다. 대처 집권기에 10대를 보낸 사람들을 말한다. 이들은 대처 정부 아래에서 높은 실업률을 목격하며 자랐기 때문에 미래에 대한 확신을 갖지 못하고 무기력증에 빠지는 경향을 보인다. 어떤가. 요즘의 우리나라 청년(청소년)과 비슷하지 않은가.

# 문화제국주의

_ 무력 침략 못지않게 무서운 문화적 침략

□

□ ————————————————————————

□

**중심 키워드**

문화제국주의

**하위 키워드**

오리엔탈리즘, 옥시덴탈리즘, 네오오리엔탈리즘

총칼로 상대방을 지배하는 것보다 더 무서운 것은 상대방의 문화를 지배하는 것이다. 총칼로는 상대방을 강제할 수 있을 뿐이지만, 문화를 지배하면 상대방의 자발적 복종도 이끌어 낼 수 있기 때문이다. '문화제국주의'의 힘이 여기에 있다. '오리엔탈리즘'도 문화제국주의의 일환으로 생겨난 것이고, '옥시덴탈리즘'은 그 오리엔탈리즘에 대응해 생겨난 개념이다. '네오오리엔탈리즘'은 그동안 얕잡아 봤던 동양을 서양이 숭배하는 현상이다.

# 문화제국주의

문화란 '생활양식의 총체'를 말한다. 제국주의는 '다른 나라들을 정벌해 식민지로 만드는 침략주의적 정책'을 가리킨다. '문화제국주의'는 이 두 개념이 합쳐진 단어로, 강대국이 약소국들을 '문화적으로 침략'함으로써 문화적 식민지로 만드는 정책을 뜻한다. 문화제국주의는 총칼을 들고 침략해 오는 것은 아니니 큰 문제 없다고, 별것 아니라고 생각할지 모르겠다. 그러나 한 나라가 문화적 식민지로 전락하는 일은 영토를 잃어버리는 것 못지않게 치명적이다. 그 나라 고유의 문화는 그 나라의 영혼이고 정체성이기 때문이다.

혹자는 이렇게 말할지도 모르겠다. 한 나라의 문화는 고정되어 있지 않으며, 다른 나라와의 '문화 교류'에 의해 늘 변한다고 말이다. 여기서 '문화 교류'는 서로 공평하게 영향을 주고받는 것을 연상하게 한다. 과연 현실도 그럴까? 그렇지 않다. 미국과 우리나라를 예로 들면, 당연히 미국 문화가 우리나라에 미치는 영향은 크고, 우리 문화가 미국에 미치는 영향은 작다. 이유는 미국이 위성방송, 영화 배급,

인터넷 등 전 지구적인 유통망을 갖고 있기 때문이다. 이 유통망을 통해 미국의 문화 상품들은 전 세계로 퍼져 나간다. 이는 '교류'가 아니라 일방적인 '지배'에 가깝다.

　오늘날 세계 최고의 문화제국주의 국가는 단연 미국이다. 요즘 청년이나 청소년들만 해도 월트디즈니, 유니버설스튜디오, 20세기 폭스가 만든 〈미키 마우스〉, 〈라이언 킹〉, 〈겨울 왕국〉 같은 애니메이션이나 〈스타워즈〉 같은 블록버스터 영화를 보면서 자랐다. 영화뿐인가. 인터넷으로 미국 드라마를 보고, 위성방송을 통해 MTV나 CNN도 본다. 다른 사람들과 커뮤니케이션할 때도 마이크로소프트나 애플의 제품, 혹은 트위터나 페이스북을 이용한다. 스타벅스, 맥도날드, 나이키, 아디다스 같은 미국계 프랜차이즈 역시 도심을 장악하고 있다. 이처럼 미국의 다국적기업들은 우리 생활·문화 전반을 지배한다. 우리나라만 그런 것이 아니다. 전 세계 도시인들은 대개 이런 환경 속에서 산다.

　우리는 배트맨이나 슈퍼맨, 007 시리즈 같은 할리우드 영화를 통해서 늘 위기로부터 지구와 인류를 구하는 미국인을 본다. 제3세계가 배경인 영화에서도 미국인들은 항상 구원자로 나온다. 이런 영화들은 미국 국방성, FBI 등의 지원을 받아 제작되는 경우가 많다. 영화에서 미국의 정치적 상징물들—미국 국가(國歌), 성조기, 자유의여신상 등—이 자주 등장하는 이유도 그 때문이다. 이는 영화가 단순한 오락물이 아니라, 일정한 정치적 기능을 하고 있음을 암시한다. 그 정치적 기능이란 다른 나라 사람들이 미국의 세계적인 패권을 별

거부감 없이 받아들이게 하는 것이다.

문화 산업은 그 자체로 엄청난 수익을 내는 고부가가치 산업이다. 동시에 다른 산업의 이익을 돕는 '매개 산업'이다. 이를테면 미국의 영화나 드라마, 신문과 방송에는 미국인이 가진 분위기, 외모, 심리, 정서, 견해, 관습, 전통, 생활 방식, 소통 방식, 사상, 예술, 지식이 담겨 있다. 그리고 광고도 포함되어 있다. 이는 미국과 미국 문화에 대한 선망과 동경을 만들어 낸다. 미국의 다국적기업 제품을 쓰고 싶어 하게 만들고, 그 기업에 취직하고 싶게 만든다. 혹은 이를 본 사람들은 자기 동네에 맥도날드나 스타벅스가 생긴 것을 자랑스러워하게 된다. 문화 산업은 이처럼 '은밀한 프로파간다(propaganda, 선전·선동)'의 역할을 한다.

### 하위 키워드 ① 오리엔탈리즘

'오리엔탈리즘(Orientalism)'이라는 말은 18세기 중엽부터 시작된 동양에 대한 서양 국가들의 침략을 배경으로 한다. 그에 따라 동양에서 약탈하거나 헐값에 사들인 진기한 물건, 예술 작품 등을 모으는 서양 귀족이나 권력자들, 혹은 이를 애호하는 예술가들이 생겨났다. 오리엔탈리즘은 처음에는 이러한 '동방 취미(東方趣味)'를 일컫는 말이었다. 그러다 '오리엔탈리즘'이라는 말이 전 세계 지식인들에게 새롭게 환기된 것은 1978년 팔레스타인 출신의 비평가 에드워드 사이드Edward Said가 동명의 책을 세상에 내놓으면서부터였다.

에드워드 사이드는『오리엔탈리즘』에서 동양에 대해 서양이 제 멋대로 허구적 이미지들을 만들어 내고 있음을 폭로했다. 그 허구적 이미지들이란 무엇일까? 동양이 '직관적, 수동적, 독재적, 비과학적, 비합리적, 야만적, 정체적'이라는 것이다. 반면에 서양은 '분석적, 역동적, 이성적, 합리적, 민주적, 과학적, 진보적'인 존재로 표상된다. 한마디로 동양은 열등하고 서양은 우월하다는 것이다. 이처럼 '서구의 시각으로 동양을 자의적으로 정의하고, 재단하고, 묘사하는 사고 방식과 관점'을 '오리엔탈리즘'이라 한다.

오리엔탈리즘은 서양의 제국주의적 침략과 지배를 정당화한다. 서양 제국주의자들이 말하는, 동양을 계몽하고 지도해야 한다는 '문명화의 사명'이 오리엔탈리즘으로부터 생겨난 것이기 때문이다. 서양의 동양 침략과 지배는 동양을 문명화시키기 위한 과정, 심지어는 동양에도 좋은 일로 정당화된다. (일제가 우리나라를 침략할 때의 논리도 비슷했다.) 사이드에 따르면, 오리엔탈리즘은 근대 문명의 기초이기도 하다. 서양이 갖고 있는 '문명'의 이미지는 동양의 '야만'과 대비되어 성립하기 때문이나. 서양은 자신의 '문명'을 위해 동양의 '야만'을 발명해 내야 했다. 오리엔탈리즘이 생겨난 이유다.

오늘날 우리는 서양 중심의 문화에 겹겹이 둘러싸여 산다. 우리가 배우는 지식의 내용이나 체계도 서양이 만든 것을 고스란히 따른다. 그러는 동안 우리 역시 오리엔탈리즘을 알게 모르게 받아들인다. 서양인들이 우리를 바라보는 관점으로, 우리도 우리 자신을 얕잡아 본다는 말이다. 그것은 인식만의 문제일까? 아니다. 오리엔탈리즘은 인식의 차원을 넘어 우리 현실을 '구성'한다. 이를테면 우리는 비슷한 제품이라도 백인이 광고 모델로 등장하는 제품이 더 잘 팔리는 것을 일상에서 흔히 본다. 혹은 백인이 말을 걸어오면 괜히 주눅이 든다. 우리나라 사람이 말하면 그렇지 않은데, 백인들이 말하면 더 객관적이고 신뢰가 간다. 모두 오리엔탈리즘을 내면화한 까닭이다.

우리나라 문학이나 영화의 세계화 문제도 그렇다. 세계화에 성공하는 작품들을 보면, 서양인들의 오리엔탈리즘을 만족시키는 작품들이 많다는 사실을 알 수 있다. 영화를 예로 들면, 동양적 신비주의를 발산하는 작품, 즉 임권택 감독의 〈서편제〉나 김기덕 감독의 〈봄 여름 가을 겨울 그리고 봄〉 같은 작품이 그렇다. 그리고 서양인들이 보편적으로 관심을 가질 만한 주제, 즉 이창동 감독의 〈밀양〉처럼 '기독교 신앙(신)'의 문제를 다룬 작품도 유리하다. 어떤 작품이 세계적으로 인정받기 위해서는 오리엔탈리즘이라는 필터를 통과해야 한다. 그렇게 전 세계에 유포된 작품들은 다시 서양인은 물론이고 비서양인들에게도 오리엔탈리즘을 강화한다.

**하위 키워드 ②** 옥시덴탈리즘

억압과 공격이 있는 곳에 저항과 방어가 있다. 오리엔탈리즘과 '옥시덴탈리즘(Occidentalism)'이 그렇다. 오리엔탈리즘이 '서양이 동양을 억압하고 공격하는 담론'이라면 옥시덴탈리즘은 그에 대한 대응의 성격을 띤다. 그러니까 순서로 보면, 오리엔탈리즘이 생긴 후에 옥시덴탈리즘이 생겨났다. 오리엔탈리즘이 '타자(동양)에 대한 서양의 담론'이라면, 옥시덴탈리즘은 '타자화된 동양의 타자(서양)에 대한 담론'이다.

오해하기 쉬운 게 있다. 오리엔탈리즘이 '서양이 동양을 억압하고 공격하는 담론'이니, 그 반대인 옥시덴탈리즘은 '동양이 서양을 억압하고 공격하는 담론'이라고 생각하기 쉽다. 그러나 옥시덴탈리즘은 그런 뜻이 아니다. 동양은 서양을 지배할 능력도 의사도 없다. (적어도 지금까지는 그렇다.) 옥시덴탈리즘은 '서양에 대한 동양의 시각'을 담고 있지만, 그 안에는 서양에 대한 부정적 시각과 긍정적 시각이 공존한다. 말하자면 서양을 바라보는 시선에 애증이 교차한다. 왜 그럴까?

서양 국가들은 제국주의적 성격을 갖고 있으며, 자본주의와 물질문명이 매우 발달해 있다. 제국주의, 자본주의, 물질문명 이 세 가지에 대한 반감이 '부정적 옥시덴탈리즘'을 형성한다. 우리나라처럼 과거 식민지였던 국가들, 사회주의 국가들, 독재자들, 혹은 민족적 전통을 중시하는 사람, 모든 것이 돈 중심으로 돌아가는 자본주의가 비인간적이라고 생각하는 사람은 서양에 대해 부정적 감정과 생각, 즉 부정적 옥시덴탈리즘을 가질 수 있다.

비서구의 독재자들은 서구에 대한 대중의 반감을 종종 악의적으로 이용한다. 독재자들은 자신의 정치권력을 위해 '부정적 옥시덴탈리즘'을 동원한다. '우리 민족적 전통에는 민주주의가 어울리지 않는다'고 말하면서, 자국 내 민주화 요구를 제압한다. 이런 경우 민주 세력은 독재에 맞서 민주주의의 본산인 '서양에 우호적인 태도(긍정적 옥시덴탈리즘)'를 취한다. 그러나 비서구 독재자와 서양이 늘 대척점에 있는 것은 아니다. 서양 제국주의 국가가 자국의 이익을 위해 비서구 독재자를 지원하는 경우도 있다. 그럴 경우에는 민주 세력과 국민들 사이에 '부정적 옥시덴탈리즘'이 확산된다.

오리엔탈리즘은 하나로 통일된 정서와 태도를 담고 있다. 그것은 '지배자의 담론'이기 때문에 그렇다. 이와 달리 옥시덴탈리즘이 분열된 정서와 태도를 담고 있는 이유는 두 가지다. 하나는 서양이 제국주의적 면모와 함께 민주주의적 면모도 갖고 있으며, 다른 하나는 비서구 국가에 사는 사람들이 이중의 억압을 받고 있는 경우가 많기 때문이다. 그 이중의 억압이란 서양 제국주의로부터 받는 억압과 자국의 독재자로부터 받는 억압을 말한다. 이중의 억압에 시달리는 국민들은 자국의 정치적 상황에 따라 부정적 옥시덴탈리즘에 기울었다가, 긍정적 옥시덴탈리즘에 기울었다가 하게 된다.

### 하위 키워드 ③ 네오오리엔탈리즘

'네오오리엔탈리즘(Neo-Orientalism)'은 '1960년대부터 미국을 중심으로 확산된 동양철학에 대한 관심과 이를 바탕으로 한 실천 운동'을 말한다. 이 설명에서 중요한 부분은 '미국'과 '동양철학'이다. 그런 면에서 네오오리엔탈리즘은 제국주의 시대로 접어들면서 '유럽'에서 생겨난 단순한 '동방 취미'와는 구별된다.

네오오리엔탈리즘의 특징은 '동양적 신비주의'와 '영성'을 추구한다는 데 있다. 1960년대 서양인들은 불교, 힌두교, 도교 같은 동양의 종교와 사상에서 자신들이 찾던 신비주의와 영성을 발견했고, 거기에 빠져들었다. 이런 현상이 발생한 것은 이때가 처음이 아니었다. 19세기에도 그랬다. 『월든』이라는 책으로 유명한 철학자 헨리 데이비드 소로Henry David Thoreau와 그의 스승 랠프 월도 에머슨Ralph Waldo Emerson이 주창한 '초월주의'라는 철학이 있는데, 이 철학에서도 동양적 신비주의와 영성을 추구했다.

'초월주의'라면 무엇을 초월한다는 말일까? 서양 근대 문명의 기초인 '물질주의'와 '합리주의'를 초월한다는 말이다. 합리주의는 세상이 이성적 원리에 맞게 돌아가고 있으며, 이성적 존재인 인간은 그 모든 것을 이해할 수 있다고 말한다. 그러나 소로와 에머슨이 보기에 세계는 그렇게 쉽게 알 수 있는 것이 아니며, 신비로움과 영성으로 가득 차 있었다. 인간이 행복하게 살기 위해서는 그 영성을 회복해야 하는데, 그러기 위해서는 물질에 대한 욕심을 버리고 자연과 벗하며 자신의 내면에 관심을 집중해야 한다. 사람은 각기 자기 내면에 신성(神性)을 갖고 있기 때문에, 내면세계에 침잠한다면 누구나 영성을 회복할 수 있다는 주장이다.

동양철학에 대한 관심이 1960년대에 다시 폭발한 이유는 무엇이었을까? 우선 제1·2차세계대전 때문이었다. 두 차례에 걸친 세계대전으로 많은 사람들이 죽었을 뿐 아니라, 그동안 애써 쌓아 올렸던 서구 문명이 폐허가 되어 버렸다. 사람들의 영혼은 상처받고 피폐해

졌지만, 위안과 구원을 기독교에서 찾기는 힘들었다. 왜냐하면 기독교는 제1·2차세계대전을 낳은 서구 문명의 근간이기 때문이었다. 그래서 정신적 위안과 구원을 동양의 종교와 사상에서 찾고자 하는 움직임이 생겼다.

또 하나는 '신좌파(新左派, New Left) 운동' 때문이었다. '신좌파'는 1960년대 미국과 유럽의 학생운동 세력을 일컫는다. '신좌파'라는 말은 러시아혁명을 스탈린Stalin 독재와 소련 제국주의로 귀결시킨 좌파와 구별하기 위해 사용되었다. 신좌파 운동은 스탈린 체제와 서구 자본주의를 모두 비인간적인 것으로 비판하며, 혁명적 대안을 마오쩌둥毛澤東이나 호찌민Ho Chi Minh, 체 게바라Che Guevara 같은 제3세계 혁명가들에게서 찾으려 했다. 이러한 움직임 역시 동양에 대한 관심을 높였다. 신좌파는 '반문화(counterculture) 운동'도 했다. 그 조류 중 하나가 자본주의 소비문화에 대항해 새로운 문화를 형성하는 것이었다. 이로부터 다시 서양의 물질문명의 대안으로 동양의 정신문명이 대두되었다. 신좌파 젊은이들이 오리엔트 정신주의의 메카로 주목한 곳은 인도였다. 당시 최고 인기 밴드였던 비틀즈(The Beatles)를 비롯한 많은 서구의 젊은이들이 인도를 순례했다. 참선, 요가, 명상에 심취한 젊은이들도 많았다.

네오오리엔탈리즘은 1970년대 들어 사그라들었다가 1980년대 신자유주의 시대가 개막되면서 다시 부활했다. 자기 계발, 힐링, 웰빙의 이름으로 부활한 것이다. 자기 내부에 신성이 있음을 믿고 그것에 집중하는 동양적 신비주의는 자신의 잠재된 능력을 믿고 매진하기만 하면 누구나 성공할 수 있다는 자기 계발 논리의 뿌리가 되었다. 요가나 명상은 종교적 색채가 지워진 채, 무한 경쟁으로 지친 현대인의 몸과 마음을 위무하고 스트레스를 풀어 주는 힐링 산업의 일부가 되었다. 물질적 소비문화를 초월하고자 했던 네오오리엔탈리즘은 그렇게 다시 소비문화의 품에 안겼다.

# 정치 참여

_ 엘리트들의 정치, 그들만의 리그

**중심 키워드**

정치 참여

**하위 키워드**

폴리페서, 소셜테이너, 폴리널리스트

'정치 참여'는 민주주의 사회에서 모든 사람의 권리다. 그렇다면 정치 참여의 기회는 모든 사람에게 평등하게 주어지고 있을까? 현실은 그렇지 않다. 어떤 사람은 다른 사람보다 훨씬 정치에 뛰어들기 좋은 조건에 있다. 그런 조건에 있는 대표적인 사람들이 바로 교수, 연예인, 언론인이다. 우리가 교수, 연예인, 언론인 출신의 정치인이나 고위 관료들을 많이 접하는 것도 이 때문이다.

# 정치 참여

'민주주의'나 '민주사회'에서 '민주(民主)'는 말 그대로 '국민[民]이 주인[主]'이라는 뜻이다. '국민이 주인'이라고 주장하려면, 그렇게 인식될 만한 실질적인 내용이 있어야 한다. 그 내용이 바로 '국민의 정치 참여'다. 어떤 이유로든 국민이 정치에 참여하지 않거나, 정치에 참여할 수 없다면 그 정치체제는 '민주주의'라고 할 수 없다. 문제는 모든 국민이 똑같이 정치에 참여하는 것이 아니라는 사실이다. 어떤 사람은 정치에 참여하기 쉽지만, 어떤 사람은 어렵다. 나아가 아예 참여하지 못하는 사람도 있다. (선거일에도 일해야 하는 비정규·임시직·아르바이트 노동자나 투표소에 가기 어려운 장애인을 생각해 보라.)

정치에 적극적으로 참여하는 방법으로는 '정당 당원, 시민 단체 회원으로 활동'하거나, '총선이나 지자체 선거에 출마'하는 것이 있다. 그러나 이러한 활동은 상당한 시간과 비용을 요구한다. 특히 선거에 후보로 나서기 위해서는 적잖은 돈이 든다. 예를 들어 총선에 국회의원 후보로 출마하는 경우, 선거관리위원회에 1,500만 원의 기

탁금을 내야 한다. 돈이 없으면 출마할 수 없다. 그래서 기탁금 제도
는 가난한 사람들의 피선거권을 제한한다는 비판이 있다. 국가가 이
런 기탁금을 받는 명분은 '후보 난립을 막는다'는 것이다. 그러나 후
보 난립을 막는 것이 목적이라면 일정 수 이상의 추천 서명을 받아
후보로 등록하게 하면 될 것이다.

선거에 필요한 돈은 기탁금만이 아니다. 현수막 제작비, 유세차
대여비, 선거 홍보물 제작비, 전화 홍보비, 로고송 제작비, 선거운동
원 급료 등 총선을 한 번 치르는 데 통상적으로 1억 8,000만 원 정도
드는 것으로 알려져 있다. 기탁금을 포함한 선거비용은 경우에 따
라 돌려받을 수도 있고, 그렇지 못할 수도 있다. 현행법에 따르면, 후
보자가 유효 투표 총수의 15% 이상을 득표하면 선거비용 전액을,
10% 이상~15% 미만으로 득표하면 그중 50%를 돌려받는다. 그러나
10% 미만으로 득표하면 받지 못한다. 현실적으로 1억 8,000만 원을
날려도 경제적으로 별 무리가 없는 사람이 아니면 총선에 나오기 어
렵다.

징치에 참여하는 또 다른 방법으로는 '집회 참석'이 있다. 집회는
민의를 가장 직접적으로 알릴 수 있는 기회다. 그러나 대규모 집회
는 이런저런 이유로 정부에 의해 불허되는 경우가 많다. 불허된 집
회에 참석하려면, 공권력과의 충돌, 심지어 경찰에게 체포되는 것도
감수해야 한다. 집회 참석은 마음 편하게 할 수 있는 일이 아니며, 다
소간 용기를 필요로 한다. 가장 편리한 정치 참여 방법은 '인터넷이
나 SNS를 통해 정치적 주장을 펴는 것'이다. 집에서든 어디서든 손

가락만 까딱까딱하면 되기 때문이다. 그러나 이 역시 권위주의적 정부 아래에서는 정보기관에 의해 검열당할 위험이 있다.

이런 이유들로 절대다수의 국민들은 선거 때 투표나 하는 것이 정치 참여의 전부다. 대부분 '소극적인 참여'에 머무는 것이다. 장 자크 루소Jean-Jacques Rousseau는 『사회계약론』(1762)에서 이렇게 썼다. "영국의 인민들은 스스로를 자유롭다고 생각하지만, 그것은 큰 착각이다. 그들이 자유로운 것은 오직 의회의 의원을 선출하는 기간뿐이다. 선거가 끝나는 순간부터 그들은 다시 노예가 되고, 아무런 가치도 없는 존재가 되어 버린다." 민주주의 사회라고 말하지만, 진짜로 '내가 나라의 주인'이라고 생각하는 사람들이 얼마나 될까? 그런 것을 생각하면 250년 전에 한 루소의 이 말은 여전히 유효하다.

### 하위 키워드 ① 폴리페서

'폴리페서(polifessor)'는 영어 단어 '폴리틱스(politics, 정치)'와 '프로페서(professor, 교수)'를 합친 말이다. 우리말로는 '정치교수'라 할 수 있다. 이런 말이 생겨난 이유는 교수들만큼 정치에 뛰어드는 사람들이 많은 직업군이 없기 때문이다. 우선 교수들은 자기 전문 분야가 있고, 그 분야의 전문가라는 이미지를 갖고 있다. 이를테면 교육학과 교수는 교육 문제 전문가로, 경제학과 교수는 경제 전문가로 우대받는다. 이런 전문가 이미지는 정치권에서 활용도가 높다. 이 때문에 교수들은 정계에 등용되기도 쉽고, 스스로 정치에 뛰어들기도 쉽다.

교수들이 정치에 잘 뛰어드는 데는 다른 이유도 있다. 본래 학교에서 학생들을 가르치는 교원들은 현행법상 '정치적 행위'를 할 수 없다. 공적 업무를 수행하는 공무원이나 준공무원은 '정치적 중립을 지켜야 한다'는 것이 그 이유다. 그러나 교수들은 여기에서 예외다. 법이 그렇다. 그 결과 우리는 교수들이 신문이나 방송을 통해서 정치적 발언들을 마음껏 쏟아내는 것을 본다. 또한 교수가 총선이나 지자체 선거에 출마해 당선되는 광경도 목격한다. 가르치는 대상만 다를 뿐, 교수 역시 초·중·고 교사와 같은 교원이다. 그런데도 교수만 이렇게 특별 대접을 받는 이유는 무엇보다 교수들이 가진 전문가 이미지를 필요로 하는 정치권과 언론의 수요 때문이라 할 수 있다.

공무원, 교사, 언론인 등 공직자는 총선이나 대선에 출마하려면 90일 전에 공직에서 사퇴해야 한다. 하지만 교수들은 여기서도 예외다. 그래서 교수직을 유지한 채 총선에 출마하거나 정부 고위직에 임명된다. 국회의원으로 당선되거나 정부 고위직에 임명되면 그냥 교수직을 '휴직'하면 된다. 혹은 낙선하거나 임기가 끝나면? 교수직을 사직하지 않았기 때문에 다시 대학으로 돌아가면 그만이다. 그래서 많은 교수들이 '밑져야 본전'이라는 심정으로 정치판에 뛰어든다.

교수가 선거에 출마하거나 대선 캠프에서 일하게 되면, 당연히 그 피해는 학생들에게 돌아온다. 교수가 정치권에 기웃거리는 순간부터 휴강·결강·대체 강의·이른 종강·폐강이 잦아지기 때문이다. 그렇게 해서 교수가 국회의원에 당선되거나 정부 고위직에 임명되면? 대학은 그 교수 자리를 비워 두고, 대신에 시간강사를 채용한다.

이 역시 학생들에게 피해를 준다. 그럼에도 대학 당국은 교수들의 정치 참여를 싫어하거나 말리지 않는다. 오히려 부추기는 경우도 많다. 왜 그럴까? 자기네 대학 교수가 국회의원이나 장관이 되면 정치권에 대한 바람막이나 로비 창구로 활용할 수 있기 때문이다.

폴리페서의 출세는 정치권에 국한되는 것이 아니다. 국회의원이나 장관으로서 임기를 마친 교수들은 종종 대학 총장으로 임명된다. 인제대 교수 김창룡은 한 언론과의 인터뷰에서 이렇게 말했다. "논문 발표하고 책 내는 것보다 정치권에 줄만 잘 서면 평교수에서 일약 총장으로, 장관으로 자리 이동할 수 있다는 현실은 거부하기 힘든 유혹이다." 교수도 참정권을 가진 시민이다. 그런 점에서 자신의 정치적 소신과 신념을 현실에 구현하기 위해 정치에 뛰어든다면, 이는 나무랄 것이 못 된다. 그러나 자신의 정치적 소신과 상관없이 단지 출세만을 위해 정치에 뛰어드는 교수들이 많다는 점은 부인할 수 없는 현실이다.

### 하위 키워드 ② 소셜테이너

'소셜테이너(socialtainer)'는 '소셜(social, 사회적)'과 '엔터테이너(entertainer, 연예인)'를 합성해 만든 신조어다. 우리말로 옮기자면 '사회적 활동을 하는 연예인'쯤 되겠다. 말만 놓고 보면, 이 용어는 오해의 소지가 있다. 왜냐하면 사회적 활동을 안 하는 연예인이 별로 없기 때문이다. 일반적으로 연예인들은 노래하고 연기만 하지 않는다. 우리는 많은 연예인들이 여러 기업, 관공서, 단체의 홍보 대사, 공익광고 모델, 봉사 활동, 기부를 하는 것을 일상적으로 본다. 엄밀하게 말하면, 이 역시 본업과는 무관한 '사회적 활동'이다. 그러나 이런 활동을 한다고 해서 '소셜테이너'라고 불리지는 않는다.

그럼 어떤 연예인들이 소셜테이너로 불릴까? 평소 사회적·정치적 이슈들에 대해 '비판적 견해'를 피력하거나 그런 운동에 동참하는 연예인을 소셜테이너라고 부른다. 이런 연예인들은 어찌 보면 이단아들이다. 연예인들에게는 대중의 인기가 가장 중요한데, 이렇게 사회 비판적인 견해를 피력하면 그에 반대되는 생각을 가진 사람들이 팬 층에서 뭉텅이로 떨어져 나가기 때문이다. 그래서 일반적으로 연예인들은 자신이 가진 정치적·사회적 입장과 견해를 좀처럼 표출하지 않는다. (그 대신 인기를 위해 '누가 들어도 듣기 좋은 말', '누가 들어도 싫어하거나 불편해하지 않을 말'은 열심히 한다.)

연예인은 직업 속성상 사회 비판적인 성향을 갖기 어렵다. 연예인들은 기업과 정부(지자체)가 주관하는 행사나 광고에 많이 불려 다닌다. 연예인들이 많이 출연하는 각종 TV 프로그램에도 기업의 광고가 붙는다. 연예인들의 방송 출연료 역시 결국 광고주가 지급하는 것이나 마찬가지다. 기업과 정부는 연예인들의 주된 수입원이다. 그런 까닭에 연예인들은 활동하다 보면 기업과 정부에 친화적이 되기 쉽다. 연예인들이 활동하는 장(場)의 분위기라는 것이 그러므로, 이는 지극히 자연스러운 일이다. 기업과 정부는 연예인의 수입원인 동시에 우리 사회의 주된 권력이다. 연예인들이 사회 비판적 발언을 한다는 것은 기업과 정부에 대해 쓴소리를 한다는 의미와 같다. 이런 상황에서 소셜테이너들은 자칫 자기 활동의 장을 잃어버릴 위험이 있다. 소셜테이너가 극히 적은 이유다.

소셜테이너들도 이런 위험성을 잘 알고 있다. 만약 자기 활동의 장을 모조리 잃어버린다면, 그는 더 이상 연예인이 아니다. 그렇게 되면 소셜테이너로서의 생명도 끝난다. 소셜테이너는 연예인이라는 정체성을 필요로 하기 때문이다. 그래서 사회 비판적 언행을 하기는 하지만, 대개는 그 강도를 조절한다. 우선 대중이 받아들이기 힘든 급진적인 발언은 되도록 삼간다. 이념 지향적이지 않게 보이려 노력하고, 특정 정치인이나 정당을 지지하지도 않는다. 그리고 시민의 상식에 어긋나는 정치적·사회적 현상에 대해서만 주로 비판한다. 이것이 소셜테이너들의 특징이다.

참고로 '폴리테이너(politainer)'라는 말도 있다. 폴리테이너는 '폴리틱스(politics, 정치)'와 '엔터테이너(entertainer, 연예인)'의 합성어다. 특정 정치인이나 정당에 대한 지지를 표명하고 지원 유세에 뛰어들거나, 그 자신이 국회의원이나 장관이 되는 경우다. 사실 연예인은 정치인으로 변신하기에 매우 좋은 자산을 갖고 있다. 그 자산은 바로 '인지도'다. 아마도 총선 시기, 후보들이 자기 '이름 석 자'라도 유권자들에게 알리기 위해 분투하는 것을 목격한 적이 있을 것이다. 그러나 연예인들은 이미 대중에게 잘 알려져 있는 유명인이다. 대중적 정서 친화성도 높다. 다른 후보들과의 경쟁에서 훨씬 유리할 수밖에 없다. 연예인이 정치권의 러브콜을 자주 받는 이유다.

**폴리널리스트**

    사람들은 '언론인' 하면 흔히 권력의 감시자, 권력의 비판사를 떠올린다. 그러나 언론에는 이런 모습만 있는 것이 아니다. 언론은 행정부, 입법부, 사법부와 더불어 '제4부'로 불리기도 한다. 이것은 언론을 통치 기구의 일부로 볼 수 있다는 의미다. '폴리널리스트(polinalist)'는 '폴리틱스(politics, 정치)'와 '저널리스트(journalist, 언론인)'의 합성어로, '권력에 야합한 정치 지향적 언론인'을 말한다. 폴리널리스트라는 말은 권력의 감시자, 권력의 비판자로서의 언론의 모습만 떠올리면 잘 이해가 안 된다. 그러나 권력의 대변인, 권력의 스피커로서의 언론의 모습을 생각하면 어렵지 않게 이해할 수 있다.

    언론에는 '출입처 제도'라는 것이 있다. 기자들은 자기 회사로부터 취재할 정부 부처, 관공서, 기업, 단체를 배당받는데, 이곳이 자신의 '출입처'가 된다. 이들 기관에는 '출입 기자실'이라는 것도 있는데, 기자들은 대개 그곳에 머물면서 취재한다. 그러다 보면 출입처의 기관장이나 고위 관료 들과 돈독한 관계가 형성되기 쉽다. 예를 들어 국회 출입 기자들의 경우, 취재원인 국회의원들을 '선배'라고 호칭하는 경우가 허다하다. 심지어는 호형호제하는 경우도 있다. 얼마 전까지는 기자들이 출입처에서 일상적으로 밥이나 술을 얻어먹는 것은 보통이고, 선물을 받고, 촌지도 받고, 외유성 해외 출장도 제공받곤 했다. 출입처 제도는 기자와 많은 정·관계 인사들과의 인맥을 만들어 내는데, 이런 인맥은 언론인들이 정계에 진출하는 데 발판으로 활용된다.

정치에서 언론만큼 중시되는 분야는 없다. 대중은 언론에 비친 정치인의 모습을 보고 그를 지지할지 말지 결정한다. 정당이나 정부의 정책을 대중이 지지하느냐 마느냐 역시 이에 대한 언론의 호불호가 큰 영향을 미친다. 그래서 정치 지도자들은 자신이 믿고 의지할 수 있는 언론인을 늘 곁에 두고 싶어 한다. 또한 그를 통해 언론을 통제하고 관리하고 싶어 한다. 언론을 잘 통제하고 관리할 수만 있다면 국민의 동의와 지지를 얻는 것은 그리 어려운 일이 아니라고 생각하는 경우도 많다. 언론인들이 정치권력자에게 자꾸 중용되는 이유다.

언론인들의 세계는 생각보다 위계질서가 확실하다. 입사 후에는 상사의 지시나 명령에 따라 힘든 수습 기간을 거치게 되어 있다. 언론사 사주(社主)는 자기 마음에 드는 사람을 요직에 앉히고, 고급 간부들은 다시 자기 마음에 드는 사람을 중견 간부로 발탁한다. 여기에 출입처 제도가 가세한다. 앞서 말했듯이 기자들은 출입처 생활을 하게 되고, 각 출입처에는 '출입처 기자단'이라는 것이 형성되어 있다. 이런 생활을 쭉 하다 보면 다른 언론사 기자들과도 선후배 사이로 위계질서가 형성된다. 이런 구조 때문에 권력자가 고참 언론인을 기용해 후배 언론인들을 통제하는 이언제언(以言制言) 전략이 매우 효과적으로 이용된다. ['이언제언'은 '언론인을 기용해 언론을 통제한다'는 뜻으로, '이이제이(以夷制夷, 오랑캐로서 오랑캐를 물리치게 함)'라는 고사성어를 변형한 용어다.]

권력자들이 가장 선호하는 언론인은 바로 '앵커'다. TV에서 뉴스를 전달하는 앵커들은 언론인이면서 동시에 유명인이다. 국민들 다수가 그를 알고 있으며, 그에게 친숙감을 느낀다. 권력의 입장에서는 이런 사람을 청와대 대변인이나 대통령 비서실 홍보 담당으로 기용하면, 언론을 통제할 수 있을 뿐 아니라, 정부의 메시지를 국민들이 거부감 없이 받아들이게 할 수 있다. 정부 요직에 기용된 폴리널리스트들이 임기를 마친 후의 행로는 폴리페서와 비슷하다. 그들은 퇴임 후에 정부 소유 언론사, 한국언론진흥재단, 한국간행물윤리위원회, 한국신문협회 등의 기관장으로 내정됨으로써 여전히 언론계에서 큰 영향력을 발휘한다.

정치 4

# 공포정치

_ 요람에서 무덤까지 통제되는 세계

□
□ ───────────────────────────────
□

중심 키워드

공포정치

하위 키워드

엄벌주의, 패놉티콘, 빅 브러더

'공포정치'는 본래 물리적 폭력을 동원해 복종시키는 것을 말한다. 그러나 디지털 시스템이 발전한 지금은 굳이 물리적 폭력을 동원하지 않더라도 사람들을 얼마든지 감시하고 통제하는 것이 가능하다. 전자를 '고강도 공포정치'라 한다면, 후자는 '저강도 공포정치'라 할 수 있다. 세계는 저강도 공포정치에 기반한 전체주의 사회로 변해 가고 있다 해도 과언이 아니다. 공포정치는 왜 '엄벌주의'를 천명하고, 공포정치의 근대적 모델이 된 '패놉티콘'은 무엇일까? 패놉티콘의 소설 버전이라 할 수 있는 『1984』와 거기에 등장하는 독재자 '빅 브러더'는 이에 대한 단서를 제공해 준다.

▼

# 공포정치

'공포정치'는 말 그대로 물리적 폭력을 동원해 사람들에게 공포감을 심어 주는 정치를 말한다. 보통은 국가권력이 자신의 권력을 유지, 강화하기 위한 목적으로 시행한다. 공포정치를 좋게 생각하는 사람은 거의 없다. 그럼에도 불구하고 공포정치는 흔히 나타난다. 공포정치는 독재국가에서만 나타날까? 아니다. 제3세계 독재자들이 자주 공포정치를 펼치는 것은 맞다. 그러나 국민에 의해 대표자가 선출되는 민주국가에서도 공포정치는 얼마든지 이루어질 수 있다.

2001년 9·11 테러 이후의 미국이 그랬다. 당시 조지 W. 부시 George Walker Bush 대통령은 테러 근절을 명분으로 내세워 공포정치를 펼쳤다. 미국 정부는 급조한 테러대책법(Anti-terrorism legislation, 일명 애국법)을 근거로 국가 전체를 요새화하고 개인의 자유를 구속했다. 예를 들어 2004년에는 미국 전역의 공항과 주요 항구에서 외국인 방문자들을 대상으로 지문 채취와 사진 촬영을 실시하였다. 이 작업은 특히 아시아, 아프리카, 남아메리카에서 온 방문자들과 이민자들에게 집중되었다. 이들을 잠재적인 범죄자로 간주하고 생체 정보 제공을 강요한 것이다. 명백한 인종차별이자 인권침해였다. 부시 행정부는 외국인은 물론 자국민에 대한 감시와 도·감청도 서슴지 않았다.

9·11 테러는 국민을 보호해야 할 국가권력이 제 역할을 다하지 못했기 때문에 발생한 사건이다. 그것은 국가권력의 패착이다. 이런 일이 발생하면 최고 권력자로서 자신의 부족함을 반성하고, 국민에게 사과하고, 외교정책과 안보 시스템을 돌아보고 정비해야 옳다. 그런데 부시는 그렇게 하지 않았다. 대량 살상 무기를 찾는다며 이라크와 전쟁을 벌였고 (그럼에도 대량 살상 무기를 찾아내지 못했다.) 국민을 협박의 대상으로 삼았다. 부시는 왜 그랬을까? 그렇게 하는 것이 무엇보다 자신의 재선에 유리했기 때문이다. 실제로 그는 이런 기조 속에서 재선에 성공했다.

이는 언뜻 생각하면 이상한 일이다. 협박을 당하는 것은 결코 좋은 일이 아닌데, 미국 국민들은 왜 다시 부시를 대통령으로 선택했을까? 그 이유는 테러의 위협에서 안전할 수 있다면, 다소간의 인권침해는 불가피하다고 생각했기 때문이다. 대통령이 외부의 위협에 단호하게 대처하는 인상을 준다면, 국민은 '그가 바로 우리의 안전을 지켜 줄 적임자'라고 생각할 수 있다. 부시는 이런 분위기 속에서 재선에 성공했다. 떠들썩하게 선전포고를 하고, 전쟁을 벌이고, 엄중한 보안 검속과 감시 속에서 국민들을 몰아넣는 과정은 테러의 위협이 상존하고 있다는 느낌과 '그가 바로 우리의 안전을 책임져 줄 카우보이'라는 느낌을 강하게 주었다.

9·11 테러에서 보듯, 외부의 위협은 분명히 있었다. 중요한 것은 그 이후의 대처다. 부시는 외부의 위협을 정치적으로 역이용했다. 공포정치를 통해 정치적 긴장 상태를 유지시키고, 불안과 공포 속에서 사태에 대한 합리적 판단을 못 하게 만들었다. 그리고 평화를 갈망하는 사람들의 목소리를 위축시켰다. 그가 내세운 공포정치의 명분은 국민의 안전이었다. 그러나 국민은 공포정치 때문에 오히려 불안에 떨어야 했고, 전쟁에 동원되었으며, 자유를 잃었다. 결론적으로 공포정치로 가장 큰 이익을 본 사람은 부시 자신이었다.

**하위 키워드 ①  엄벌주의**

공포정치하에서는 사소한 잘못이나 죄에 대해서도 엄하게 처벌받는 '엄벌주의'가 횡행한다. 공포정치를 펴는 권력은 모럴 해저드(moral hazard), 범죄, 반정부 행위 등이 사회에 만연해 있음을 강조한다. 그리고 국가권력이 정의의 사도가 되어 이와 대결하는 포즈를 취한다. 또한 엄벌을 통해 우리 사회가 정의로운 사회, 범죄 없는 사회로 나아갈 수 있다고 믿게 만든다. (이 과정에서 대대적인 언론 플레이가 동원된다.) 이럴 때 국가권력은 제 역할을 성실하게 수행하고 있는 것처럼 보이기 쉽다. 진압, 체포, 선언, 작전, 재판 등이 잇달아 발생하기 때문이다. 그러나 이는 어떤 측면에서 국가권력이 자기 책임을 방기하고 있는 것이라고 볼 수 있다. 왜 그럴까? 사태의 진정한 원인과 의미를 무시하기 때문이다.

예를 들어 범죄를 보자. 형벌을 강화하면 범죄가 줄어들까? 그렇지 않다. 형벌의 강화가 범죄를 줄인다는 믿음은 환상에 가깝다. 오히려 형벌을 강화할수록 범죄가 늘어난다는 통계들이 많다. 그 이유는 무엇일까? 사람들은 흔히 범죄가 많이 일어나니, 범죄 적발 건수가 많아진다고 생각한다. 그러나 다시 생각해 보면, 범죄가 적게 일어나더라도 치안을 강화하면 범죄 적발 건수는 많아질 수밖에 없다. 실질적인 범죄 발생률과는 상관없이, 치안 정책에 따라 범죄율이 올라가기도 하고, 내려가기도 한다는 말이다. 범죄 적발 건수가 많아지면, 국가권력은 이를 근거로 더 강력한 엄벌주의를 천명할 수 있게 된다.

혹자는 '그렇다면 치안이 필요 없다는 말이냐?' 하고 반문할지 모르겠다. 그런 게 아니다. 범죄 예방 차원에서 치안 강화는 당연히 필요하고 중요하다. 하지만 치안 강화와 사람들을 많이 붙잡아 감옥에 가두는 일은 별개의 문제다. 전과자로 불리게 되는 것은 한 사람에게 씻을 수 없는 커다란 낙인이다. 이런 낙인이 찍힌 사람은 스스로도 자신을 일탈자, 범죄자로 규정하게 되며, 출소한 뒤에도 범죄자로서 역할 행동을 하게 된다. 더구나 우리나라 감옥은 교화나 사회 적응 프로그램이 빈약해 오히려 더 노련한 범죄자가 돼서 사회에 나오는 경우가 많다. 그 피해는 다시 국민에게 돌아온다. 게다가 범죄로 인한 피해만 느는 것이 아니다. 엄벌주의는 모든 국민의 인권이나 자유도 위축시킨다.

범죄를 예방하기 위해서 필요한 것은 무엇일까? 범죄를 발생시키는 '사회적 조건'을 지속해서 개선하고 관리하는 일이다. 이는 무엇보다 중요한 대책이지만 실행하기 가장 어려운 대책이기도 하다. 이를 위해서는 인간과 사회를 바라보는 장기적인 안목과 철학, 많은 노력과 비용이 요구된다. 교육과 문화, 정치적·경제적 제도의 개선도 함께 뒤따라야 한다. 이에 비하면 엄벌주의는 말할 수 없이 손쉬운 대처 방법이다. 검찰이나 경찰 같은 공권력만 동원하면 된다. 단기적으로 국민에게 인기를 끌기도 쉽다. 눈에 보이는 가시적 조치이기 때문이다. 엄벌주의로 범죄자들이 더욱 늘어난다 해도, 그에 맞서는 정의의 사도로서 국가권력의 선명성이 부각되고 권력도 증대되니, 통치의 차원에서는 나쁠 것이 없다.

범죄 피해를 입은 사람들은 엄청난 충격과 고통을 겪는다. 피해자에 대한 국가 차원의 치유와 지원은 당연히 필요하다. 그런데 엄벌주의는 이에 대해서도 방치한다. 가해자 처벌에만 집중하기 때문이다. 엄벌주의는 피해자를 방치한 채, 대중의 분노와 불만을, 그것도 일시적으로 잠재우는 효과만 나타낼 뿐이다. ('저런 놈들 싹 다 감옥에 집어넣으니, 속이 다 시원하다'는 식의 반응을 생각해 보라.) 그런 측면에서 보면, 엄벌주의는 '형벌 포퓰리즘'이라 할 수 있다.

**하위 키워드 ②** 패놉티콘

'패놉티콘(Panopticon)'은 영국의 철학자 제러미 벤담Jeremy Bentham 이 구상한 '원형 감옥'을 말한다. '패놉티콘'이라는 말은 라틴어다. 라틴어로 '팬(pan)'은 '모두', '옵틱(optic)'은 '보이는', '온(on)'은 '장소'라는 뜻이다. 그래서 '패놉티콘' 하면 '모든 것이 보이는 장소'가 된다.

원형 감옥의 구조는 이렇다. 우선 반지 모양의 건물이 있다. 이 건물은 칸칸이 나누어진 많은 독방들로 이루어져 있다. 독방 하나하나에는 죄수들이 한 명씩 들어 있다. 독방은 건물의 앞면에서 뒷면까지 터널처럼 뻥 뚫려, 빛이 통과하게 되어 있다. 그리고 안마당 중심에는 탑이 하나 놓여 있다. 간수는 여기서 죄수들을 감시한다. 일명 '중앙 감시탑'이다. 중앙 감시탑 내부는 빛이 들어오지 않아 어둡다. 이는 빛이 환히 들어 밝은 독방들과 대조된다. 어두운 곳에서 밝은 곳은 잘 보인다. 그러나 밝은 곳에서 어두운 곳은 잘 보이지 않는다. 간수는 혼자서도 수많은 죄수들의 일거수일투족을 또렷이 볼 수 있지만, 죄수들은 간수를 볼 수 없다. 간수가 무엇을 하고 있는지도 알 수 없고, 심지어 감시탑에 간수가 있는지 없는지도 알 수 없다.

이 원형 감옥은 한 사람이 많은 죄수들을 감시할 수 있다는 점에서 매우 효과적이다. 그러나 더 큰 효과는 따로 있다. 그것은 수감자를 '자발적 복종'에 이르게 한다는 점이다. 죄수들은 간수가 없을 때도 그가 있다고 생각하게 되고, 상상을 통해 간수의 시선을 내면화함으로써 스스로 자신의 행동을 감시하게 된다.

원형 감옥의 무서움은 여기에 있다. 벤담은 이러한 패놉티콘 개념이 감옥에 국한되지 않고, 군대, 병원, 학교, 공장 등으로 확대 적용될 수 있다고 보았다. 그리고 패놉티콘은 실제로 거의 모든 근대적 시설의 모형이 되었다.

제러미 벤담은 '최대 다수의 최대 행복'이라는 말로 유명한 공리주의 철학자다. 이런 사람이 왜 이렇게 무시무시한 감시 체계를 창안했을까? 이를 이해하기 위해서는 우선 '공리'라는 말부터 이해해야 한다. 사람들은 '최대 다수의 최대 행복'이라는 말 때문에 공리가 한자로 '公利', 즉 '공공의 이익'인 줄로 아는 경우가 허다하다. 그러나 공리는 한자로 '功利'다. '성공'과 '이익'이 결합된 말이다. 공리주의는 '성공과 이익을 추구하는 철학'이다. 공리주의는 영어로 이해하면 그 의미가 더 확실해진다. 공리주의는 영어로 'utilitarianism'이다. 이 말의 어원은 '효용성', '기능성'을 뜻하는 라틴어 'utilitas'이다. 간단히 말해 공리주의는 '기능주의'에 가깝다.

패놉티콘은 최소의 인원으로 최대의 죄수들을 감시할 수 있는 시설, 최소의 노력으로 최대의 복종 효과를 볼 수 있는 시설이다. 매우 '기능적'이다. 벤담은 패놉티콘이 '최대 다수의 최대 행복'에도 도움이 된다고 봤다. 죄수들을 잘 통제하는 것은 다수 선량한 사람들의 행복에 이바지하는 일이라고 생각했다. 그러면 그가 군대, 병원, 학교, 공장 등에도 패놉티콘 시스템이 도입되길 바랐던 이유는 무엇일까? 감시가 심할수록 사람들이 '바른 행동'을 할 것이라 생각했기 때문이다. 그 역시 사회적으로 보면 이익이 된다고 보았다.

문제는 '무엇이 사회적 이익인지를 누가 정하는가'에 있다. 벤담의 논리에 따르면, 죄수뿐 아니라 일반 시민들도 감시와 복종의 대상일 뿐, '무엇이 사회적 이익인지'를 생각하고 결정하는 참여 주체는 아니다. 이를 결정하는 유일한 주체는 보이지 않는 곳에서 사람들을 감시하고 복종시키는 권력자일 수밖에 없다. 벤담의 철학은 독재자의 철학이다.

### 하위 키워드 ③ 빅 브러더

"그는 자고 있든 깨어 있든, 일하든 쉬고 있든, 목욕탕에 있든 침대에 있든, 감시받고 있다는 경고나 예비지식 없이 감시를 받고 있다. …… 당원은 태어나서 죽을 때까지 사상경찰의 감시 속에 산다. 그는 혼자 있어도 혼자 있다고 확신할 수 없다." 조지 오웰George Orwell 의 소설 『1984』의 한 대목이다. '빅 브러더(Big Brother)'는 조지 오웰의 소설 『1984』에 나오는 독재자다. 독재자라고는 하지만, 엄밀하게 말하면 당이 만든 허구적 존재다. 당은 허구적 존재인 빅 브러더를 내세워 개인의 생활을 철저히 감시하고 통제한다. 텔레스크린, 사상경찰, 마이크로폰, 헬리콥터 등을 이용하여 사람들의 일거수일투족을 지켜본다.

현대사회를 흔히 '빅 브러더 사회'라고 부른다. 감시와 통제의 사회라는 말이다. 이것이 단순한 비유가 아니라는 점은 2013년 미국 중앙정보국(CIA)과 국가안전보장국(NSA)에서 일해 왔던 컴퓨터 기술요원 에드워드 스노든Edward Snowden 의 폭로를 통해 드러났다. 폭로 내용은 상상 이상이었다. 미국 국가안전보장국과 영국 정보통신본부(GCHQ)가 북미 대륙과 유럽을 잇는 환대서양 광케이블에 감청 장치를 비밀리에 설치해, 세계의 주요 정치인, 기관, 기업은 물론 민간인의 통화 내역, 인터넷 접속 기록, 이메일, 채팅, 동영상, 사진, 저장된 데이터 등을 수집, 분석해 온 사실이 드러났다. 더욱 충격적인 것은 이러한 정보 수집에 마이크로소프트, 구글, 야후 등 글로벌 인터넷 회사들이 협력해 왔다는 사실이었다.

일상적으로도 우리를 감시하는 장치들은 많다. 우리나라 수도권에 사는 사람들은 하루 평균 83.1회나 CCTV에 찍힌다(2010년 국가인권 위원회 자료 기준). 신용카드로 물건 값을 계산해도 개인 신상 정보와 구매 정보가 빠져나가고, 모르는 길을 안내받기 위해 스마트폰이나 차량용 네비게이션에서 위성항법장치(GPS)를 이용해도 자신의 위치 정보가 노출된다. 문제는 이러한 감시가 우리의 '자발적 협조'로 이루어지고 있다는 사실이다. 우리는 편리하고, 물건을 싸게 살 수 있다는 이유로 스스로 개인 정보 제공에 동의하고 인터넷 쇼핑몰을 이용한다. 어떤 쇼핑몰에서 개인 정보 제공에 동의하면, 그 쇼핑몰의 자회사, 모회사, 협력사 등에 개인 정보가 모두 퍼져 나간다.

쇼핑몰에서 샀던 물품 구매 내역, 검색 내역, 쇼핑하면서 봤던 웹페이지의 흔적 같은 정보도 고스란히 기업의 서버에 쌓인다. 이것을 '빅데이터'라 한다. 우리가 이렇게 쉽게 자기 정보를 기업에 넘기는 이유는, 이용자의 눈에는 인터페이스상의 서비스만 보이고 자신을 포획하고 감시하는 권력은 보이지 않기 때문이다. 사람들은 기업에 의해 나의 데이터가 어떻게 모아지고, 그것이 어떻게 수익으로 변형되는지 모른다. 자신의 데이터가 광고 회사나 정부 기관으로 넘어갈 수 있다는 사실을 생각하지 않는다. 그래서 쉽게 자신의 정보를 넘긴다.

패놉티콘의 간수는 죄수들이 무엇을 하는지 볼 수 있었지만, 무엇을 생각하는지는 알 수 없었다. 그러나 지금은 다르다. 어떤 사람이 무엇을 검색하고, 무엇을 클릭했는지, 인터넷이나 SNS에 어떤 글과 사진을 남겼는지를 알면 그 사람의 머릿속을 들여다보는 것이 가능하다. 이렇게 전자 기기를 통한 감시체계를 '정보 패놉티콘'('전자 패놉티콘', '디지털 패놉티콘'이라고도 한다.)이라 한다. 패놉티콘을 지키는 간수의 시선은 그 영향 범위에 한계가 있다. 그러나 정보 패놉티콘에는 제한된 통제구역이라는 것이 없다. 정보 패놉티콘에서는 통제구역이 무한 확장된다.

정보 패놉티콘에서는 상위 감시자가 하위 감시자를 감시하는 것도 가능하다. 예를 들어 순찰차에 탄 경찰관은 자신이 시민을 감시하지만 동시에 자신도 상관에게 감시된다. 순찰 도중, 어떤 사람의 신원을 조회한 상황이 전부 기록으로 남고, 상위 감시자는 이를 열람할 수 있다. 정보 패놉티콘에서는 중첩된 감시가 일상이 된다.

# 관료주의

_ 국민의 머슴일까, 국민의 지배자일까?

**중심 키워드**

관료주의

**하위 키워드**

기밀주의, 악의 평범성, 변문욕례

사람이 태어나면 그 부모가 관청에 출생신고서를 내고, 사람이 죽으면 가족이 사망신고서를 낸다. 우리 삶은 정부, 학교, 은행, 군대, 병원, 기업 등 관료제로 운영되는 수많은 기관들에 의해 기록되고, 관리된다. 우리가 직접 작성해 관료에게 제출하는 서류들도 많다. 관료주의는 우리 생활 전반을 지배한다. 미국의 인류학자 데이비드 그레이버는 이를 '전면적 관료화'라 했다. 현대사회를 이해하기 위해서는 '관료주의'를 반드시 알아야 한다. '기밀주의', '악의 평범성', '번문욕례'는 모두 관료주의의 폐해에서 나온 말들이다.

# 관료주의

관료는 주로 행정적인 일을 처리하는 공무원을 일컫는다. 국민이 낸 세금으로 먹고사는 공무원은 본래 국민을 위해 일해야 하고, 국민을 얕잡아 봐서는 안 된다. 그러나 현실은 그렇지 않다. 공무원이 국민을 얕잡아 보고, 자신이 통치자라도 되는 양 행세하는 경우도 허다하다. 이를 일컫는 말이 있다. 프랑스의 경제학자 뱅상 드 구르네Vincent De Gournay가 만든 '관료주의(bureaucracy)'가 그것이다. 관료주의는 '사무실' 또는 '책상'을 의미하는 프랑스어 '뷔로(bureau)'에 '통치'라는 뜻의 그리스어 '크라티아(kratia)'를 붙여 만든 말이다. 정리하면, 관료주의는 '관료들의 사회적 지배'를 의미한다.

사회에는 대통령이나 장관처럼 관료들보다 더 높은 지위에 있는 실력자들이 있다. 그런데도 왜 '관료들이 사회를 지배한다'고 말하는 것일까? 대통령이나 장관 같은 정치인이 관료들의 상관인 것은 맞다. 관료가 이들의 명령에 따르는 것도 맞다. 그러나 이들은 몇 년 있다가 가 버릴 사람들이다. 관료는 그렇지 않다. 퇴직하지 않는 한, 늘 그대로 있다. 잠시 권좌에 머물다 가는 사람과 그 아래에 있기는 하지만 항상 그 자리에 머물러 있는 사람들 중 누가 진짜 정부 조직의 주인이겠는가? 후자(관료)일 수 있다.

관료의 생명력은 놀랄 만큼 끈질기다. 오랫동안 한국 관료에 대해 연구한 안용식 연세대 명예교수의 말을 들어 보자. "1910년 대한제국 관료가 그대로 총독부로 넘어갑니다. 합방 전 군수가 300여 명이었는데요. 일제가 거의 그대로 군수를 시킵니다. 해방 뒤도 비슷해요. 특히 법관들은 거의 그대로 대한민국 정부로 넘어옵니다. 경찰이나 지방관들 상당수가 자리를 지키지요." 관료의 생명력은 정부가 교체되거나, 혁명이 일어나거나, 심지어 조국이 적에게 점령당했을 때 두드러진다. 이런 상황에서도 공무원들은 그대로 공직에 머무는 경우가 많다. 새로운 권력은 관료제를 파괴하는 대신 최고 관리자만 교체해 이를 활용한다. 관료제는 독점 체제로 그를 대체할 수 있는 것이 없고, 정확성, 안정성, 규율의 엄격성 면에서 월등하므로 권력의 행사 수단으로 매우 적합하기 때문이다.

관료 조직은 전문성과 조직적 합리성, 무색무취(無色無臭)를 특성으로 한다. 관료들은 자신이 맡아 온 분야의 일에 대해 누구보다 잘 알고 있다(전문성). 관료의 세계는 체계적인 조직과 절차로 이루어져 있다(조직적 합리성). 관료들은 자신의 정치 성향에 상관없이 명령에 따른다(무색무취). 이 때문에 관료들은 정치적 수단으로만 여겨지는 경향이 있다. 누구라도 상관이 되면 관료들을 장기판의 졸(卒)처럼 자기 마음대로 부릴 수 있다고 생각하는 것이다. 그러나 이는 짧은 생각에 불과하다.

이를테면 행정안전부 장관이 새로 부임했다 하자. 그는 어떤 측면에서 굴러들어온 돌이고, 관료들은 박힌 돌이다. 그러니 박힌 돌의 눈치를 볼 수밖에 없다. 게다가 장관은 한 명이지만, 관료들의 숫자는 많다. 관료는 여러 정책에 대한 정보, 조언, 평가를 통해 장관의 결정에 개입할 수 있다. 전문성과 조직의 합리성 등을 내세워 장관의 생각을 자신들에게 유리한 쪽으로 유도할 수도 있다. 관료들은 시키는 대로 일만 하는 로봇 같은 존재가 아니다. 관료들을 움직이는 동기는 대개 출세욕과 승진이며, 자기 조직의 확장과 예산 증대를 통해 더 많은 급여, 권력, 특권을 노린다. 관료제는 조직 자체의 증대를 초래하는 경향이 있다.

**하위 키워드 ①** 기밀주의

누군가 어떤 정부 기관에 공적 정보의 열람을 요청했다 하자. 그 기관은 십중팔구 이런 반응을 보일 것이다. '이런 요구를 하는 당신은 누구인가?', '왜 정보를 알고 싶어 하는가?' 이 질문에 성실하게 답해도, 정보 열람은 대부분 거절될 것이다. 이유를 물으면 '상부의 허락이 내려진 바가 없다', '그런 선례가 없다', '법률이나 내규에 따라 알려 줄 수 없다'는 식의 답변이 돌아올 것이다. 관료에게 정보 공개 요구는 일단 거절하고 보는 것이 원칙처럼 되어 있다. '기밀주의'의 뿌리는 넓고 깊다. 정부 기관들은 업무 중 알게 된 정보의 공개를

금하고 있으며, 직원들에게 그에 대한 서약을 받는 경우도 많다. 기밀주의는 정부의 주요 조직 문화다.

'국민의 알 권리'는 민주주의의 본질적인 문제다. 정보를 알아야 그에 기반해 자기 견해를 갖고 정치에 참여할 수 있다. 민주주의는 정치 지도자들의 결정이나 행동에 대해 정보를 갖고 있는 국민을 필요로 한다. '국민의 알 권리'는 중요하다. 그럼에도 많은 사람들이 기밀주의의 심각성을 인식하지 못한다. 이유가 무엇일까? 내가 갖고 있던 것을 누군가 빼앗아 간다면 금방 눈치 채고 분노할 것이다. 그러나 '국가 기밀'이라는 이름으로 어떤 정보가 애초부터 국민에게 알려지지 않으면? 알려 주지 않은 정보가 무엇인지 모르므로, 이를 인식하고 문제 삼기는 매우 어렵다.

저널리즘은 사실 보도를 원칙으로 한다. 그러나 관료들에 의해 사실 자체가 은폐되면, 그 원칙도 아무런 소용이 없다. 기밀주의가 심해지면 언론은 정부의 공식 발표에만 의존하게 된다. 그 외에 정보를 얻을 통로가 없기 때문이다. 그러나 공식 발표는 있는 그대로의 사실 전체가 아니라, 알려 주고 싶은 내용의 일부만을, 그것도 관점을 곡해해서 알려 주는 경우도 많다. 공식 발표는 언론을 통해서 국민들에게 전달되고, 국민들은 그 정보에 기반해 정치적 견해를 갖게 된다. 정부를 지지하든, 비판하든, 그것은 모두 정보를 둘러싼 관료적 통제 속에서 이루어진다는 말이다.

정부는 기밀주의를 유지하는 명분으로 '국민의 안전과 이익을 위해서 필요하다'는 점을 든다. 이러한 명분은 모순이다. 정부가 국민을 위해 시행하는 내용을 국민이 모르는 것이 유익하다는 가설에 기초하기 때문이다. 국민은 마땅히 국가가 자신들의 요망에 어떻게 대응하는지를 알아야 한다. 그런데 이 가설은 그것을 허락하지 않는다. 국민은 정부가 하는 일을 그저 믿어야 할 뿐이다. 국민은 자신의 대표자를 뽑기만 하는 존재가 아니라, 자신이 뽑은 대표자가 일을 잘하는지 감시하는 감시자이기도 하다. '국민이 정부를 믿어야지 믿지 않으면 어떡하느냐'는 생각은 민주주의가 아니라, 독재나 전체주의에 어울리는 것이다.

관료들은 자기 조직의 프라이버시와 자신의 안전과 이익을 위해, 실패와 부정부패를 숨기는 수단으로 기밀주의를 이용한다. 정보가 통제되면 국민은 정부의 선택 외에 다른 가능성을 생각할 수 없게 된다. 정부가 검토하지 않았던, 채택하지 않았던 방안 중에 더 좋은 것이 있는지 알 도리가 없기 때문이다. 기밀은 민주적 논의와 판단의 범주 밖에 있다. 정부가 결정한 것, 그리고 국민의 정치적 선택들이 그릇된 편견과 선입견을 반영하고 있다 하더라도 이를 바로잡을 수 없다. 공적 정보에 자유롭게 접근할 수 있는 국민과, 정부가 전달하는 정보만을 일방적으로 전달받는 국민 사이에는 큰 차이가 있다. 기밀이 많아질수록 민주주의적 가치에 반하는 권력의 증대가 이루어진다는 사실은 분명하다. 기밀이 국민을 기만하는 수단으로 사용되는 것을 막기 위해서는 '어떤 정보를 기밀로 지정하는 특권' 역시 민주적 통제 아래 있어야 한다.

1960년 5월 11일, 아르헨티나 부에노스아이레스 교외. 버스에서 내린 한 중년의 남자가 정체불명의 남자들에 의해 납치되었다. 남자들은 모처로 이동한 후, 중년 남자의 신원을 확인했다. 중년 남자는 침착하게 독일어로 말했다. "나는 아돌프 아이히만Adolf Eichmann이다. 그리고 내가 이스라엘 사람들 손에 잡혔다는 것을 안다."

이 남자는 다비드 벤구리온David Ben-Gurion 이스라엘 수상이 제2차 세계대전 기간 동안 "전 유럽에 걸쳐 조직적으로 유대인 대량 학살한 자"로 지목했던 전범 아이히만이었다. 그는 나치스 친위대 중령으로서 유대인들을 게토나 당시 많은 사람들이 학살된 수용소로 이송하는 일을 총지휘한 인물이다. 종전 후, 아르헨티나로 달아났던 그가 15년 만에 이스라엘의 비밀 정보기관 모사드(Mossad) 요원들에게 체포된 것이다. 그는 신속하게 이스라엘 예루살렘으로 이송되었고, 전 세계의 이목을 집중시키며 재판정에 섰다. 미국 잡지《뉴요커》는 유대인 여성 철학자 한나 아렌트Hanna Arendt를 특파원 자격으로 보내 재판을 취재하게 했다. 아렌트의 대표작 『예루살렘의 아이히만』은 그 취재 기록이다.

많은 사람들은 그녀가 아이히만의 병리성과 악마성을 폭로해 주길 바랐다. 유대인들이 보기에, 아이히만은 정신이상자이거나 악마였다. 그렇지 않다면 어떻게 600만 명의 유대인을 죽이는 데 핵심적인 역할을 할 수 있단 말인가. 그러나 아렌트는 그 기대를 무참히 짓

밟는 논지로 유대인 사회를 발칵 뒤집어놓았다. 그녀가 취재하고 나서 내린 결론은 '악의 평범성(banality of evil)'이었다. 아이히만이 악행을 저지른 것은 분명하지만, 이는 평범한 사람이라면 누구나 저지를 수 있는 잘못이었다는 말이다. 이에 많은 유대인들은 학살자인 아이히만을 두둔하는 거냐고 아렌트를 몰아붙였다.

그녀가 재판정에서 본 아이히만은 미친 사람이나 냉혈한과는 거리가 멀었다. 그는 놀랍게도 반유대주의적 성향을 가지고 있지 않았다. 그의 친척 중에는 심지어 유대인도 있었다. 아이히만은 유대인들이 고국 팔레스타인에 국가를 재건하는 데 찬성하는 시온주의자이기도 했다. 심성도 악랄함과는 거리가 멀었다. 그는 유대인 학살 광경을 목격하고 불면증과 악몽에 시달렸던 나약한 군인이었으며, 유대인에게 불필요한 고통을 주는 것을 반대하는 휴머니스트였다. 이런 그가 어떻게 대량 학살에 일조하게 된 것일까? 그 이유는 아이히만이 관료였기 때문이다. 관료는 위에서 내려온 명령을 집행한다. 복종은 관료의 미덕이다. 그의 죄는 복종에서 나왔다.

아이히만의 잘못은 남의 문제도 아니고, 옛날 문제도 아니다. 자신에게 맡겨진 일이 옳은지 그른지를 자기 머리로 판단하지 않고, 위에서 시키는 대로 하는 사람들은 지금 우리 주변에도 많기 때문이다. 공무원들과 회사원들이 그렇다. (흔히 '관료' 하면 공무원만을 떠올리지만, 관료는 정부 조직에만 있는 것이 아니다. 기업, 정당, 학교 등에도 존재한다. 그런 곳도 행정과 조직 운영을 위해서는 간부, 즉 관료들이 필요하기 때문이다.) '악의 평범성'은 관료제로 운영되는 조직 속에 있는 사람이라면 누구나 아이히만과 같은 잘못을 저지를 수 있다는 경고를 담고 있다.

아이히만은 1961년 12월 15일에 사형선고를 받고, 이듬해 5월 31일 자정쯤 처형되었다. 그는 죽기 전에 관료로서 명언이 될 만한 말을 남겼다. "좋은 정부의 신하가 되는 것은 행운이고, 나쁜 정부의 신하가 되는 것은 불운이다. 나는 운이 없었다." 이것은 자기변명만은 아니었다.

### 하위 키워드 ③ 번문욕례

'번문욕례(繁文縟禮)'는 직역하면 '많은 문서와 번거로운 절차'다. 관료주의의 문제를 지적할 때 자주 언급되는 말이다. 실제로 민원을 넣거나, 어떤 사업의 인허가를 받거나, 복지 급여 등을 신청하기 위해 관공서를 상대해 보면, 요구하는 서류가 꽤나 많고 절차도 복잡하다는 사실을 실감할 수 있다. 관공서가 요구하는 서류의 형식과 절차를 조금만 벗어나도, 민원인의 요구는 거부된다. 관료들도 서류에 치이기는 마찬가지다. 각종 신청서와 결재 서류, 제안서, 보고서, 업무 일지, 위에서 내려온 공문, 다른 기관에서 보내온 협조 공문과 온종일 씨름하는 것이 관료들의 일이다.

왜 이렇게 서류 작업이 많은 것일까? 명분은 있다. 공정성과 합리성이 그것이다. 그러나 문서 작업이 많아진다고 해서 공정성과 합리성이 증가하지는 않는다. 복잡한 형식과 절차는 오히려 일처리를 지연시키고 행정 비용을 증대시키는 경향이 있다. 그러한 비효율성이 행정의 실패를 초래하는 경우도 많다. 그럼에도 관료 조직은 문서 과잉을 고수한다. 이유가 무엇일까? 무엇보다 자신들에게 이득이 되기 때문이다. 구체적으로 말하면 이렇다.

첫째, 서류에 근거하면, 행정에 실패해도 그 책임을 회피할 수 있다. '우리는 일정한 근거와 절차를 거쳐 일 처리를 했으므로 행정적 실책에 대한 아무런 책임이 없다'는 근거로 서류를 사용할 수 있다. 둘째, 자신들의 세력 팽창을 도모할 수 있다. 형식과 절차가 복잡할수록 더 많은 인원과 부서가 필요하며, 인원과 부서가 늘수록 정부에 요구할 수 있는 예산과 권한이 많아진다. 셋째, 작성해야 하는 서류의 종류와 절차가 복잡할수록 관료들이 쓰는 문서 용어를 이해하지 못하는 사람, 문서 작성에 익숙하지 않은 사람, 관공서가 요구하는 문서들을 어디에서 떼어다 줘야 하는지 모르는 사람, 급하게 행정적인 일처리를 요구하는 사람에게 권위와 존재감을 높일 수 있다. 규칙과 절차가 복잡할수록 시민들에게 요구할 수 있는 복종의 수준은 전반적으로 높아진다. 이처럼 번문욕례는 관료들의 권력을 증대시키는 데 일조한다.

인류 역사를 보면, 서류 작업에 들어가는 시간과 노력은 점점 증가해 왔다. 세계에서 가장 오래된 성문법인 '함무라비법전'의 경우, 282개조만 갖고도 인간 삶의 모든 요소를 규율할 수 있었다. 당연히 행정에 필요한 서류도 간단했다. 그러나 지금은 프랑스 루이 14세 Louis XIV의 절대왕정 때보다 1,000배나 많은 서류 작업을 한다. 법률도 많아지고 있다. 수만 가지 법률이 있지만, 그걸로도 부족해 국회의원들이 경쟁적으로 입법 활동을 벌인다. 이렇게 문서로 규정되는 규칙과 절차가 많아질수록 시민의 자유는 위축된다.

번문욕례가 '비효율적'이라는 비판은 많다. 개혁의 요구도 상당하다. 중요한 점은 개혁의 방향이다. 현재 사회에서 추진되는 주된 개혁 방향은 행정에 시장의 원리를 도입하는 것이다. 이는 국가 행정을 민영화하거나, 기업에 위탁하는 방법을 말한다. 그러나 행정을 기업에 맡긴다고 해서 번문욕례가 줄어드는 것은 아니다. 데이비드 그레이버David Graeber의『관료제 유토피아』라는 책에 따르면, 행정 업무의 시장화로 번문욕례는 오히려 강화되었다. 규제의 수, 서류 작업의 분량, 관료 집단의 수가 오히려 늘었다는 말이다. 행정의 시장화는 국가의 관료주의를 기업의 관료주의로 대체할 뿐, 관료주의 자체가 사라지는 것은 아니다.

# 정당정치

_ 민심 왜곡을 막을 정치제도는 무엇일까?

중심 키워드

정당정치

하위 키워드

정당국고보조제도, 비례대표제, 중 · 대선거구제

정당은 민주정치의 가장 큰 주체다. 흔히 민주 사회에서 정치의 주체는 국민이라고 말하지만, 실은 정당인, 그중에서도 정당 엘리트들이 정치의 최전선에서 정치를 도맡아 하는 것이 현실이다. 직접민주주의를 하지 않는 한, 정당들이 어떻게 정치를 하느냐는 사회 현실을 구성하는 가장 큰 요소다. 그리고 정당의 활동 방식과 내용은 정당을 둘러싸고 있는 제도에 의해 결정된다. '정당국고보조제도', '비례대표제', '중대선거구제'는 정당 활동에 결정적 영향을 미칠 수 있는 제도들이다.

# 정당정치

오늘날의 민주주의는 대부분 대의 민주주의다. 대의(代議)란 '대신 의논한다'는 뜻이다. 누가 누구를 대신해 의논할까? 정당이 국민을 대신해 의논한다. 민의는 정당을 통해서만 정치에 반영된다. 언론을 통해 형성되는 여론도 있지만, 이 역시 정치에 반영되려면 대개 정당을 거쳐야 한다. 정당은 민주정치의 당사자다. 의회 활동을 하는 것도 정당이고, 대통령 자리도 정당 지도자들 중 한 명이 차지한다. 대선 후 구성되는 정부도 특정 정당의 정부다. 오늘날의 민주주의는 정당 민주주의다.

정당의 가장 큰 기능 중 하나는 공직을 획득하고자 하는 사람들의 수를 조정하는 것이다. 정당은 국회의원이나 지방자치단체장 후보를 공천함으로써 공직 후보군을 조정한다. 정당이 일종의 필터링 역할을 하는 것이다. 이 필터링은 하나의 공직에 수십, 수백 명의 후보가 난립하는 상황을 막아 주는 방편으로 이해된다. 그러나 일반적인 사람들에게는 일종의 장애물 역할을 하는 것도 사실이다. 공천을 받기 위해서는 정당이 마련한 일정한 선발 기준에 들어야 하고, 무엇보다 정당 지도부의 눈에 들어야 하기 때문이다.

물론 정당의 공천 없이 무소속으로 출마할 수 있기는 하다. 그러나 정당의 공천을 받지 못한 무소속 후보가 선거에서 당선되기란 매우 어렵다. 정당이 공직 후보 지위를 보장해 주면, 그 자체로 당선 가능성이 높아진다. 유권자들은 대개 인물이 아니라, 정당을 보고 표를 던지기 때문이다. TV 같은 대중매체를 통해 유명해진 사람이 아닌이상, 유권자들은 대개 후보 개인의 면면을 잘 모른다. 유권자들이 아는 것은 '후보'가 아니라 '정당'이다. 정당의 영향력은 크다. 유권자들은 대개 특정 정당의 후보를 반복해서 선택한다. 정당에 대한 선호는 한 세대에서 다음 세대로 이어진다. 어떤 지역민들은 수십 년동안 동일한 정당에 투표해 왔다.

정당은 당선에 필요한 여러 가지 자원을 제공한다. 우선 정당이제공하는 이념과 노선, 리더십 같은 상징적 자원이 있다. 이에 더해사회적으로 영향력이 있는 사람도 연결시켜 주고, 선거 자금도 조달해 주며, 정당 활동가들의 자발적 봉사도 제공한다. 정당의 지원을받아 당선되었으므로 당선자는 정당 지도자를 위해 봉사하게 된다. 정당 지도자에 대한 충성은 재공천을 받기 위해서도 중요하다. 재공천을 받아야 자신의 정치적 생명을 이어 갈 수 있기 때문이다. 정당이 부여하는 '후보 지위'는 당내 규율을 따르게 하는 가장 효과적인수단이다.

정당의 운영 방식은 민주적이지 않다. 소속 의원의 독자 행동은 좀처럼 허용되지 않으며, 당내 소수 의견은 무시되기 일쑤다. 정당 규율은 집권, 즉 의회 권력과 행정 권력을 장악하는 데에도 필요하고 정부를 통제하고 견제하는 데에도 필요하다고 인정된다. 미국의 정치학자 샤츠슈나이더Elmer Eric Schattschneider는 "민주주의는 정당 안이 아니라 정당 사이에 있다"고 말했다. 정당 간 경쟁이 활발하다면 개별 정당이 내적으로 민주적이냐 비민주적이냐는 그리 중요하지 않다는 말이다. 그러나 '민주적으로 운영되지 않는 정당들이 서로 경쟁한다고 해서 민주주의가 제대로 구현될까' 하는 의문은 여전히 남는다.

### 하위 키워드 ① 정당국고보조제도

정당 활동을 하려면 사무실도 있어야 하고, 운영비도 있어야 하며, 정책도 개발해야 하고, 선거도 치러야 한다. 이 모든 일에는 적지 않은 돈이 든다. 이 돈은 어디서 나올까? 통로는 네 군데다. 국고보조금, 당비, 후원금, 기탁금이다. 이 중에서 가장 큰 비중을 차지하는 것이 국고보조금이다(2014년 기준, 평균 36.9% 차지). '정당국고보조제도'는 정당 운영에 필요한 자금을 국가가 보조해 주는 제도를 말한다.

정당은 헌법기관이 아닌 이익 단체다. 원칙적으로 운영에 필요한 재정을 국민이 부담해야 할 이유는 없다. 그럼에도 국가보조금이 지급되는 이유는 다른 이익 단체들과 달리 국가 운영에 있어서 핵심적인 역할을 하기 때문이다. 그러나 이를 인정하더라도 지금처럼 정당들이 재정의 절대 비중을 국민 세금에 의존하는 일은 바람직하지 않다. 정당은 기본적으로 당원들이 내는 당비와 시민들이 내는 후원금 등으로 운영하고, 모자란 돈을 국가보조금으로 채우는 것이 옳다. 그러나 지금은 거꾸로 되어 있다. 당비와 후원금 비중은 얼마 안 되고, 국가보조금으로 정당을 운영하는 것이 현실이다.

이런 현상이 벌어지는 이유는 당비를 내는 당원, 즉 '진성 당원'의 비율이 낮기 때문이다. 당원 명부에 이름만 올라 있고 실제로는 돈을 내지 않고 활동도 거의 하지 않는 '페이퍼 당원'들이 많다. 페이퍼 당원이 많으면 당내 민주주의가 후퇴한다. 돈도 내지 않고 활동도 거의 하지 않는 당원들의 눈치를 정당 지도자가 봐야 할 이유가 없기 때문이다. 진성 당원의 숫자가 얼마 안 되는 정당은 그 자체로 국민의 지지를 받지 못하고 있다는 증거이므로 퇴조하는 것이 맞다. 그런데 지금의 국고보조금 지급 방식은 당원이 있든 없든, 당비가 많든 적든 상관없이 당내 현역 국회의원 수에 따라 액수가 결정된다. 이는 퇴조해야 할 정당을 살리는 역할을 한다.

이런 문제를 해결할 방법은 없을까? 분명히 있다. 독일식 '매칭 펀드 시스템(matching fund system)'이 그것이다. 정당 당원과 시민들에게 모금한 액수만큼 국고보조금을 지급해 주는 제도다. 일종의 '1 + 1 제도'라고 보면 되겠다. 이 제도는 정당 지도자로 하여금 당원과 국민의 뜻을 존중하게 한다. 존중하지 않으면 당비와 후원금이 급감하고, 그 액수만큼 국고보조금도 줄어 정당 자체가 존폐의 기로에 서기 때문이다. 정당 지도자가 당 정체성을 훼손하거나 부정부패에 휘

말려도 마찬가지다. 정당 운영자금이 대폭 줄어들어 위기에 처한다.

국고보조금은 정치자금법에 의거해 지급된다. 두 거대 정당의 주도로 만들어진 정치자금법은 거대 정당에 유리하게 짜여 있다. 만약 지금처럼 의석수 기준이 아니라 총 득표율을 기준으로 국고보조금을 지급한다면, 원외 정당이라도 보조금을 받게 된다. 이를테면 어떤 신생 정당이 총선에서 국회의원을 한 명도 당선시키지는 못했지만 유효 득표수의 2.5%만큼 지지를 받았다면, 국고보조금 총액의 2.5%를 받는다. 그러나 현재는 대부분의 국고보조금이 의석수를 기준으로 분배되는 까닭에, 이런 정당들은 이보다 적은 액수의 보조금을 받게 된다.

지금의 국고보조제도는 거대 양당에 유리하다. 보조금을 독식하다시피 한 거대 양당은 풍부한 자금을 동원, 유리한 선거를 치르게 된다. 그 결과는 다수의 당선자로 나타나고, 이는 다시 보조금 독식의 근거로 작용한다. 반대로 신생 정당과 소수 정당에는 악순환이다. 지금의 보조금 지급 방식은 신생 정당과 소수 정당의 원내 진입에 커다란 장벽으로 작용하고 있다.

하위 키워드 ② 비례대표제

우리나라의 선거 방식은 선거구를 잘게 쪼개 놓고(소선거구제), 거기에서 '가장 많은 표를 획득한 후보가 당선되는 방식(단순 다수대표제)'을 취한다. 1등만 당선되는 것이다. 이런 방식에서는 2등 이하 후보에게 던진 표는 '사표(死票, 죽은 표)'가 된다. 가장 극단적인 예는 1996년 4월에 치러진 경기도 안양시 만안구의 15대 국회의원 선거 결과에서 볼 수 있다. 이 선거구에서 1, 2, 3위는 각각 28.54%, 28.20%, 27.96%의 득표율을 기록했다. 1, 2, 3위의 득표수도 2만 9,000대로 거의 비슷했다. 그런데도 1등만 당선되고, 나머지 후보들을 지지했던 대다수 유권자들의 민의는 무시되고 말았다.

사표 문제는 민의를 왜곡한다. 많은 유권자들은 진짜로 찍고 싶은 후보를 찍는 것이 아니라, 당선될 가능성이 있는 후보를 찍게 된다. 당선 가능성을 따져서 최선이 아니라 차선 혹은 차악을 선택하는 것이다. 이른바 '사표 방지 심리'다. 사표 문제는 기권표도 늘린다. 찍고 싶은 후보가 있지만, 그에게 투표해 봤자 사표가 될 것이 분명할 때 투표를 포기한다. 사표 문제로 가장 많은 피해를 입는 쪽은 소수 정당이나 신생 정당이다. 유권자들은 소수 정당이나 신생 정당 후보에게 투표하고 싶어도, 자신의 표가 사표가 될 것이라 생각되면, 투표를 포기하거나 당선 가능성이 있는 거대 양당 후보자를 찍는다. 소수 정당이나 신생 정당이 고전하는 가장 큰 이유다.

우리나라 총선에서 당선자들이 얻는 평균 득표율은 40% 정도다. 사표 방지 심리에 기대어 투표를 해도 (투표하지 않은 유권자는 말할 것도 없고) 유효 득표수의 60% 정도가 자신의 대표자를 갖지 못하는 것이다. 문제는 또 있다. 단순 다수대표제 아래에서는 득표율과 의석수가 일치하지 않는다. 예를 들어 총선에서 제1당의 전국 득표율이 40%였다면, 의석수도 40%를 차지해야 한다. 전체 의석이 300석이니, 그

중 40%면 120석이 되어야 맞다. 하지만 150석 이상을 가져가는 경우가 많다. 30석 이상이 과대 대표되는 것이다. 그것을 '대표의 불비례성'이라 한다. 이 문제를 일거에 해결할 방법은 없을까? 물론 있다. 바로 '비례대표제'다.

비례대표제의 개념은 간단하다. '전국 득표율만큼만 의석을 가져가라'는 것이다. 어떤 정당이 40%를 득표했으면 그만큼의 의석만 가져가고, 10%를 득표했으면 또 그만큼만 가져가는 것이다. 이렇게 하면 사표가 사라진다. 사표가 사라지니, 사표 방지 심리도 사라지고 기권율도 줄어든다. 유권자들은 소수 정당이건 신생 정당이건 자신이 찍고 싶은 정당을 마음껏 찍을 수 있다. 신생 정당이라 할지라도 0.4% 이상의 지지율만 얻으면 국회의원 1명을 배출할 수 있다. 신생 정당의 원내 진입이 지금과는 비교가 안 되게 쉬워지는 것이다. 다양한 정당들이 생겨나고, 유권자들의 선택권은 넓어질 것이다.

선거 민의를 반영하는 데 있어서 비례대표제만큼 좋은 것은 없다. 이는 대다수 정치학자들도 인정하는 바다. 비례대표제를 실시하려면 선거법을 바꿔야 한다. 선거법을 바꾸기 위해서는 거대 양당이 찬성해야 한다. 그런데 지금의 단순 다수대표제 아래에서 혜택을 누리고 있는 거대 양당은 이에 관심을 보이지 않는다. 엄밀하게 말하면, 지금도 비례대표제를 전혀 안 하는 것은 아니다. 지금도 정당 투표 득표율에 비례해 국회의원이 된 사람들이 각 정당에 있다. 그러나 그 수가 전체 의석의 1/6도 안 된다. 비례대표제가 전면적으로 도입될 필요가 있다.

우리나라 정치는 지역주의기 심하나. 거대 양당은 특정 지역을 텃밭으로 삼고 있으며, 특히 영호남의 지역주의는 고질적인 병폐로 인정된다. 영호남에서는 특정 정당의 공천을 받으면 그 후보자가 100% 당선되기 때문에, 선거는 해 보나 마나였다. 우리나라는 소선거구제를 채택하고 있다. 소선거구제는 지역주의의 원흉으로 지목되곤 한다. 소선거구제하에서는 전국적으로 골고루 지지를 얻는 것보다 특정 지역에서 표를 독식하는 편이 의석수를 늘리는 데 유리하기 때문에 정당들이 지역감정에 의존하게 된다는 것이다.

이러한 비판 속에서 중·대선거구제는 지역주의를 해결할 대안으로 거론되곤 한다. 소선거구제는 한 선거구에서 1명의 국회의원을 뽑는다. 그러나 중·대선거구제는 현행 선거구를 2~5개 정도 묶은 후, 통합 선거구에서 2~5명의 국회의원을 뽑는다. 선거구당 2명만 선출하면 여전히 거대 정당이 독식할 우려가 있기 때문에, 한 선거구당 3~4명을 뽑는 것이 좋겠다는 의견이 다수다. 4명을 뽑는다면, 1등만 당선되는 것이 아니라 2, 3, 4등도 당선되게 된다. 이렇게 하면 호남에서도 자유한국당 의원이, 영남에서도 더불어민주당 의원이 당선될 확률이 높아져 지역주의가 해소되지 않겠느냐는 것이다.

그러나 중·대선거구제를 해도 지역주의 해소는 쉽지 않을 것이다. 이유는 이렇다. 지금 소선거구제에서 정당들은 한 선거구에 1명

의 후보만 내고 있지만, 중·대선거구제가 되면 한 정당이 2명 이상
의 후보를 낼 수 있고, 2명 이상의 후보를 당선시킬 수 있다. (쉽지는
않겠지만, 이론적으로는 한 정당이 4석을 싹쓸이하는 것도 가능하다.) 예를 들어 어
떤 영남 지방에서 득표율 40%로 '자유한국당' 후보가 1위, 30%로
'자유한국당' 후보가 2위, 10%로 '더불어민주당' 후보가 3위, 5%로
'더불어민주당' 후보가 4위로 당선되었다 하자. 영남 지방에서도 더
불어민주당 후보가 2명이나 당선되었으니, 지역주의가 다소 해소된
것처럼 보일 수 있다.

그러나 여기에도 문제가 있다. 우선 40% 득표한 후보과 5% 득
표한 후보가 똑같이 '대표성'을 획득하는 문제가 있다. 자유한국당
은 득표율 합계 70%로 2명의 당선자를 냈지만, 더불어민주당은 고
작 15%로 똑같이 2명의 당선자를 내게 된다. 국민의 뜻이 왜곡되기
는 소선구제나 중·대선거구제나 마찬가지다. 지역주의가 해소되려
면 호남에서도 자유한국당 당선자가 나와야 한다. 그런데 이게 쉽지
않다. 더불어민주당이 영남에서 평균 20%대의 지지율을 가지고 있
다면, 호남에서의 자유한국당 지지율은 훨씬 낮다. 호남이 영남보다
지역주의가 심해서가 아니다. 산업화가 영남 중심으로 이루어진 탓
에 영남에는 10% 이상의 호남 사람이 사는 반면, 호남에 사는 영남
사람은 거의 없기 때문이다.

영남에서 더불어민주당 후보가 2명 당선될 때 호남에서는 자유
한국당 후보가 1명 이하로 당선되는 일이 반복되면 어떻게 될까?
'우리는 더불어민주당 당선자를 배출하는데, 너희는 왜 자유한국당

후보를 찍지 않느냐'며 호남에 대한 영남의 반감이 커질 수 있다. (혹은 이런 여론을 일부 세력이 부추길 수 있다.) 그러면 다음 선거에서 영남이 '복수'에 나서 영남에서 더불어민주당 의원을 몰아내기 위한 몰표가 나올 수 있다. 오히려 지역주의가 더 심화되는 것이다. 당장 더불어민주당이 영남권에서 몇 석을 얻는다고 해서 지역 구도가 해소된 것으로 보면 안 된다. 단순 다수대표제하에서는 소선거구제나 중·대선거구제나 지역주의를 벗어나기 힘들다. 지역주의를 벗어나려면 비례대표제를 전면적으로 시행해야 한다.

북트리거 포스트

# 이 정도 개념은 알아야 사회를 논하지!

ⓒ 박민영, 2018

북트리거 페이스북

1판 1쇄 발행일  2018년 4월 16일
1판 3쇄 발행일  2019년 5월 1일

지은이 박민영
펴낸이 권준구 | 펴낸곳 (주)지학사
본부장 황홍규 | 편집장 윤소현 | 팀장 김지영 | 편집 전해인
디자인 정은경디자인 | 마케팅 송성만 손정빈 윤술옥 이승혜 | 제작 김현정 이진형 강석준
등록 2017년 2월 9일(제2017-000034호) | 주소 서울시 마포구 신촌로6길 5
전화 02.330.5295 | 팩스 02.3141.4488 | 이메일 booktrigger@naver.com
홈페이지 www.jihak.co.kr | 포스트 http://post.naver.com/booktrigger
페이스북 www.facebook.com/booktrigger

ISBN 979-11-960400-6-2 03300

이 도서의 국립중앙도서관 출판예정도서목록(CIP)은 서지정보유통지원시스템 홈페이지
(http://seoji.nl.go.kr)와 국가자료공동목록시스템(http://www.nl.go.kr/kolisnet)에서
이용하실 수 있습니다.(CIP제어번호: CIP2018009571)

**북트리거**

트리거(trigger)는 '방아쇠, 계기, 유인, 자극'을 뜻합니다.
북트리거는 나와 사물, 이웃과 세상을 바라보는 시선에 신선한 자극을 주는 책을 펴냅니다.